Ernst Humaní

Das Platon Experiment

novum pro

www.novumverlag.com

Bibliografische Information
der Deutschen Nationalbibliothek:

Die Deutsche Nationalbibliothek
verzeichnet diese Publikation in
der Deutschen Nationalbibliografie.
Detaillierte bibliografische Daten
sind im Internet über
http://www.d-nb.de abrufbar.

Alle Rechte der Verbreitung,
auch durch Film, Funk und Fernsehen,
fotomechanische Wiedergabe,
Tonträger, elektronische Datenträger
und auszugsweisen Nachdruck,
sind vorbehalten.

© 2015 novum Verlag

ISBN 978-3-99048-336-7
Lektorat: Marianne Günther
Umschlagfoto:
Pavle Marjanovic | Dreamstime.com
Umschlaggestaltung, Layout & Satz:
novum Verlag
Innenabbildungen:
S. 3 © Pavle Marjanovic | Dreamstime.com;
S. 257, 258, 264 © Ernst Humaní

Gedruckt in der Europäischen Union
auf umweltfreundlichem, chlor- und
säurefrei gebleichtem Papier.

www.novumverlag.com

Inhaltsverzeichnis

Vorwort 9
Danksagung 13
Der Auflösungsvertrag 15
Vorruhestand 47
Die Lebenswende 54
Die erste Anfrage 61
Vorbereitungen 91
Problemlösungen 93
Grundsteinlegung und Basisarbeit 104
Kesselkonstruktion 116
Europäische und mongolische Denkweise 130
PNE 136
Die Suche nach Verbündeten 143
Der Beginn 154
Die nächsten Schritte 172
Vorbereitungen zur Firmengründung 202
Firmengründung 204
Letzte Vorbereitungen vor Produktionsbeginn 211
Vorfertigung 214
Maschineneinrichtungen 217
Der CIM-Experte 219
Aufbau vor Ort in der Mongolei 223
Die Buchhaltung 235
Die Werkstatt 239
Die Verträge 240
Weihnachten 242
Der erste Kessel 258
Die erste Kündigung 266
Kesselproduktion 269
Mongolische Hilfsbereitschaft 276
Die Auftragslage 278

Suche nach einer Unterstützung 279
Der Affront 295
Die Auseinandersetzung 300
Die Gesellschafter-Versammlung 304
Rettung der Werkmaschinen 308
Die Hohlblockstein-Maschinen 311
Sabotage 313
Der weise Mönch 314
Der Anfang vom Ende 317
Das Gesetz des Stärkeren 319
Das Ende des Platon Experimentes 322
Zusammenfassung und Endergebnis 325
Begriffsbestimmungen/Kürzel 328

Gerechtigkeit ist die Nächstenliebe der Weisen

Gottfried Wilhelm Freiherr von Leibniz

*Die Leidenswege der Menschheit
sind die Geburtswehen der Nächstenliebe.
Der menschliche Verstand ist der einzige Arzt,
der den Eintritt der Nächstenliebe
in das Leben ermöglicht und damit
die Geburtswehen, den Leidensweg, beendet.*

Ernst Humaní

*Das Buch ist auf der Basis von Tatsachen geschrieben.
Viele Namen wurden geändert.*

Vorwort

Am Ende des zweiten Weltkrieges ist er acht Jahre alt. Er wird bis zu diesem Zeitpunkt in der Schule im Geiste Adolf Hitlers erzogen: „hart wie Krupp Stahl – zäh wie Leder – schnell wie Windhunde". Hitlers Parole, dass nur die Stärksten lebenswert sind und das Schwache, das „unwerte Leben", zu vernichten sei, ist das Naturgesetzt der Evolution.

Seine Eltern versuchen erfolgreich gegenzusteuern.

Durch den tiefen Eindruck der Not und des Elends als Folgen des Krieges und aufgrund der großen Hilfe der Quäker und vielen anderen Organisationen, die den hungernden Schwachen halfen und zu essen gaben, wurde er von Eltern und Lehrern in der Nachkriegszeit an neue Gedanken herangeführt.

Hitlers Interpretation der „Gerechtigkeit des Stärkeren" wurde von seinen Eltern und Lehrern widerlegt. Die „Gerechtigkeit des Stärkeren" wurde als ein Gesetz der Tierwelt entlarvt und hatte nichts mit den Menschen, mit der Menschlichkeit, zu tun.

Angeregt von diesen Gedanken suchte er weiter bei den griechischen Philosophen nach dem glückhaften Leben und befasste sich mit dem Gegenteil der „Gerechtigkeit des Stärkeren".

Das Ergebnis seiner Suche fand er bei Platon.

Zunächst fand er das Naturgesetz: „Vorteile haben immer gleichgroße Nachteile". Es gibt keinen Vorteil ohne einen Nachteil. Dieses Naturgesetz ist aber durch den oftmals großen Zeitversatz beider Ereignisse nicht sofort erkennbar. Der Nachteil kann erst eintreten und wird oft zu spät erkannt wenn der Vorteil genutzt wird.

Und ein weiteres Naturgesetz, welches immer beachtet werden muss: „Das Übermaß führt immer zum Gegenteil des angestrebten Gutes!" war für ihn von ganz großer Bedeutung.

Daraus folgte die Antwort: „Die Gerechtigkeit des Stärkeren" führte im Verlauf der Evolution immer und immer wieder am Ende einer Periode zu einem totalen Zusammenbruch. Daher entwickelte sich ein Lebewesen, der Mensch, mit einem Verstand der diesem immer wiederkehrenden grausamen Kollaps endlich ein Ende setzen soll und kann.

Das ist die eigentliche „Erlösung" für die wir selber zuständig sind.
Es gibt keinen anderen „Erlöser", wir brauchen darauf nicht warten. Sondern wir müssen anfangen die uns von der Natur geschenkten Werkzeuge zu nutzen. Es sind saubere Gedanken und das Bewusstsein warum wir einen Verstand bekamen.

Die „Gerechtigkeit des Stärkeren" ist also ein Gesetz der Tierwelt und eine Art Krankheit im menschlichen Sinne. Darum entwickelte sich der Verstand des Menschen damit der „Lernprozess über das Leid" beendet werden kann.

Niemand, außer Platon und später Christus, hat aber scheinbar dem Menschen gesagt, warum der menschliche Verstand sich auf dem langen Weg der Evolution entwickelte.

Alle Machthaber und alle Streber zur Macht wissen also nicht warum sie einen Verstand haben; das ist das erschreckende Ergebnis seiner Suche.

Aber was kann man diesem Naturgesetz als Besseres entgegensetzen?

Platon sagt, wenn das „Gesetz des Stärkeren" eine Krankheit ist dann ist das Gegenteil „das Gesetzbuch der Gesundheit".

Das Gegenteil der „Gerechtigkeit des Stärkeren" ist also eine Gerechtigkeit die einer Gesundheitspflege, einer Wissenschaft über eine allumfassende Gesundheit des eigenen und des Gemeinschaftskörpers gleicht.

Die „Gerechtigkeit des Stärkeren" ist in diesem Sinne die Krankheit, die es zu heilen gilt. Die allumfassende Gesundheit ist die Basis des glückhaften Lebens.

Den Machthabern muss also endlich bewusst werden, dass sie nicht wissen, warum sie einen Verstand haben.

Nach seinem Studium versuchte er in seinem beruflichen Leben sich nach Platons Definition der Gerechtigkeit, so wie er sie verstand, zu richten, war aber unzufrieden mit dem Ergebnis.

In dem Buch wird nun geschildert wie er nach seiner Pensionierung versuchte als Entwicklungshelfer in der Mongolei Platons Definition umzusetzen. Er scheiterte bei diesem „Platon Experiment" und überlebte einen Mordanschlag nur mit sehr viel Glück.

Das erfreuliche Ergebnis lautet aber „der Weg war das Ziel" denn es stellte sich heraus, dass es sehr viele Menschen und Unternehmer gab die ihn uneigennützig mit einer großartigen Hilfe unterstützten.

Ein sehr erfreuliches Ergebnis. Es gibt sehr, sehr viele einfache Menschen die wissen warum die Natur dem Menschen einen Verstand schenkte. So gewinnt man zunehmend den Eindruck, dass der friedliebende und hilfsbereite Anteil des Volkes klüger ist als die regierenden Machthaber.

Intelligenz hat scheinbar nichts mit Klugheit zu tun. Ab einem bestimmten IQ fand er sogar die größte Dummheit, also Menschen, die noch nicht wissen warum sie einen Verstand bekamen. Ein aktuelles Beispiel sind die Banker mit ihrem „Raubtierkapitalismus", die durch ihre unermessliche Habgier dabei sind ihre eigene Existenzgrundlage zu vernichten. Die von den Banken ausgebeuteten Menschen müssen den Banken helfen weil Banken Systemrelevant sind. Banken beschädigen auf diese Weise zunehmend die Demokratie und die Politiker sind hilflos und beklagen die zunehmende Tyrannei, die daraus entsteht. Die Hilflosigkeit der Politiker verführt sie die Banker als Berater einzusetzen. Eine Negativspirale die nicht zu stoppen ist.

Gibt es einen Grund zur Hoffnung? Wohl nur dann, wenn den Machthabern bewusst wird warum sie einen Verstand bekamen. Aber das wäre die Hoffnung darauf, dass ein Rauschgift-Süchtiger seine Sucht selber besiegt.

Wenn diese Entwicklung aber nicht über den Verstand geschieht, wird der „Lernprozess" wieder über ein unendlich großes Leid, einen Leidensdruck, der das Leid des zweiten Weltkrieges in den Schatten stellt, ablaufen.

Das Endziel der Evolution ist der dauerhafte Frieden. Es gibt nur zwei Wege dorthin.

Wir Menschen entscheiden, ob wir dieses Endziel freiwillig und friedlich über den Verstand erreichen oder über den unsagbar leidvollen Kollaps, der der „Gerechtigkeit des Stärkeren" immer und mit absoluter Sicherheit folgt.

Aber die Hoffnungen bleiben. Sie liegen in den Zeitzeugen des letzten Weltkrieges, die eine noch nie dagewesene Dauer des Friedens in Europa bescherte. Die Hoffnungen bleiben und liegen auch in der mongolischen Jugend mit ihrem unstillbaren Wissensdrang, ihrer großen Sprachbegabung in Verbindung mit der mongolischen Familienkultur deren gesunde Quellen in jedem Ger der Nomaden zu finden sind. Die Hoffnungen liegen in der Jugend der Welt, die die Zeitzeugen des letzten Weltkrieges und der Kriege überhaupt verstanden haben bevor diese Zeitzeugen gestorben sind. Der Leser darf auf etwas vertrauen was in Deutschland noch ein großes und zunehmendes Wagnis wäre.

Der Leser darf ohne Gepäck und Geld durch das riesige Reich der Mongolen reiten ohne Hunger oder Durst leiden zu müssen. Die Nomaden achten darauf mit ihrer unvorstellbaren Gastfreundschaft.

Bei den Nomaden hat er die ursprüngliche Quelle des „Dienens für die allumfassende Gesundheit" als Definition der Gerechtigkeit, die er suchte, gefunden.

Es ist ein kleiner Schritt auf dem Weg zur Nächstenliebe, zu der wir Menschen noch nicht fähig sind.

Danksagung

Das Platon Experiment, der Versuch, die „Gerechtigkeit als eine Art Gesundheitspflege" zu begreifen und zu leben, eine zarte Pflanze zu setzen in der Hoffnung, dass sie groß und stark werden möge, dieser Versuch wäre nicht möglich gewesen, wenn Personen und kleine und größere Unternehmen dieses Experiment nicht uneigennützig unterstützt hätten.

An erster Stelle ist Herr de Buhr (PNE) zu nennen, der viel Geld riskierte, um das CDM-Projekt in der Mongolei ins Leben zu rufen, obwohl seine Prognose des Scheiterns bereits zu Beginn des Experimentes richtig war. Aber umso mehr verdient diese Unterstützung großen Respekt und Dankbarkeit. – Danke.

Frau Wink, Deutsche Entwicklung Gesellschaft (DEG), die mit einer sehr guten Beratung dafür sorgte, dass die DEG sich ebenfalls im Rahmen des Public Private Partnership-Programms (PPP) finanziell an dem Aufbau der kleinen Kesselfabrik in der Mongolei beteiligte, um Arbeitsplätze zu schaffen und zu sichern –, herzlichen Dank.

Herrn Margraf/Fa.Luehr, Stadthagen mit Herrn Bartels als hervorragendem Konstrukteur, der einen preiswerten, mit einfachen Mitteln zu reparierenden Wanderboden-Rost für die Heizkessel konstruierte und so dem Experiment Leben einhauchte und damit dem Projekt „Feuer" machte –, danke, das war eine gute und erfolgreiche Arbeit und eine großartige Hilfe.

Herrn Mönkemeier mit seinem Team in seinem Ingenieurbüro und insbesondere auch Herrn Vogt, der die Fundamente und andere statische Berechnungen kostenlos durchführte –, danke.

Herrn Baumgarte, Fa. Baumgarte, mit Herrn Grüner und Herrn Foster, die die WT-Berechnungen durchführten –, danke.

Herrn Möller, Feuerungsbau Lemgo, mit der Beratung und Unterstützung der richtigen Wahl der Feuerfest-Auskleidung, insbesondere der Roststäbe und der Lieferung einer FF-Beton-Mischmaschine –, danke.

Herrn Hovestädt, Fa. Fette, der die Geheimnisse des Schornsteinbaus offenbarte, sodass auch Schornsteine in der kleinen mongolischen Fabrik gefertigt werden konnten –, danke.

Firma Reitz, Gebläsehersteller, für die Bereitschaft, Gebläse-Zeichnungen zur Verfügung zu stellen, damit auch die Gebläse in der kleinen mongolischen Kesselfabrik hergestellt werden konnten –, danke.

Jacob Schulte, ein hervorragender sympathischer Fachmann, der die jungen mongolischen Mitarbeiter so gut anleitete, dass der Vorschlag von Amraa, dem mongolischen Vorarbeiter, begeistert von seinen jungen mongolischen Kollegen aufgenommen wurde, indem er sagte: „Wir wollen alle so fähig werden wie Jacob!" – das war für den eher schweigsamen Amraa wohl die längste Rede, die er je gehalten hat. – Danke, Jacob.

Leo Puchert, der mit seinem hervorragenden Fachwissen die richtigen Werkmaschinen ausgesucht und eine unverzichtbare Starthilfe geleistet hat. – Danke.

Nicht zuletzt gebührt der deutschen Botschaft in Ulaanbaatar ein herzlicher Dank und großer Respekt.

Beginnend mit Herrn Pilz und der finanziellen Unterstützung für das Heizwerk-Pilotprojekt, die Beweisführung, dass CDM die beste und nachhaltigste Entwicklungshilfe ist, die es je gab, und endend mit der hervorragenden Unterstützung von Herrn Schuhmacher bei den außerordentlich schwierigen Auseinandersetzungen mit den Gegnern des Projektes. – Danke.

Herrn Professor Dr. Oidov, Technisch-Wissenschaftliche Universität in Ulaanbaatar für den sehr fairen Wettbewerb um die beste Problem-Lösung gegen den Smog in Ulaanbaatar – danke.

Der Generalstaatsanwaltschaft der Mongolei und Herrn Regierungsdirektor Dr. Lutz Werner, Bundesministerium für Wirtschaft und Technologie in Berlin, für die sehr hilfreiche Einflussnahme im Hintergrund, seien herzlich gedankt.

Die Liste könnte beliebig fortgesetzt werden.

Allen ein herzliches Dankeschön.

„Indem wir das Wohl anderer erstreben, fördern wir unser eigenes!" Platon

Der Auflösungsvertrag

Er stand am Fenster und schaute in den regenschweren, dunklen Himmel. Irgendwie hatte er das Gefühl: „Heute ist ein besonderer Tag." Es gibt eben Tage, an denen Schlüsselerlebnisse stattfinden, Tage oder Stunden, die die Zukunft neu bestimmen.

Eine Vorahnung?

Sokrates nannte es „sein Daimonion", mit dem er auf diese Weise kommunizierte. Er hatte beobachtet, etwas Ähnliches machte sich in ihm schon oft als ein vorahnendes „Bauchgefühl" bemerkbar. In irgendeiner Form geht es wohl jedem Menschen so.

Heute war dieses Gefühl wieder ganz deutlich da. Oder war es nur das dunkle Bild da draußen vor seinen Augen? ... oder, dass „der neue Chef in spe" in ein paar Minuten durch diese Tür in sein Büro kommen würde und sich informieren wollte?

Unruhig brauchte er nicht zu sein, denn „das Haus" war gut bestellt.

Fünfundzwanzig Jahre war er nun hier in diesem Unternehmen und seit gut zehn Jahren war er der Chef der zweitgrößten Abteilung des Energie-Versorgungs-Unternehmens (EVU). Etwa zweihundert Mitarbeiter waren es noch, als man ihn zum Abteilungsleiter beförderte.

Damals, 1985, war es eine gute Grundsatzentscheidung, sich an der neuen Umweltschutzgesetzgebung zu orientieren.

Die großen Sorgen und Zielsetzungen des Wiederaufbaues der Wirtschaft und des Wohlstandes der Nachkriegszeit wurden von den Sorgen um den Umweltschutz abgelöst, eigentlich eine logische und notwendige Entwicklung.

Als Hunger und Not in der Nachkriegszeit die Zielsetzungen bestimmten, wäre das unmöglich gewesen. Trotzdem wurde die Notwendigkeit und Chance zugleich in einigen Etagen vieler Unternehmen nicht sofort erkannt; aber was nutzte es zu lamentieren, wie teuer doch der Umweltschutz sei. Es ging kein Weg daran vorbei.

Er hatte selber die Emissionen der Abfallverbrennungsanlage und des Kraftwerkes, die noch nicht gemessen wurden, auf der Basis der Brennstoffanalysen berechnet und war auf bedenkliche Ergebnisse gekommen. Die Folge war die damalige Entscheidung des Aufsichtsrates, Ende der 1970er Jahre, sich für ein vom BMFT (Bundesminister Forschung und Technik) gefördertes Forschungsvorhaben zu entscheiden mit dem Titel „Schadstoffbindung in der Feuerung", in einer Wirbelschicht-Feuerung mit einer Feuerungs-Wärme-Leistung von 124MW thermisch; auf der Basis der Laborversuche der Bergbauforschung mit Unterstützung des BMFT und der Forschungs-Zentrale Jülich.

Seit dieser Zeit arbeitete er in diese Richtung und hatte die schrittweise Umstrukturierung seiner Abteilung geplant. Ein Programm über zehn Jahre hatte er schon 1984 vor dem Abschluss des Forschungsvorhabens entworfen, wohl wissend, dass eine jährliche Neuanpassung an die sich stets ändernde Situation erforderlich würde. Aber die Zielrichtung stimmte, denn die Basis war der politische Wille der Regierung, eben die stete Fortschreibung der neuen zukunftsorientierten Umweltschutz-Gesetzgebung.

Mit der 13. Bundes Immissionsschutz Verordnung (13. BImSchV.) von 1984 wurden gravierende Änderungen in den Kraftwerken der EVUs eingeläutet und es war erst der Beginn.

1986 sollte die neue Technische Anleitung zur Reinhaltung der Luft (TA-Luft 86) verabschiedet werden, aber es kam ganz anders.

Die TA-Luft 86 sollte für Abfallverbrennungsanlagen gelten und in diesem Bereich wurde zwischen Sonderabfall und Hausmüll unterschieden. Für Sonderabfälle wurden sehr strenge Anforderungen formuliert und man stellte sich die Frage: „Wenn es möglich war, die geringen Grenzwerte für Sondermüllverbrennungsanlagen einzuhalten, dann wäre es doch sinnvoll, diese Grenzwerte auch für die anderen Arten der thermischen Abfallbehandlung zu fordern."

Aber, wie bei jeder neuen Innovation, wurden Ängste in der Öffentlichkeit geschürt. Diese Ängste waren ursächlich für die politischen Forderungen nach immer geringeren Grenzwerten.

Es war ein kaum zu stoppender Wettbewerb der Politiker, immer niedrigere Grenzwerte zu nennen, um sich damit zu profilieren.

Daraus resultierten aber dann die wissenschaftlichen Untersuchungen der vernetzten Probleme im Umweltschutz.

Das allgemeingültige Ergebnis: „Der Ruf nach immer geringeren Grenzwerten führt zu einer Art Eskalation der Aufwendungen, deren überregionale Umweltbelastung größer werden kann als der regionale Erfolg."

War das für die Wirtschaft erforderliche Wirtschaftswachstum zur Aufrechterhaltung des Wohlstandes kontraproduktiv?

Der „Club of Rome" hatte „die Grenzen des Wachstums" auch in anderen Bereichen ganz deutlich gemacht. Würde unser, auf Wachstum basierendes Wirtschaftssystem eines Tages kollabieren? Kontraproduktiv anderen Problemen, wie zum Beispiel dem Umweltschutz, gegenüberstehen?

„Ein unbegrenztes Wachstum gibt es nicht", so damals der Club of Rome. Ein Wirtschaftssystem, das aber Wachstum als Fundament hat, muss also irgendwann kollabieren. Nach dem Zusammenbruch gibt es dann wieder Wachstum. Der Zusammenbruch war bisher häufig der Krieg. Dann konnte wieder Wachstum stattfinden.

Ein Irrsinn ohne Gleichen? Wachstum – Zusammenbruch – Wachstum? Gab es keinen Wissenschaftler auf der Erde, der diesem Irrsinn ein Ende setzen konnte? Er mochte und konnte diesen Gedanken nicht zu Ende denken. Er war nur ein einfacher Ingenieur und hatte die Wirtschaftswissenschaften nur in seinem technischen Bereich studiert. Aber er trug den Wunsch in seinem Herzen, dass es irgendwann einen human denkenden Wirtschaft-Wissenschaftler geben wird, der diesen Irrsinn endlich beendet. Hatte man die alte einfache Lebenserfahrung, so sicher wie ein Naturgesetz: „Das Übermaß führt immer zum Gegenteil des angestrebten Gutes" vergessen?

Hinzu kam die Gefahr, dass wir Menschen linear denken, aber die Entwicklungen, wie in der Natur, sich nach einer e-Funktion, also exponentiell, entwickeln. Die alte Frage, die jeder kennt, wurde nicht beachtet: „In einem See ist eine Seerose. Im nächsten Jahr sind es zwei und die Seerosen verdoppeln sich jährlich. Nach tausend Jahren ist der See halb voller Seerosen. Wann ist der See ganz voll?" Die Antwort lautet: „Im nächsten Jahr!"

Ein Kollaps kommt also dann nicht überraschend, wenn man exponentiell denken würde. Aber welcher Mensch macht das schon und verlässt sein lineares Denken?

Die Diskussionen im Umweltschutz führten vorläufig zu einem guten Ergebnis und weckten große Hoffnungen, dass es in anderen Bereichen eines Tages genauso sein würde. Das Übermaß wurde in diesem Fall aufgrund der Untersuchungen der vernetzten Probleme durch das Umwelt Bundes Amt (UBA) verhindert. Trotzdem gab es immer noch ein paar Ideologen, denen „genug zu wenig" war und dem Übermaß das Wort redeten.

„So entstehen die Pendelungen um die Wahrheit, die in der Mitte liegt", schmunzelte er zufrieden in sich hinein, „und die Ausschläge, die vorübergehenden Entfernungen von dem eigentlichen optimalen Ziel, werden immer kleiner."

Bei allen technischen Fortschritten hatte er es in seinem Leben immer wieder beobachtet und sich immer wieder aufs Neue sehr gewundert über das optimale Endergebnis.

Das war der Erfolg der Diskussionsfreiheit, die die vielen unterschiedlichen Unvollkommenheiten und Irrungen der Menschen weitgehend eliminieren kann.

Es war für ihn wie ein Wunder, die Unterschiedlichkeit in der Unvollkommenheit aller Menschen.

An jener Stelle, an der der eine sehr unvollkommen ist, gibt es einen anderen, der an dieser Stelle von der Natur gesegnet ist. So ist es möglich, gemeinsam das Beste zu erreichen, nie allein. Die Unterschiede in der Unvollkommenheit als das kräftige Bindemittel für die Gemeinschaft. Er war ein Bewunderer der Natur, ob dieser weisen Lösung, damit die Menschen einander helfen, ja helfen müssen, wenn sie erfolgreich sein wollen.

Jede Ideologie, jede Diktatur, jede Gleichschaltung von Menschen, auch das Naturgesetz „die Gerechtigkeit des Stärkeren", scheitert unausweichlich eben an der Unvollkommenheit des oder der gleichgeschalteten Ideologen, die die Unterschiede nicht akzeptieren.

Die kleine Welt eines jeden Ideologen verhindert die volle Nutzung dieses großen Geschenks der Natur.

Im Mai 1945 hatte er als acht-jähriger Junge erstmalig dieses Scheitern miterlebt.

Auf der Straße und in der Schule wurde er dazu erzogen, „hart wie Kruppstahl, zäh wie Leder und so schnell wie ein Windhund zu sein". In diesem Umfeld hatte er sich behaupten müssen, sonst wäre er untergegangen wie alle Schwachen und Kränklichen dieser Zeit und hätte zum „unwerten Leben" gehört.

Zu Hause wurde er sozialdemokratisch und christlich erzogen und er konnte lange Zeit diesen Zwiespalt nur schwer ertragen. Bis er sich eines Tages dem neuen Hitler-Befehl widersetzte, „Glatze mit Vorgarten" zu tragen. Alle Jungen sollten diesen verrückten Haarschnitt tragen.

Als seine Haare immer länger wurden, weil er nicht mehr zum Friseur ging, nahm sein Vater ihn an die Hand, schleppte ihn zum Friseur, und als der Friseur fragte: „Wie soll es denn sein?", sagte sein Vater mit ganz lauter, strenger und mit sehr empörter Stimme: „Was für eine Frage! Mein Sohn will selbstverständlich den Befehl Hitlers streng befolgen und Glatze mit Vorgarten tragen!", und dabei drückte er seine starke, schwere Hand auf die Schulter des „Delinquenten", damit dieser nicht aufstehen und weglaufen konnte.

„Warum darf ich nicht über meine eigenen Haare bestimmen?", hatte er auf dem Weg nach Hause traurig seinen Vater gefragt, „ich fühle mich wie ein Sklave!"

„Ja, ich möchte, dass du mir verzeihst", antwortete sein Vater, „Diktatoren und andere Machthaber, du wirst es auch in den Religionsgemeinschaften finden, die erlassen Gesetze, nur um Gewalt ausüben zu können. Das darfst du nie vergessen. Viele Menschen sind ganz stolz darauf und wollen im Befolgen dieser blödsinnigen Gesetze immer besser sein als der Nachbar und behaupten, sie seien die besseren Nazis usw., weil sie mit anderen Mitteln ihr eigenes Minderwertigkeitsempfinden nicht kompensieren können. Nur deshalb habe ich dir wehgetan, damit du es nie im Leben vergisst!"

„Auch in Religionsgemeinschaften ist das so?", fragte er ängstlich.

„Ja, leider auch dort", sagte Vater überzeugt, „es gibt Religionen, die dir vorschreiben, was du wann essen darfst, welche Kleidung wer wann tragen darf und alles solchen Unsinn. So wie heute bei Hitler zum Beispiel das Jungvolk, mit der schneidigen Uniform und nun auch noch mit Glatze mit Vorgarten. Die Pfarrer behaupten sogar, dass wir alle Sünder sind, damit wir uns schuldig fühlen. Aber wir sind nur unvollkommen und haben einen Verstand bekommen, aus freiem Willen gegen unsere tierische Verhaltensweise zu kämpfen. Für den lieben Gott wäre es gar kein Problem gewesen, uns Menschen vollkommen zu machen, aber er hat aus ganz bestimmten Gründen uns Menschen unvollkommen gemacht. Darüber müssen wir nachdenken. Du wirst sehen, ich meine, er hat es auch deshalb gemacht, weil wir uns alle gegenseitig helfen sollen. Daher hat er auch die Unvollkommenheit unter den Menschen ungleich verteilt!"

Und dann sagte sein Vater das Gedicht von Theodor Strom auf, welches die Kinder in der Familie zu lernen hatten: „Der Eine fragt: was kommt danach, der Andere fragt nur: ist es Recht? Und also unterscheidet sich der Freie von dem Knecht!" und ergänzte dann: „Tue Recht und scheue niemanden. Und auch die Frage, ob du ‚willst' oder ‚musst', unterscheidet den ‚Freien' von dem ‚Sklaven', nicht der Haarschnitt. Denke aber stets daran, dass du unvollkommen bist und irren kannst. Gerecht zu handeln, ist ganz schwer und erfordert Güte. Güte, so hat aber ein Philosoph gesagt, ist wie ‚gerade biegen'. Du musst also erkennen, was ‚krumm' ist und dann noch die Kraft besitzen, es ‚gerade zu biegen'. Wenn du etwas ‚biegst', was bereits ‚gerade' ist, wird es krumm. Das ist dann ein fataler Irrtum, oft mit schlimmen Folgen!"

An solche und andere Gespräche erinnerte er sich nun.

Und plötzlich hatte er die trotzige Melodie von der Gedankenfreiheit im Kopf, die sie als Kinder immer heimlich zu Hause sangen, obwohl solche Protestlieder zu dieser Zeit bei den Nazis verboten waren … und eine innere Fröhlichkeit stieg in ihm auf.

Mit großer Dankbarkeit erinnerte er sich an die Eltern und die Erwachsenen, die den Kindern damals unter großer Gefahr diesen Unterschied zwischen der freien Rede und der Diktatur heimlich beibrachten. Der eine Großvater und der Vater waren in der SPD und der andere Großvater schwärmte vom Kommunismus. Aber Großvater verstand den Kommunismus mehr als eine Ergänzung der christlichen Lehre.

Es war eine gefährliche Zeit für diese Männer und Frauen.

Über den englischen Radiosender hörten sie verbotenerweise andere Meinungen. Auch wenn das ebenfalls nur Propaganda und sehr gefährlich war. Wenn der Nachbar das melodische „bum – bum – bum – bum", die Anfangsmelodie des englischen Senders, gehört hätte. Die Gestapo war dann nicht mehr weit.

Deshalb, es waren ihre heimlichen Trotzlieder gewesen. Lieder von der Gedankenfreiheit und er wusste, dass man den Stolz in ihren Kinderherzen heute nicht mehr nachempfinden konnte.

Und etwas traurig stellte er fest: „Sehr häufig ist die Selbstverständlichkeit der Anfang vom Ende … weil die Selbstverständlichkeit die Wertschätzung nicht kennt!"

War die gewonnene Freiheit zur Selbstverständlichkeit geworden??

Die Mitarbeiter hatte er damals zuerst darüber informiert, denn sie waren die Betroffenen. Ungläubig hatten sie ihn 1985 angeschaut. Rückbau? Ungläubig auch einige maßgebliche Entscheidungsträger, aber ihr Einverständnis war schnell erreicht. Abbau des Personalstandes von zweihundert auf etwa einhundertfünfunddreißig Mitarbeiter, durch natürlichen Abgang innerhalb von zehn Jahren mit Einführung der schnell wachsenden EDV.

Er traf auf Verständnis!

Viele neue Gedanken kamen bei den Gesprächen mit den Gruppenleitern und den Mitarbeitern hinzu. Es waren kluge und fachkundige Leute mit langjährigen Erfahrungen, dem Neuen gegenüber aufgeschlossen. Das machte die Überzeugungsarbeit leichter.

Seine Philosophie ging auf: „… Wenn wir die Probleme nicht zum Vehikel unserer eigenen Imagepflege benutzen und zielorientiert die fünf Schritte einer Problemlösung abarbeiten, wenn wir unsere Unvollkommenheit begreifen, einander zuhören und die Ideen des Anderen respektieren, wenn wir uns gegenseitig helfen, um unsere Fehler so klein wie möglich zu halten, wenn sich jeder etwas zurückhält mit dem „Schmücken mit fremden Federn", um zu imponieren, dann sind große Ziele gemeinsam erreichbar. Ja, es zählt die Erfahrung der Praktiker vor Ort genauso viel – oder noch mehr? – als viele graue theoretische Überlegungen."

Manchmal dachte er dabei an die Äußerung in Platons „Apologie", die Verteidigungsrede des Sokrates, als Sokrates schilderte, wie er auf der Suche nach dem Weisesten war, weil die Pythia, das Orakel, doch seinem besten Freund gesagt hatte, er, Sokrates wäre der Weiseste. Aber Sokrates selber wusste doch ganz genau, dass er nichts wusste ... Genau das war seine einzige gesicherte Erkenntnis. Selbst die Erkenntnis, dass alles ein Gegenteil hat, verblasste daneben.

Sokrates wusste, dass er nichts wusste, und sollte der Weiseste sein? Sokrates verstand die Pythia nicht, aber nie hatte sie die Unwahrheit gesagt. Ein scheinbar unlösbares Rätsel.

Auf seiner Suche nach der Lösung dieses Rätsels war Sokrates auf die Handwerker gestoßen und hielt sie eine Zeit lang für die Weisesten, weil sie sehr nützliche Dinge taten. Wenn sie sich nur nicht eingebildet hätten, von allen anderen Dingen auch so viel zu verstehen wie von ihrem Handwerk. Also kam er zu dem Ergebnis: Auch die Handwerker, wie alle Politiker, Wissenschaftler, Dichter und Denker, hielten seinen unangenehmen Befragungen nicht stand und entpuppten sich als „Schauspieler" und keineswegs als weise, denn alle wussten nicht, dass sie nichts wussten, sondern nur „vermuteten und meinten".

Sie wussten nicht, dass sie unvollkommen waren, und taten so, als wären sie vollkommen und weise.

Nur dieser winzige kleine Unterschied, dass Sokrates wusste, wie unvollkommen er war, um diesen winzig kleinen Unterschied war Sokrates weiser als alle anderen.

Das war letztendlich die Lösung des scheinbar unlösbaren Rätsels der Pythia.

Die aufdringlichen Fragen des Sokrates machten die Politiker so sehr zornig und sie verurteilten ihn zum Trinken des Giftbechers.

Ja, Sokrates war davon fest überzeugt: „Die Natur hatte sich mit allen Menschen, ohne Ausnahme, einen dummen Scherz erlaubt und jedem Menschen ein Schild vor die Brust gehängt." Davon wussten viele Menschen gar nichts. Manche schmückten sich mit dem Schild und machten es sehr viel größer als das des Nachbarn. Nur sehr wenige, oft Wissenschaftler, die an die Grenze des „Wissens" gestoßen waren, aber auch unter den Ärmsten waren sie zu finden oder es waren „Muselmänner". Diese Leute hatten ihr Schild umgedreht und waren sehr bescheiden geworden.

Aber insbesondere die Menschen, die mit ihrem „gesicherten Halbwissen" die Menschheit übervorteilen wollten, die insbesondere, brüsteten sich mit dem Schild, dem Scherz der Natur, und wehe demjenigen, der das Schild unbeachtet ließ.

Gnade, der wurde gehasst und erbarmungslos verfolgt.

Auf dem Schild steht „ICH BIN GANZ WICHTIG!" Wie gesagt, nur ein dummer Scherz der Natur, aber lebensgefährlich, wenn man es nicht beachtet.

Und wieder schmunzelte er in sich hinein: „Hatte sich eigentlich in den vergangenen zweitausenddreihundert Jahren, seitdem Sokrates dafür den Giftbecher trinken musste, etwas daran geändert? Möchte nicht jeder dem anderen den Giftbecher reichen, der ihn bei seiner Unvollkommenheit ertappte?"

Was hatte Vater immer gesagt? Stelle dir eine Welt voller Handwerker vor und daneben eine Welt voller Banker und Versicherungsagenten. Welche Welt würde wohl überleben?

„Die Handwerker", hatte er geantwortet, „aber ist es recht, so zu denken?" Hatte nicht jeder seine Aufgabe in der Gesellschaft? Aber Vater hatte wohl recht, die meisten Parasiten der Gesellschaft halten sich nicht bei den Handwerkern, sondern bei den Geschäftemachern auf. Diese Erkenntnis hatte er in seinem Leben nun auch gewonnen und wunderte sich über diese und andere Lehren des Vaters, die er als Jugendlicher anzweifelte.

„Du willst studieren?", fragte sein Vater ihn, „du bist ein Handwerker geworden wie ich, und wenn du studieren willst, dann vergesse nie, wie das Brot schmeckt, das man mit der Hände Arbeit verdient. Dann darfst du studieren. In dem Moment, wo du das vergessen hast, wandelst du dich zum Parasiten der Gesellschaft."

Nein, auch diese Lehre, dieses Versprechen, hatte er nie vergessen und immer versucht, es zu befolgen.

Wie oft hatte er den „Staat", „die Politeia" von Platon gelesen? Unzählbar, jeden Urlaub, es war seit seiner frühen Jugend sein Lieblingsbuch. Seneca, Epikur mit seiner „Philosophie der Freunde", die sich bis ins Mittelalter hielt, hatte ihn ebenfalls lange beschäftigt, Aristoteles und viele andere Philosophen faszinierten ihn. Aber Platon war für ihn der Größte unter allen.

„Meine Lebenskrücke", sagte er immer im Stillen zu sich. Jeder braucht so eine Krücke, einen Halt, und ein geistiger Halt ist besser als ein materieller Halt.

Nun, das war seine unmaßgebliche Meinung, jeder möge für sich entscheiden.

„Das glückliche Leben kann nur im Umfeld der Gerechtigkeit stattfinden …" Das war das Kernergebnis der Untersuchungen von Platon.

Ja, ohne Gerechtigkeit gibt es keine Freiheit, keine Einigkeit …

Aber die Definition der Gerechtigkeit, die als Basis des glückhaften Lebens dient, hatte Platon in seiner Politeia verschleiert und er hatte lange gebraucht, diese Gerechtigkeitsdefinition zu finden.

Die gängigen und vielen „wissenschaftlichen" Definitionen der Gerechtigkeit waren für ihn absolut unzureichend. Dahinter vermutete er eine viel größere und tiefere und einfachere Wahrheit, die es zu erforschen galt; denn eines war seine Überzeugung und unbestritten: „die Basis des glückhaften Lebens ist die Gerechtigkeit."

Es gibt keine Freiheit und keine Einigkeit ohne die Gerechtigkeit. Nichts gibt es dann, auch keine Liebe.

Diese Basis des glückhaften Lebens zu finden, faszinierte ihn seit seiner frühen Jugend, nachdem er das erste Mal mit zwölf Jahren diesen Satz las.

Nur …, welche Gerechtigkeit war es denn nun?

Es gibt so viele Definitionen, dass man den Mut und die Hoffnung verlieren kann, die richtige zu finden. Gerade die Vielzahl der Definitionen scheint die Ursache der Ungerechtigkeit, ja, sogar Ursache der größten Kriege mit unzählbaren Toten, zu sein.

War es das eigene Gerechtigkeitsempfinden, auf das er wie alle anderen Menschen so stolz war?

Mit großer Bitterkeit musste er feststellen, dass es gemäß dieser Definition so viele „Definitionen der Gerechtigkeit" auf der Erde gibt, wie es Menschen gibt, etwa sechs bis sieben Milliarden.

„Gerechtigkeiten", die sich nach einer e-Funktion vermehren.

Es tat sehr weh feststellen zu müssen, dass das eigene Rechtsempfinden nicht als Basis des Glückhaften taugte, absolut ungeeignet ist dafür. Kann es überhaupt eine Mehrzahl der Gerechtigkeit geben? Gab es nicht nur eine Gerechtigkeit für alle? … Die Religionen mit ihren unterschiedlichen Regeln?

Aber die Religionskriege waren bis in den heutigen Tag hinein ebenfalls der Beweis der Untauglichkeit. Also auch die Religionen, wie jede andere Ideologie, taugten offensichtlich nicht als Basis des Glückhaften bis in den heutigen Tag hinein.

Die Stärkeren bestimmen auch hier und sie bestimmen die Regeln, die den Menschen zum Sünder stempeln, zu ihrem Vorteil.

Die reichsten und mächtigsten Kirchenfürsten predigen die Worte Christi, ein unglaublicher, unfassbarer Widerspruch in sich.

Gesetze und Verordnungen?

Juristen, Rechtswissenschaftler …? Alle „Aufpasser" der Gesellschaft verdienen daran, dass es die Verstöße gegen diese Art der Gerechtigkeit gab. Warum sollten sie denn ihre eigene Existenz gefährden, indem sie ihre Aufgabe, dem Frieden zu dienen, erfüllten? Die Rechtswissenschaften haben versagt und werden in dieser Form versagen, wenn sie sich auf die Gesetzgebung, die Ermittlungen und Bestrafungen von Untaten beschränken.

War nicht gerade die Vielzahl der Gesetze ein Maßstab der Unvollkommenheit der Menschen? Und täglich werden mehr Gesetze erlassen. Als ob sich die Unvollkommenheit der Menschen unaufhaltsam stetig vermehrt. Auch Platon sagte, dass man die Unvollkommenheit eines Staates an der Vielzahl der Gesetze messen kann; je mehr Gesetze einschließlich der erforderlichen Überwachung, die im gleichen Umfang wächst, umso unvollkommener ist ein Staat.

Ein beängstigender Gedanke.

War es der natürliche Effekt? Wenn man jemanden auffordert: „Du musst aufpassen", so fühlt sich der so animierte „Aufpasser" als Vollkommener ... über der Unvollkommenheit schwebend, als der Stärkere.

Hitler kannte diesen Effekt der Eitelkeit im Menschen und hat ihn schamlos bis zum Exzess ausgenutzt. „Die Natur will, dass die Stärkeren überleben ..." Solche perversen Gedanken der Tierwelt aus einem kranken Hirn waren es, die Leid, Not und Tod brachten. Diese perversen Gedanken, die deutlich erkennen lassen, dass nicht bekannt ist, warum die Natur ein Lebewesen mit einem Verstand schuf, mit der zwingenden Aufgabe, dieses Gesetz der Tierwelt abzuschaffen.

Er musste an das Buch und den Film „Die Welle" (1981) denken. Wie leicht kann man auch heute noch junge Menschen so verführen? Ein kalter Schauer lief über seinen Rücken.

Aber die Stärkeren bestimmen die Gesetze ... zu ihrem Vorteil? Denn die Beschäftigung und Verdienstmöglichkeiten der Juristen steigen nur, solange der Streit andauert.

Alles, jeder Gedankenweg mündete in einem Punkt: „Die Gerechtigkeit des Stärkeren". Es ist das unumstößliche Naturgesetz. Fressen und gefressen werden. Dieses eherne tierische Naturgesetz, das ungeahnte Erfolge in der Evolution hatte, das sogar den Menschen hervorbrachte, ist am wenigsten geeignet, als Basis des Glückhaften zu dienen.

Im Gegenteil, die Gerechtigkeit des Stärkeren führt unweigerlich am Ende zu einer nicht mehr bezwingbaren Spezies, die alle anderen Arten vernichtet. Sie vernichtet auch die Synergien, von der diese Spezies selber lebt, zerstört also die eigene Lebensgrundlage.

Die Naturwissenschaftler führten Naturkatastrophen an, um den sich periodisch immer wiederholenden Untergang der stärksten Tierarten im Verlaufe der Evolution zu begründen.

Mag sein, dass sie recht haben. Aber er war absolut davon überzeugt, dass es „die Gerechtigkeit des Stärkeren" in Form einer übermächtigen Naturgewalt, die die stärkste Spezies selber verursachte oder durch Vernichtung der eigenen Lebensgrundlage durch den Raubbau in der Natur immer wieder war, die den absoluten Kollaps, den sicheren Untergang der stärksten Spezies am Ende einer jeden Evolutions-Periode verursachte oder verursacht hätte, wenn nicht andere Naturkatastrophen diese Entwicklung gewaltsam vorzeitig gestoppt hätten.

In der Neuzeit war nun die stärkste Spezies der Mensch, der die gebundene Wärme (Öl, Erdgas, Kohle, Methan usw.) freisetzte und dadurch Klimaänderungen verursachte, die Artenvielfalt gnadenlos vernichtete, das Töten seltener Tiere aus Habgier oder als Sport betrachtete, sich gegenseitig selber umbrachte und Not und Elend aus Habsucht, reiner Gier und vieles mehr verursachte … Unermesslichen Reichtum häuften einige Menschen an und leisteten damit Not und Elend ihrer Artgenossen Vorschub.

Dieses alles war nur dadurch erklärbar, dass diese Menschen nicht wussten, warum der Mensch einen Verstand bekommen hatte. War das Kommando der Bibel „… mache Dir die Erde Untertan", wirklich so gemeint? In keiner anderen Religion hatte er diesen Satz gefunden.

Der Mensch, der menschliche Verstand, ist im Verlauf der Evolution aus diesem Naturgesetz, der „Gerechtigkeit des Stärkeren", entstanden. Ein menschlicher Verstand, der in der Lage ist, den endgültigen Kollaps der „Gerechtigkeit des Stärkeren" zu vermeiden; den Lernprozess über das Leid endgültig zu beenden. Die Lehren Christi und Untersuchungsergebnisse Platons hatte er als ein Geschäftsmodell verstanden. Ein Geschäftsmodell, das das Lernen über das oft unsagbare Leid beendet. Wie sollte er sonst „die Erlösung" verstehen?

Unvorstellbare Vorteile haben ebenso unvorstellbare gleichgroße Nachteile.

Eine Gerechtigkeit als Basis des Glückhaften schien für ihn ein unerfüllbarer Wunsch zu sein, mehr nicht. So blieb er eine sehr lange Zeit mutlos auf seiner abenteuerlichen Suche nach der „Gerechtigkeit als Basis des glückhaften Lebens".

Platon wusste, nur wer sich darum bemüht, die Gerechtigkeit als Basis des Glückhaften zu finden, kann sie begreifen, zu seinem geistigen Eigentum machen.

Auf seiner langen Suche war er dann eines Tages auf die Antwort gestoßen: „Gerechtigkeit ist gleichbedeutend mit der Gesundheit. Gerechtigkeit ist der Dienst für die Gesundheit, im direkten und übertragenen Sinne."

Ein glückhaftes Leben kann ohne Gesundheit nicht stattfinden und Gesundheit entsteht nur dann, wenn alle Organe, Zellen und vieles mehr ihren Dienst tun, korrekt, kompetent, gewissenhaft …, auf der Basis gesunderhaltender Lebensmittel, Lebensregeln u.v.a.m.

So entsteht auch die Gesundheit eines Gemeinschaftskörpers, wenn ein jeder seinen Dienst tut für die Gesundheit des Gemeinschaftskörpers.

Gerechtigkeit als Gesundheit also in zweifacher Hinsicht, die Gesundheit des eigenen und des Gemeinschaftskörpers.

Gerechtigkeit war für ihn nun gleichbedeutend mit der Wissenschaft zur Erhaltung der Gesundheit, der Gesundheit nicht nur im persönlichen Sinne, sondern für alle Lebewesen, die in Synergie miteinander leben, Menschen, Tiere, Pflanzen. Jede Handlung muss seines Erachtens hinterfragt werden: „Ist dein Tun und Handeln gesund?"

Wie funktioniert eine solche Gesundheitspflege? Was ist gesund? Was ist krankhaft? Welches sind die Parasiten, Bakterien, die Krankheitserreger, also die Feinde der Gesundheit? … der persönlichen und der all-umfassenden Gemeinschaft? Ist es gesund, wenn die Gesetze so kompliziert formuliert werden, dass nur Experten diese verstehen? … dass man zwölf Semester und mehr studieren muss, um die Gesetze zu verstehen? Hatte Platon es schon richtig erkannt, wenn er sagte: „Je mehr Gesetze ein Staat benötigt, umso unvollkommener ist der Staat!" Sollte man nicht lieber alles an der Frage messen, ob es gesund war oder ist, was wir beabsichtigen zu tun oder getan haben. Wäre es nicht sinnvoll, die Kinder in der Schule bereits eine solche umfassende „Gesundheitslehre" zu lehren?

Platon hatte die Suche nach der Gerechtigkeit über den Staat gewählt und damit begründet, dass man am GROSSEN das KLEINE besser erkennen kann. War es nicht umgekehrt? Kann man an der Funktionalität des eigenen Körpers nicht am besten von der Natur die Gesunderhaltung des eigenen Körpers lernen und auf den All-umfassenden-Gemeinschaftskörper übertragen? … und darauf die neue Wissenschaft über die „Gesundheit" aufbauen?

Gerechtigkeit als eine Dienstleitung für die Gesundheit! Gerechtigkeit sollte eine Dienstleistung sein? … eine Dienstleistung für die Gesundheit im direkten und übertragenen Sinne?

Ja, er war zunehmend davon überzeugt, nur in einem gesunden Körper eines Lebewesens oder einem gesunden All-umfassenden-Gemeinschaftskörper ist die Basis des Glückhaften zu finden. Die Gesundheit, das ist die Heimat der Gerechtigkeit, und darin lebt das Glückhafte.

Alle Taten, alle Bemühungen, alle Regeln des Zusammenlebens müssen mit der Kernfrage geprüft werden, ob sie der Gesundheit dienen. Würde er je ein Naturvolk noch auf der Erde finden, dessen Menschen diesem Gesetz folgten? … in der Armut vielleicht die Glücklichsten waren? … sich gegenseitig zu helfen?

Seit dieser Zeit wuchs dieser scheinbar unerfüllbare Wunsch in seinem Herzen.

Er wunderte sich immer wieder. War das Ergebnis nicht viel zu einfach? Gerechtigkeit als eine Dienstleitung für die Gesundheit? Gerechtigkeit kann man also nicht fordern? … jeder hat sie zu leisten? … die Forderung nach Gerechtigkeit geht also an den Fordernden selbst? … auch an den, der Unrecht, also eine „zugefügte Krankheit" erleidet? … der soll auch noch für Gerechtigkeit im Sinne der Gesundheit sorgen? … mit seinen leidvollen Erfahrungen zum Beispiel?

Ja, er war zunehmend davon überzeugt: „Die Gerechtigkeit als Basis des Glückhaften herrscht nur dann, wenn jeder seine Aufgabe nach bestem Können und Wissen für seine eigene Gesundheit und für die Gesundheit des Gemeinschaftskörper gewissenhaft erfüllt." So hatte er Platon verstanden. Es gab keine andere Lösung dieser Frage für ihn.

Im eigenen Körper sind es die Zellen und Organe. Nur wenn jede Zelle, jedes Organ, seine Arbeit, seine Dienstleistung für den Körper mit guter Qualität vollbringt, herrscht Gerechtigkeit in dem Körper und die Basis des Glückhaften ist vorhanden.

Sobald Schmarotzer, Abzocker und Faulheit, die Parasiten der Gesellschaft, den Körper befallen, wird der Gesellschaftskörper krank und stirbt.

Ist das also Platons Aufforderung an jeden, seine von der Natur geschenkten Talente für den Gemeinschaftskörper gesundheitsfördernd einzusetzen? Damit würde der ständige Schrei nach Gerechtigkeit aufhören, denn der Ruf nach Gerechtigkeit richtet der Fordernde dann als einen Appell an sich selber.

Wenn also die Gerechtigkeit der Gesundheit in diesem Sinne entspricht, wie gesund ist dann unsere Gesellschaft?

Einige Menschen der Gesellschaft, Manager, Banker ... erschienen plötzlich in einem ganz anderen Licht, zum Teil sehr negativ, viele als Parasiten und Schmarotzer der Gesellschaft.

Die Gerechtigkeit, die er suchte, war für ihn also nicht etwas, was vom Stärkeren gnadenvoll gewährt wird.

Gerechtigkeit ist eine Dienstleistung für die Gesundheit, im direkten und übertragenen Sinne, die jeder, jeder Einzelne, zu leisten hat, auch und insbesondere ein Banker, dem das ersparte Geld eines Arbeitnehmers anvertraut wird.

Erst wenn dieser Geist sich etabliert, kann es Frieden geben. Erst wenn der Mensch nicht an seinem Reichtum, sondern an seiner Leistung des gerechten Lebens gemäß dieser Definition gemessen, geehrt und geachtet wird, dann ist die Basis des Glückhaften geschaffen.

Christus schien der Erste in dieser Reihe zu sein.

Der Ärmste hat so die Chance, „der Geehrte" zu werden, und der reichste Banker wird als krankheitserregender Schmarotzer entlarvt.

Die Gerechtigkeit des Stärkeren brachte also eine Spezies, den Menschen mit einem Verstand, hervor.

Einen Verstand, der den unvorstellbaren Nachteil erkennt, dass die Art der „Gerechtigkeit des Stärkeren" mit dem unvermeidbaren, absolut sicher vorhersagbaren endgültigen Kollaps endet.

Einen Verstand, der da sagt:

„Liebet eure Feinde; segnet, die euch fluchen ..." Also genau das Gegenteil der Gerechtigkeit des Stärkeren fordert, um den Lernprozess über den Leidensdruck mit dem absolut sicheren Endergebnis, den Kollaps, zu vermeiden.

Das endgültige „AUS der Menschheit" ist also nur vermeidbar, wenn der Mensch erkennt, warum die Natur ihm einen Verstand schenkte, einen Verstand, der das negative Endergebnis einer Periode der Gerechtigkeit des Stärkeren erkennt.

Die Natur hatte also den großen Nachteil der „Gerechtigkeit des Stärkeren" erkannt und dem Menschen einen Verstand geschenkt, mit dem er die neue „Gerechtigkeit als Basis des Glückhaften" definieren und sich danach verhalten kann.

So verstand er nun auch die letzten Worte, die Christus im Sterben sagte: „Gott, bitte verzeih ihnen, denn sie wissen nicht, was sie tun." Und er fügte hinzu: „... weil diese Menschen noch nicht wissen, warum Du ihnen einen Verstand gegeben hast. Einen Verstand, der das Lernen über den Leidensdruck beenden kann."

Ja, er war davon überzeugt, dass die eigentliche Ursache, der über Jahrmillionen gewachsenen Erkenntnis der Evolution, der unvermeidliche Kollaps der „Gerechtigkeit des Stärkeren", sehr vielen Menschen noch heute absolut unbekannt und an deren Verhaltensweise erkennbar war.

Die Welt ist heute noch zu voll von großen und kleinen Diktatoren, Ideologen, die den Grund ihres Verstandes noch nicht begriffen haben, die nicht wissen, dass ihre Ideologie die menschlichen Schwächen und Fehler gleichschaltet und damit die Katastrophe herbeiführt.

Er war begeistert: die „Gerechtigkeit des Stärkeren" brachte also selber eine Spezies, den Menschen, hervor, der die „Gerechtigkeit des Stärkeren" abschaffen konnte. So wird sich diese

Gerechtigkeit des Stärkeren mit dem unendlichen Leid selber vernichten, diese Weisheit der Natur war für ihn fantastisch, unfassbar und begeisterte ihn sehr.

So hatte er Christus nun verstanden. Der Mensch, aus dem Tier entstanden, eine „Aggregat-Zustandsänderung des Lebens", kann mit dem Verstand seine ererbte tierische Verhaltensweise selber zähmen und bekämpfen.

Seine jugendliche Begeisterung war unbeschreiblich, als er zu diesem Ergebnis kam und dieses Ergebnis zu „seinem Eigentum" wurde. Nun wusste er, warum er einen Verstand hatte, und musste gleichzeitig erkennen, dass die tierische Verhaltensweise oft seine Taten bestimmte. Machte es einen Unterschied, ob ein Hund sein Terrain mit seinem Urin absteckte und markierte oder der Mensch mit einem Zaun?

Diese tierischen Verhaltensweisen waren wie eine unbezwingbare Droge und je mehr er darüber nachdachte, umso mehr wurde ihm zur Gewissheit, dass es zu viele Menschen gab, die nicht wussten, warum sie einen Verstand haben, und der tierischen Verhaltensweise frönten.

Bis in den heutigen Tag hinein.

Selbst Konzern-Bosse und andere tönten davon, dass es in der Geschäftswelt zugeht wie im Tierreich, und vergleichen die Verhaltensweisen des Wirtschaftslebens selber mit dem Löwen und der Gazelle.

Der Begriff des „Alpha Menschen", in Anlehnung an „das Alpha Tier", mit dem sich manche Führungskräfte und auch Politiker stolz rühmten, ist auch heute noch der sichere Beweis, dass der Verstand noch zu stark mit der tierischen Verhaltensweise im Menschen verwurzelt ist, dass die Intelligenz kein Beweis für Klugheit und keine Garantie dafür ist, dass der Mensch weiß, warum die Natur ihm den Verstand schenkte.

„Alpha Menschen", das war das Ziel eines Verrückten gewesen, dessen Folgen er selber als Kind im letzten Weltkrieg zu spüren bekam. Nur, dieser Verrückte nannte sie nicht „Alpha-Menschen", sondern „Herrenmenschen" oder „die arische Rasse" die dem Prinzip der „Gerechtigkeit des Stärkeren" zu ihrem Ziel erhoben. Ein ganzes Volk wollte dieser Verrückte zu „Alpha Menschen" machen.

Hatte man das alles schon vergessen? Obwohl das Wissen um diesen Irrtum mit dem unendlichen Leid und dem Tod unzählbarer Menschenopfer bezahlt wurde?

Ein kalter Schauer lief ihm über den Rücken, wenn er solche primitiven Leute, die sich nun „Alpha Menschen" nannten, an der Spitze der neuen Gesellschaft hörte.

Ist das der Keim des Unterganges? Der Keim, aus dem die Wandlung der Demokratie zur Tyrannei erwächst, wenn wir Menschen es nicht rechtzeitig begreifen?

Wird Platon auch in diesem Punkt recht behalten? Platons Untersuchungsergebnis: „Jede Demokratie wandelt sich in eine Tyrannei" verunsicherte ihn sehr, denn den Weg aller anderen Staatsformen hatte Platon absolut richtig vorausgesagt.

Warum entstanden immer neue Gesetze? Gesetze sollen der Unvollkommenheit, die aus der tierischen Verhaltensweise, eben der Gerechtigkeit des Stärkeren, resultiert, Grenzen setzen. Die Anzahl der Gesetze war also doch ein Maß für diese menschliche Unvollkommenheit, für diese tierische Verhaltensweise des Menschen. Und das Erschreckende daran war, dass die Anzahl der Gesetze sich ständig vergrößerte, weil offensichtlich diese menschliche Unvollkommenheit, die tierische Verhaltensweise, ebenfalls immer größer wurde. War die Anzahl der Gesetze doch der Zollstock, mit dem man die Unvollkommenheit der Gesellschaft, das Wachstum der tierischen Verhaltensweise messen kann?

Dieses Ergebnis, die Entstehung der Tyrannei aus der Demokratie, dieses Ergebnis von Platons Untersuchungen, hatte damals große Angst in ihm hervorgerufen.

Denn wird der Verstand im hergebrachten Sinne für die Gerechtigkeit des Stärkeren eingesetzt, dann wird die Menschheit, wie es immer war, über einen unendlich großen Leidensdruck das lernen, was ganz einfach mit dem Verstand zu lernen wäre. Der letzte Weltkrieg war für ihn ein sicherer Beweis dafür. Die Nazis stellten die Gerechtigkeit des Stärkeren in den Mittelpunkt ihrer Ideologie.

Viele Millionen Menschen mussten sterben, damit die überlebenden Menschen lernten, dass der Frieden besser ist als der Krieg.

Diese ganz einfache Erkenntnis hätte man auch mit dem Verstand erreichen können. Aber die Droge der Evolution, die tierische Verhaltensweise, war stärker gewesen.

Waren wir Menschen nicht schon wieder auf dem Weg? ... hin zu einem noch weit größeren Leidensdruck?

Die Machtkonzentrationen durch die Globalisierung schritten beängstigend voran. Dabei wurde die Demokratie von den Vätern und Großvätern einst qualvoll errungen, indem die Machtkonzentrationen abgeschafft wurden. Hatte man das vergessen?

Die Dezentralisierung der Macht als unverzichtbare Basis der Demokratie ging zunehmend verloren und das beunruhigte die Bürger immer stärker. Sie empfanden eine drohende Gefahr, ohne genau zu wissen, aus welcher Richtung diese Gefahr kam.

Wodurch unterschieden sich die Parteien im Zentrum der Macht? Wenn man genauer hinsah, lag der Unterschied nur noch darin, dass die Partei „A" die Seite X, die andere Partei „B" die Seite Y und jede andere Partei eine andere Seite des gleichen Gutachtens von Roland Berger, Mac Kinsey oder anderen „Experten" als bedeutender hielt. Es kam bereits so weit, dass der Mann einer Umweltministerin in Niedersachsen solche Gutachten schrieb; dank der Pressefreiheit nicht sehr lange.

Es fehlten eben die Fachleute an den entsprechenden Regierungs-Stellen. Statt Professor Ehrhard, Professor Schiller und viele andere, die Deutschland aus dem Sumpf halfen, waren es nun Taxifahrer, Lehrer und Juristen, die sich auf dem „zweiten Bildungsweg bei Roland Berger" ihre Kenntnisse, ihr gesichertes Halbwissen holten.

Und man frotzelte schon darüber: „Manchmal ist der Bundestag voller und manchmal leerer, aber auf jeden Fall voller Lehrer!"

Wenn es der Gemeinschaft gut geht, dann geht es auch dem Einzelnen gut. So war seine, Platons, versteckte Antwort. So hatte er ihn verstanden, den Aristokraten der Philosophen. Niemanden unter seinesgleichen liebte er mehr als ihn.

Gerechtigkeit als Dienstleistung für die Gesundheit im direkten und übertragenen Sinne, bescheiden in dem Bewusstsein der eigenen Unvollkommenheit. Das war sein Lebensmotto geworden, ohne dass er darüber Worte verlor.

Plötzlich befiehl ihn ein unangenehmes Gefühl. Warum kamen solche Gedanken? Wollte er Abschied nehmen? Waren es Abschiedsgedanken? War er am „Ende seiner Reise" seines beruflichen Lebens angekommen?

Er schüttelte sich, drehte sich ruckartig um, als wollte er alle diese Gedanken von sich abwerfen, um sich auf das Gespräch vorzubereiten. Er ahnte, wie wichtig es sein würde.

Aber zu spät. Die Tür ging auf und die Sekretärin schaute herein: „Herr Scheffler", sagte sie und ließ den neuen Direktor in spe hinein. Eine gewisse äußere Ähnlichkeit mit ihm meinten einige festgestellt zu haben, aber wohl nur äußerlich durch den grauen kurz geschnittenen Bart.

„Möchten Sie Kaffee oder Tee?", fragte sie, obwohl sie ihren Chef vorher über die Trinkgewohnheiten von ‚dem Neuen' informiert hatte. Sie war eine sehr kluge Frau und er gab die richtige Antwort: „Kaffee ohne Sahne mit Zucker und etwas Gebäck bitte, Frau Hermann. Danke."

Er begrüßte Herrn Scheffler, und als er in seine Augen sah, da wusste er plötzlich, warum er so unruhig war. Im Alter hat man einen Blick dafür, zumal, wenn man in seinem Leben mit so vielen Menschen zu tun hatte.

Er wusste plötzlich, Scheffler war in seinen Augen einer von denen, die nicht wissen, warum die Natur dem Menschen einen Verstand schenkte.

Das Gewünschte brachte Frau Hermann für einen Fremden ungewöhnlich schnell. Sie war eben perfekt in ihrem Beruf.

Beide setzten sich nach ein paar üblichen Höflichkeitsfloskeln an den Besprechungstisch.

Die beauftragte Unternehmensberatung hatte der Direktion einen weiteren Personalabbau und die Stilllegung des Wirbelschichtblockes Nr. 7 empfohlen. Davon waren siebenundzwanzig Mitarbeiter betroffen.

Es waren oft kaltschnäuzige Leute, diese Unternehmensberater, ohne jegliche soziale Kompetenz. Sie hatten den Mitarbeitern vorgegaukelt, deren Verbesserungs-Vorschläge zu diskutieren und die besten davon umzusetzen. Tatsächlich stand aber in dem Beratervertrag bereits, ohne vorhergehende Untersuchung, dass 28 % Personaleinsparung zugesichert wurden. Das wusste er. Diese Schauspieler ohne Gnade zum Nachteil für viele Familien. Er wurde zornig bei diesem Gedanken.

In den Insiderkreisen war es ein offenes Geheimnis, dass die Personalberaterbüros zu über 80 % bis 90 % eine Alibifunktion für die Direktoren der Unternehmen wahrnahmen.

Man machte sich schon lustig über diese Schauspieler ohne Praktik.

Deshalb fing er gleich mit dem Thema an.

Neben dem Personalabbau gab es ja auch die Möglichkeit, ein neues Geschäftsfeld zu eröffnen, und der Gesetzgeber hatte mit dem geplanten Kreislaufwirtschaftsgesetz, das 1996 in Kraft treten sollte, eine gute zukunftsorientierte Möglichkeit formuliert. Diese Möglichkeit hatte er im Einvernehmen mit der alten Direktion angefangen zu nutzen und auszubauen.

Im Übrigen hatten alle Mitarbeiterinnen und Mitarbeiter dazu beigetragen, dass drei Jahre eher als geplant das gesetzte Personalziel durch natürlichen Abgang erreicht wurde. Vorübergehende Personalengpässe waren durch Flexibilität und Überstunden überbrückt worden. Darauf konnten alle Mitarbeiter sehr stolz sein. Wenn er sich zeitweise zu große Sorgen machte, dann zerstreuten die Mitarbeiter diese und sagten kurz und bündig: „Lassen Sie uns mal machen, das kriegen wir schon hin …"

Und nun war man auf dem Weg, ein neues, lukratives Geschäftsfeld zu schaffen, und alle Mitarbeiter waren mit Begeisterung dabei.

Neben der Abfallverbrennungsanlage hatte er 1993/94 den Wirbelschichtblock 7, einen 124 MW Kohlekessel im Rahmen eines geförderten Forschungsvorhabens für die CO2-neutrale Biomasse- (Altholz-) Verbrennung für Versuche umbauen lassen und mit Begleitung der Bezirksregierung Hannover, dem Gewerbeaufsichtsamt Hildesheim, dem TÜV Nord und dem Niedersächsischen Landes-Amt für Ökologie umfassende Versuche gefahren und sehr gute Ergebnisse erzielt.

Alle hatten mitgeholfen. Die Schichtleiter waren sich nicht zu schade, den Schaufellader zu fahren und/oder mit den Hilfsarbeitern im Altholz herumzustochern, um das Holz in den Containern zum Laufen zu bringen.

Ja, er war froh und sehr dankbar, dass alle Mitarbeiter sich so ins Zeug legten, und er fing an zu erzählen und zu schwärmen von diesen Möglichkeiten zum Vorteil des Unternehmens und auch zum Vorteil der Mitarbeiter und ihrer Familien.

Niemand musste entlassen werden. Mit dem neuen Geschäftsfeld, dessen Basis man nun geschaffen hatte, konnte man nach dem weiteren Ausbau der Versuchsanlage gute Gewinne erzielen, für die entlassungsbedrohten Mitarbeiter neue Tätigkeitsfelder schaffen und für den Umweltschutz einen hervorragenden Beitrag leisten …, das Kraftwerk fast CO2-neutral betreiben, denn die energetische Verwertung des Abfalls in der Müll-Verbrennungs-Anlage wurde von Wissenschaftlern ebenfalls zu etwa 80 % als CO2-neutral eingestuft.

In seiner Begeisterung bemerkte er nicht Schefflers abweisende Augen. Das war fahrlässig.

Aber hätte es etwas geändert an dem, was Scheffler nun sagte? „Machen Sie es mir doch nicht so schwer."

Verblüfft fuhr er in seiner Begeisterung fort: „Ich mache es Ihnen schwer?", fragte er erstaunt zurück. „Wieso, ich verstehe Sie nicht, das Haus ist gut bestellt, wir brauchen niemanden mehr zu entlassen, wir sind dabei, ein neues lukratives Geschäftsfeld zu eröffnen, unter Umständen können wir noch ein paar Mitarbeiter einstellen, um die Möglichkeiten voll ausschöpfen zu können. Ich habe in Absprache mit der derzeitigen Konzernleitung bereits einen zweiten Mann eingestellt, der in ein paar Jahren mein Nachfolger wird. Er wird akzeptiert und ist ein guter Mann, in jedem Sinne!"

„Wie alt sind Sie?", fragte Scheffler unbeeindruckt und kalt, als ob er die Worte nicht gehört hätte, und gab die Antwort gleich selber: „Sie werden im September 59 Jahre!"

„Das stimmt", sagte er verblüfft und verwundert. Was sollte das? Wieso war sein Alter wichtiger als die Arbeitnehmer und der Gewinn des Unternehmens?

„Was soll das? Habe ich etwas falsch gemacht? Wenn Sie mir etwas vorzuwerfen haben, dann sagen Sie mir das ins Gesicht!", forderte er Scheffler auf, „werfen sie mir mein Alter vor?"

„Wenn Sie so wollen …? Ja …!! Hinter den Schreibtisch dort gehört ein junger Mann und den habe ich bereits eingestellt", und bei diesen Worten zeigte Scheffler auf den Stuhl hinter seinem Schreibtisch.

Das Alter? Ein Vorwurf? Nein, sogar ein Entlassungsgrund? Er war fassungslos …! Plötzlich fehlten ihm die Worte. Er konnte nichts mehr sagen.

„Für das Gewesene gibt dir keiner etwas. Darum mache alles, was du tust, als wäre es für dich, insbesondere dann, wenn du es für andere tust", das hatte sein Vater ihm beigebracht und er hatte es immer wieder versucht und bei jeder Handlung geübt, auch wenn es keinen aktuellen Anlass gab, und akzeptiert.

Auch die Frage seines Vaters und die Antwort darauf hatte ihn in frühester Kindheit geprägt: „Was ist stärker als die große Gewalt des Schicksals?" hatte der Vater gefragt und selber geantwortet: „Es ist ein Mensch, der das Schicksal trägt und akzeptiert, wenn es keine andere Möglichkeit gibt!"

Und auf Vaters Frage: „Willst du lernen, stärker zu sein als die große Gewalt deines Schicksals? Dann lerne, dein Schicksal zu tragen, als wäre es nicht fähig, selber zu gehen oder zu stehen!" hatte er stolz als kleiner Junge geantwortet: „Ja, das will ich! Das ist eine sehr gute Idee!"

Trotz allem, nun, wo er damit konfrontiert wurde, saß, wie immer in solchen Fällen, plötzlich ein Kloß in seinem Hals.

Aber Gott sei Dank, er hatte seine Aufgabe gelernt und in seinem Leben die Erfahrung gemacht, dass sein Schicksal es immer gut mit ihm meinte, auch wenn er es nicht gleich begriff oder erkannte, und oft meinte, er werde benachteiligt.

In den vielen Jahren seines Lebens hatte er mit Hilfe der Formel seines Vaters gelernt, blind auf sein Schicksal zu vertrauen. Vielleicht, weil er sein Schicksal „stets getragen hat" und es „nicht laufen musste", schmunzelte er in sich hinein.

Alle Menschen erfahren Kränkungen. Es kommt nur darauf an, wie man es sieht.

Die erste Kränkung ist die Geburt, wenn das Baby den Mutterleib verlassen muss. Was wäre gewesen, wenn das Baby sich gewehrt hätte, um im schützenden Mutterleib zu bleiben? Das Baby hätte nie das Tageslicht und die schöne Welt gesehen.

Mit diesem Gedanken kann man auch den eigenen Tod, die letzte Kränkung, ertragen.

Wollte das Schicksal ihm heute „das neue Tageslicht" zeigen? So war es besser, nach vorne zu schauen und das Neue zu suchen!

War es nicht sehr vorteilhaft, sich vom Gewesenen freudig und dankbar zu verabschieden, wenn die Zeit gekommen war? Auch am Ende des Lebens? Zu akzeptieren und erwartungsvollfreudig zu fragen, welche Neuigkeit das Schicksal bereit hält? Ganz einfach auf sein Schicksal vertrauen?

Bei solchen Gedanken erholte er sich sehr schnell von dem Schlag, zog sich aber zurück und fragte im Stillen erstaunt sein Schicksal: „Was hast du mit mir vor? Ich halte nun still und lasse gewähren, auch wenn es mir so unendlich schwerfällt!"

Solche gedanklichen Zwiesprachen mit seinem Schicksal ließen eine wohlige Ruhe und Gelassenheit in ihm aufkommen. Und durch eine besondere Atemtechnik fühlte er eine sehr wohlige Wärme im Bereich seines Sonnengeflechtes. Das hatte er in jungen Jahren im autogenen Training gelernt.

Dann hörte er sich fragen: „Haben Sie eine bessere Idee, dem Unternehmen zu dienen?"

Und nun fing Scheffler an, von seiner Idee zu schwärmen. Wie man vom Staat Geld bekommen kann! Welche finanziellen Möglichen es zum Beispiel gibt, vom Staat Geld dafür zu bekommen, wenn man ältere Arbeitnehmer entlässt.

Ja, er wusste davon, aber Minister Blüm hatte etwas anderes im Sinne gehabt, als er für dieses Gesetz kämpfte, und plötzlich hatte er großes Mitleid mit dem ehrlichen Minister Blüm, weil alle beratenden Bosse der Industrie ihn belogen und betrogen und das Gemeinschaftskapital der Rentenversicherungen, der Krankenkassen, der Arbeitslosenversicherung usw. absahnen wollten und es auch bereits gnadenlos taten. In ein paar Jahren, das war für ihn so sicher wie das Amen in der Kirche, kommt das große Erwachen. Daran dachte er im Stillen.

Kein einziger Unternehmer würde nämlich sein Versprechen halten, einen jungen arbeitslosen Fachmann einzustellen, wenn ein älterer Mitarbeiter entlassen wird, das hatte man dem Minister Blüm nämlich vorgegaukelt, ohne sich schriftlich festlegen zu müssen.

Und wenn die Sozialkassen abgesahnt sind, dann wird man weiter absahnen mit dem Argument, dass die Nebenkosten so hoch sind, und wenn diese gesenkt würden, dann könnten viele wieder in Arbeit und Brot kommen. Die Senkung der Nebenkosten und Unternehmens-Steuern aus Wettbewerbsgründen wäre aber gleichbedeutend mit dem Abbau des sozialen Netzes. Die Arbeitnehmer und die Armen sind dann wieder die Verlierer.

Waren die Politiker Marionetten der Unternehmens-Bosse und der Banken geworden?

Und neuerdings fingen die EVU-Bosse an, den Politikern zu erklären, dass ein Wettbewerb in der Energieversorgung notwendig sei, und parallel hierzu liefen Fusionsverhandlungen, sodass Insider bereits damals nur maximal vier EVUs prophezeiten, die dann „Wettbewerb machten", die den „Wettbewerb" dann also selber definieren.

Die Liberalisierung des Strommarktes stand plötzlich im Vordergrund. Wer die Geschichte der Energieversorgung in Deutschland kennt, kann über die Politiker als Entscheidungsträger dieser Liberalisierungs-Entwicklung nur den Kopf schütteln.

Hoffentlich hat der politische Stolz darauf, dass man nur dann unvoreingenommen ist, wenn man keine Ahnung hat und nur auf Berater hören muss, bald ein Ende.

So waren seine Gedanken …

Als er wieder aufschaute, lag plötzlich ein Auflösungsvertrag auf dem Tisch und Scheffler schaute ihn erwartungsvoll an.

Wortlos las er den Inhalt.

Der Vertrag war nicht schlecht.

„O.k.", sagte er, „mit ein paar kleinen Änderungen bin ich einverstanden."

„Welche?", fragte Scheffler erwartungsvoll.

Aber seine Ansprüche waren so gut wie nichts

„Ich bewohne eine Werkswohnung und die sofortige Kündigung dieser Wohnung ist im Vertrag enthalten. Ist es für das Unternehmen nicht besser, mir noch nach meinem Ausscheiden für eine bestimmte Zeit ein Wohnrecht einzuräumen? Vielleicht für ein halbes Jahr? Dann hätte ich nach meinem Ausscheiden aus dem aktiven Dienst Zeit, mir eine neue Wohnung zu suchen, und stände unmittelbar hier vor Ort wie bisher auch am Wochenende bis zum letzten Arbeitstag dem Werk zur Verfügung, aufgrund des kurzen Weges, schnell und zuverlässig wie bisher."

Scheffler schaute ihn verblüfft an.

„Mehr nicht?", fragte Scheffler ungläubig.

„Mehr nicht", sagte er und stand auf.

„Und nun lassen Sie uns zur Altholzverbrennung, der Biomasse-Versuchsanlage Block 7 gehen. Die wollten Sie doch sehen, diesen Grund gaben Sie an für Ihren Besuch. Den Rundgang lassen Sie uns noch machen."

Und traurig dachte er, ein letzter Rundgang zum „Abschiednehmen" von dem aussichtsreichen Projekt.

Bei dem Rundgang fühlte er sich wie ein Verräter. Die Mitarbeiter, die gekämpft hatten wie die Löwen …, er mochte nicht in ihre Augen schauen …, alles war vergebens gewesen. Ihm war zum Heulen zumute. Es tat sehr weh in seinem Herzen und die vielen unsichtbaren Tränen schluckte er herunter. Und er wusste, nicht geweinte Tränen schaden dem Herzen. Sein Vater war daran mit 61 Jahren gestorben und er hatte sein Herz geerbt.

Minister Blüm hatte dem Unternehmen ungewollt per Gesetz ein besseres Angebot gemacht. Dagegen kam er nicht an, auch wenn es nicht der Gerechtigkeit entsprach, von der er träumte. Das Unternehmen hatte eine halbe Million DM Gewinn für seine

Vorruhestandsregelung in Aussicht, bezahlt aus den Sozialkassen. Das hatte dieser Mensch mit Namen Scheffler, der nicht wusste, warum die Natur dem Menschen einen Verstand schenkte, ihm vorgerechnet. Alles andere war vergessen. Eine Ablösesumme wurde nicht genehmigt.

Für das Gewesene gibt niemand etwas, vielleicht ein paar Lobeshymnen am Grab, das kostet nichts und dient der eigenen Imagepflege des Redners. Zu Lebzeiten aber bekommt man statt Lobeshymnen einen Fußtritt.

Aber es ging vielen Arbeitnehmern und Angestellten so in dieser Zeit. Er war in diesem Punkt einer unter sehr, sehr vielen.

Er legte im Stillen den „Maßstab" an, den er sich mit viel Mühe „gebastelt" hatte, und versuchte, die Gesundheit der Gesellschaft damit zu messen, an der Definition der Gerechtigkeit als Basis des glückhaften Lebens, und die Antwort war eindeutig.

Der Gesellschaftskörper war befallen von der unheilbaren Krankheit, die man „unermessliche Habgier" nennt.

„Wem genug zu wenig ist, dem ist nichts genug", Seneca hatte vor 2000 Jahren mit dieser Feststellung ins Schwarze getroffen.

Mit der Öffnung der DDR-Grenze, mit der Vereinigung, wurde es Mode, ein in diesem Sinne ungerechtes Leben zu führen. Im Kommunismus wurde man offensichtlich dazu erzogen, alles, und möglichst noch mehr, für möglichst wenig Arbeit vom Staat zu bekommen. Der Kommunismus war ebenfalls dem Nachteil einer jeden Ideologie, die die Fehler der Menschen gleichschaltet oder gleichschalten will, zum Opfer gefallen.

„Der Kommunismus erzieht durch den ‚staatlich geregelten Gleichheitswahn mit brutalsten Methoden' zum Überwachungsstaat. Nun ist die Überwachung bei uns ins Unermessliche gewachsen", hatte sein Neffe aus der ehemaligen DDR nach der Grenzöffnung geklagt.

Ob das richtig war? Er wusste es nicht.

Nachdem Scheffler gegangen war, riefen nacheinander die beiden Prokuristen an, und nun wusste er, wer die Heckenschützen waren. Beide teilten ihm nacheinander telefonisch mit Triumph in der Stimme mit, dass nun Dr. Jörg K. sein Nachfolger sei und er ein Büro für ihn zur Verfügung stellen soll.

Nach einer Woche kam der noch amtierende Direktor. Sie kannten sich nun schon über 25 Jahre und verstanden sich gut.

„Ich habe das wieder gerade gebogen, die lachen ja schon alle über diesen Blödsinn, Sie ad hoc zu entlassen", sagte der alte Direktor zu ihm, „Sie müssen hier bleiben und das Projekt vollenden, das Sie angefangen haben!"

„Nein", sagte er, „wir dürfen die Augen nicht verschließen. Es beginnt hier in dem Unternehmen eine andere Welt, in der ich nicht leben möchte. Sie gehen doch auch im Herbst. Wenn Sie bleiben, o.k., dann bleibe ich auch und wir machen die Sache gemeinsam. Aber nicht mit dem Neuen …"

Aber er wusste von der tödlichen Krankheit seines alten Chefs und den Gründen der nahen Trennung und fügte sehr traurig hinzu: „Mir tun nur die Mitarbeiter leid. Nur das wäre ein weiterer Grund zu bleiben. Aber ich bilde mir nicht ein, dass ich gegen eine solche Grundeinstellung etwas ausrichten kann. Gegen die Möglichkeiten, die Minister Blüm dem Unternehmen bietet, schon gar nicht. Glauben Sie im Ernst, dass die durch die Vorruhestandsregelung frei werdenden Stellen durch arbeitslose junge Leute ersetzt werden? Wenn Entlassungen die Aktienblase schneller aufblähen lässt? Das stinkt doch alles zum Himmel und die Aktienblase wird platzen und es wird noch mehr Arbeitslose geben als je zuvor, das prophezeie ich ihnen. Ich werde mich nur für die Änderungen einsetzen, die ich auch ändern kann, das wissen Sie, nicht für die sehr fragwürdigen Ziele. Das Biomasse-Projekt ist gestorben. Die siebenundzwanzig Mitarbeiter werden entlassen, davon dürfen Sie ausgehen, auch wenn Scheffler Ihnen nun etwas anderes vormachen will."

Der Direktor versuchte noch eine Zeit lang, ihn zum Bleiben zu bewegen, aber sagte dann mit Mutlosigkeit in der Stimme:

„Die Abschiedsfeier finanziert und organisiert das Unternehmen. Teilen Sie mir noch mit, wen Sie zur Abschiedsfeier einladen möchten", waren die letzten Worte des Direktors und er antwortete in Gedanken an Scheffler: „Ja, ja."

Aber eine solche Antwort verstehen wohl nur die Hamburger. Zum Feiern war ihm nun wirklich nicht mehr zumute.

Nach zwei Wochen erhielt er den endgültigen Auflösungsvertrag zur Unterschrift mit der Kündigung der Wohnung. Der Wortbruch entsprach dem Charakter der neuen Führung …

Er begann mit der Wohnungssuche.

Nun räumte er auf. Auch mit noch schwebenden Dingen. Da war noch die Sache mit dem neuen Schichtleiter. Aufgrund seiner guten Leistungen hatte er einen gewaltigen „Sprung nach oben" gemacht, nur sein Gehalt hinkte hinterher. Schon lange, viel zu lange lag der Vorgang bereits in der Verwaltung und die Heizer machten sich schon lustig, weil er weniger verdiente als die älteren Leitstandführer, obwohl er bereits ein dreiviertel Jahr ihr Vorgesetzter war. So etwas kann man nicht zulassen. Wenn ein Tarifvertrag die Basis der Entlohnung ist, hat sich jeder daran zu halten.

Die Bettelei danach machte ihn allmählich zornig und er diktierte der Sekretärin einen entsprechenden Vermerk, gleich mit Durchschlag an den Betriebsrat. Das war frech und ungehörig als Abteilungsleiter gegenüber der Direktion. Aber das „sehr gute Verhältnis" zwischen der Direktion und dem Betriebsrat war oft genug ein Nachteil für die Mitarbeiter.

Zwei Tage später kam der scheidende Direktor:

„Welcher Teufel hat Sie denn geritten?", fragte er ihn ganz aufgebracht, „Scheffler ist aus dem Häuschen und wird Sie zu sich zitieren. Nur weil wir uns gut kennen, gebe ich ihnen den guten Rat, ziehen Sie den Vermerk zurück."

„Ich werde ihn nur dann zurückziehen, wenn daran sachlich etwas falsch ist. Sagen Sie mir, welche sachlichen Fehler ich machte!"

„Sachlich keine", war die Antwort, „aber Sie stören das außergewöhnlich gute Vertrauensverhältnis zwischen dem Betriebsratsvorsitzenden und der Geschäftsleitung und das wissen Sie. Ziehen sie wenigstens den Durchschlag an den BR zurück."

„Und wenn ich das nicht tue? Bekomme ich dann einen Auflösungsvertrag? Ich habe den schon und die GL auch", grinste er ihn an, „ich brauche ihn nur noch zu unterzeichnen!"

Die unterschwellig bereits bekannte Wahrheit, wie eine Geschäftsleitung in den Unternehmen den „großen" Betriebsrat für sich gefügig macht, war in vielen Unternehmen ein Ärgernis.

Der Direktor war kaum gegangen, da nannte die Sekretärin den angekündigten Termin. Gleich morgen früh wollte Scheffler ihn sprechen.

Er hörte sich die Unverschämtheiten an und müsste lügen, wenn er behaupten würde, dass er das mit Ruhe tat. Im Gegenteil. Er war innerlich aufgeregt und voller Zorn und es kostete seine ganz Kraft, ruhig und gelassen zu erscheinen und zu reden.

Wut und Zorn sind die schlechtesten aller Ratgeber.

Nachdem Scheffler sich ausgetobt hatte, fragte er deshalb ganz gelassen, wann denn nun die Gehaltsforderungen erfüllt werden.

„Gleich ab 01. Januar", war die schneidige Antwort.

„Das wären 2 Stufen auf einmal", stellte er fragend fest.

„Was ist daran ungewöhnlich?", fragte Scheffler.

Der anwesende Prokurist erläuterte, dass es bisher üblich war, das Gehalt immer nur um eine Stufe zu erhöhen.

„Nun, dieses Mal eben zwei Stufen", kam das kurze Kommando von Scheffler.

Er schaute den Neuen provozierend und fragend an, als wollte er sagen: „Na, stimmt das auch?"

Scheffler reagierte sofort:

„Trauen Sie meinem Wort etwa nicht?"

„Wenn ich ehrlich sein soll", er freute sich im Stillen, dass Scheffler in die Falle gelaufen war, und er ließ sich Zeit. „Wenn ich ganz ehrlich sein soll", wiederholte er mit der Betonung des Wörtchens „ganz ehrlich", „dann muss ich Ihnen diese Frage mit einem absoluten Nein beantworten!"

Scheffler sprang auf, wie von einer Tarantel gestochen, und schrie ihn mit hochrotem Kopf an, welche Unverschämtheiten er sich erlauben würde, und wenn er keine plausible Begründung hätte, dann würde er die Konsequenzen ziehen müssen für diese Beleidigung.

Er stand langsam auf und fragte, indem er zur Tür ging: „Wissen Sie noch, dass Sie mir versprachen, im Auflösungsvertrag ein verlängertes Wohnrecht der Werkswohnung von etwa einem halben Jahr zum Wohle des Unternehmens einzuräumen?", und ohne eine Antwort abzuwarten, ergänzte er, „und nun schauen Sie in den von Ihnen persönlich unterzeichneten Vertrag, den sie mir 14 Tage später zusandten. Ihr Wort taugt für mich also höchsten für 13 Tage, keinen Tag länger, guten Tag!"

Er hatte die Tür erreicht und im Hinausgehen hörte er, wie Scheffler seine Sekretärin anschrie. Nun war sie die Schuldige.

Ein Chef seiner Art hat niemals Unrecht.

Noch am gleichen Tag teilte er der Abteilung Liegenschaften den Auszugstermin Monatsende mit. Zwei Tage später kam dann der neue Auflösungsvertrag mit dem verlängerten Wohnrecht.

Das muss zur Ehrenrettung gesagt werden.

Er sandte ihn kommentarlos an den Neuen zurück. Eines hatte er allerdings erreicht, dass allen anderen Mitarbeitern, die Werkswohnungen bewohnten, ebenfalls ein über die vorgezogene Ruhestandsregelung hinausgehendes verlängertes Wohnrecht eingeräumt wurde. Er selber konnte gut darauf verzichten.

Vorruhestand

Anfang August. Er war wie an jedem Tag sehr früh aufgestanden und hatte seinen Spaziergang, eine Runde um den Königsberg, schon bald beendet. Noch mochte er nicht zurück in seine Wohnung und daher steuerte er die nächste Sitzbank an.

Das Gehen fiel täglich immer schwerer. Als hätte er Bronchienbeschwerden und er hatte diese Beschwerden auf die neuen Blutdrucktabletten geschoben.

Frau Dr. Schiffer, seine Kardiologin, hatte sofort am Telefon mit ihm einen Termin abgesprochen: „Das hört sich nicht gut an, was Sie da berichten. Kommen Sie morgen um 10:00 Uhr, das müssen wir näher untersuchen", war ihre sachliche Reaktion.

Nun war es 07:30 Uhr und er hatte noch viel Zeit.

Zwei Jahre war der Abschied vom aktiven Arbeitsleben nun her. Sein Blutdruck war gestiegen, Herzrhythmusstörungen hatten sich eingestellt, Tabletten wurden ein tägliches Muss. Ab seinem 15. Lebensjahr war er so gut wie nie krank gewesen, er kannte vorher keine Tabletten. Umso schwerer konnte er sich nun damit abfinden.

Er schaute durch die grünen Baumzweige hinunter auf die schöne kleine Stadt, seine neue Heimat. Und genau wie damals stieg in ihm dieses Bauchgefühl hoch, in Begleitung mit vielen Gedanken. Er wusste, dass sich sein Leben nun wieder ändern würde, er kannte diese Vorahnung gut genug.

Aber wie? Was kam da wieder auf ihn zu? Ab 10:00 Uhr, nach dem Termin, würde er es wissen?

Er beobachtete, wie eine Drossel mit einem Wurm im Schnabel davonflog.

Alles lebt vom gegenseitigen Nutzen und der Mensch steht nicht am Ende dieser Kette. Das wäre Hochmut, so zu denken. Nutzlosigkeit ist der Weg zum Tod. Aber die Natur hatte alle Lebewesen mit dem Wissen um diesen Nutzen verschont, … um ihnen das Gefühl des Sklavendaseins zu ersparen?

Diese Unwissenheit war wohl der Grund für den Hochmut des Menschen.

Alles lebt vom gegenseitigen Nutzen, dachte er wieder.

Aber war er heute noch von einem Nutzen? Seine selbstkritische Antwort war ein deutliches Nein! „Nutzlos bist du geworden!", sagte er im Stillen zu sich.

Wurde er deshalb zunehmend kränker? Er glaubte daran, ja er war überzeugt davon.

„Der Sinn des Lebens ist das Leben." Davon war er überzeugt. Um die Frage nach dem Sinn des Lebens zu beantworten, muss also die Frage beantwortet werden, was das Leben ist. Die richtige Definition des Lebens finden.

Die einzige plausible Antwort hatte er bei den Biologen gefunden. „Leben ist Stoffwechsel." Stoffwechsel im eigenen Körper, aber auch Stoffwechsel, den man verursacht. Ein sehr nüchterner und unromantischer Sinn des Lebens?

Wandelt das Leben so die Anergie wieder in Exergie und schließt damit den Kreislauf? Ist das die eigentliche Aufgabe des Lebens? War das das Geheimnis des zweiten Hauptsatzes der Wärmlehre? Ja, das Geheimnis des zweiten Hauptsatzes der Wärmelehre ließ sich nur lösen, wenn er die Biologie in die Betrachtung einbezog.

Nichts ist stabiler als der stete Wandel.

Und er musste an ein Gespräch mit seinem Vater denken, über die Möglichkeiten des Wandels.

Als Jugendlicher arbeitete er oft mit seinem Vater in dem großen gepachteten Garten, der die Familie ernährte, und es kamen sehr oft Nachbarn und Bekannte mit besorgtem Gesichtsausdruck zu seinem Vater.

„Kann ich dich mal sprechen?", fragten diese Leute und Vater saß oft lange Zeit mit ihnen auf der Gartenbank, und wenn die Leute wieder gingen, hatten sie ein entspanntes und eher fröhliches Gesicht. Nie sprach der Vater darüber, nur ein einziges Mal und dieses Gespräch hatte er nie vergessen. Es war wie eine Narbe in seinem Fleisch.

Sein Vater hatte erzählt: „Mein Vater, also dein Großvater, war mit allen seinen Nachbarn in einer Wohnungsbau-Genossenschaft und es wurde allen schriftlich zugesagt, dass sie mit der Miete die Häuser hier in der gesamten Kolonie abbezahlen können. Dieses Recht konnte nicht vererbt werden. Aber die Zeitspanne war so lang, dass alle Mitglieder gestorben sind, bevor das Haus ihr Eigentum wurde. Nur der sehr alte Mann, der soeben hier war, hat die Zeit überlebt und will, dass nun sein Haus auf seinen Namen überschrieben wird", er machte eine Pause und fuhr dann fort, „und nun will man ihn für verrückt erklären mit dem Ziel, ihn in die Irrenanstalt oder ins Altersheim zu bringen. Die Gauner sagen, es sei unverantwortlich, dass der alte Mann alleine in dem großen Haus lebt und keiner für ihn verantwortlich ist. Einen Vormund soll er haben. Wenn die Gauner das schaffen, gehören dann alle Häuser der gesamten Kolonie der neuen Nachfolgegesellschaft!"

„Kannst du helfen?", hatte er seinen Vater gefragt.

„Ich habe immer versucht, ein Katalysator zu sein, aber in diesem Fall kann ich nicht helfen, weil der alte Mann nun ein unendlich trauriges Herz hat und nun sterben möchte, bevor diese Gauner ihr Ziel erreichen! Niemals wird der alte Mann in ein Heim gehen, niemals einen Vormund akzeptieren. Niemals! Der alte Mann ist geistig top fit und körperlich …? Er bewirtschaftet immer noch sein Haus und seinen Garten und braucht keinen Vormund!" Vater wischte sich verstohlen ein paar Tränen aus seinen Augen und fügte hinzu: „Der alte Mann, er war der gute Freund deines Großvaters und wir Kinder haben ihn bis heute sehr verehrt … Er hat sich soeben verabschiedet von mir, ich glaube, für immer!"

Betroffen schwiegen sie im Gedenken an den alten Freund des Großvaters.

„Was ist ein Katalysator?", fragte er nach einer sehr langen Pause.

„Ein Katalysator will immer das Schlechte in das Gute wandeln, ohne sich dabei selber zu verändern!", antwortete sein Vater, „willst du auch einmal ein Katalysator werden?"

„Ich weiß nicht, ob ich das kann. Aber versuchen möchte ich es schon", hatte er ängstlich geantwortet.

Am nächsten Tag war der alte Mann tot. Er hatte selber den Weg für die Gauner frei gemacht.

Dieses Erlebnis hatte seine Sehnsucht und einen unbezwingbaren Willen, auch einmal ein Katalysator zu werden, gestärkt.

Das waren damals die Worte seines Vaters, die Lebensweise und dadurch gleichzeitig sein Lebenskommando geworden.

Es war sein stilles Geheimnis, seine Lebenskrücke.

Er vermied es, andere damit zu belästigen. Jeder muss seine eigene Lebenskrücke basteln und damit den eigenen Weg suchen.

Welchen Wandel, welchen Stoffwechsel hatte er in den letzten zwei Jahren als Katalysator verursacht? Gemessen an der Vorzeit sehr, sehr wenig. So gut wie nichts.

Er hatte zwei Patente und Lizenzverträge abgeschlossen und arbeitete mit den Vertragspartnern daran. Darin bestand seine Tätigkeit. Häufig riefen ehemalige Vertragspartner aus der Altholzindustrie an, die einen Rat benötigten. Mehr Kontakte gab es nicht.

Im Vergleich zu seiner vorhergehenden Belastung waren das alles Kleinigkeiten.

Er stand auf und machte sich auf den Heimweg.

Er hatte einen Fernsehfilm gesehen. Die Widerstandskräfte des menschlichen Körpers wurden an einem Studenten gemessen. Vor, während und nach einem Fallschirmsprung, den der Student das erste Mal durchführte. Im Zeitpunkt der höchsten Anspannung, kurz vor dem ersten Absprung im Leben der Versuchsperson, waren die Widerstandskräfte im Körper am höchsten. Nach der glücklichen Landung, am Ziel angekommen, sanken diese Kräfte weit unter dem Normalpunkt. Genau in dieser Phase wurde der Körper anfällig gegen Krankheiten.

Oft hatte er es nach den täglichen beruflichen Anspannungen in den ersten Wochen eines Urlaubes an sich selber beobachtet. Aber nie war ihm das so bewusst geworden wie gerade in diesem Film.

So ist es beim Eintritt in den Ruhestand, das war ihm nun klar geworden. Der Ruhestand ist die Zeit nach dem Absprung, also nach der „Landung".

… War es zu einer Umkehr der derzeitigen Lebensweise schon zu spät?

Seine Schritte wurden unbewusst schneller, als ob er damit die Zeit bis zum gesetzten Termin bei seiner Kardiologin beschleunigen könnte.

„Es besteht der Verdacht, dass Sie einige Stenosen im Herzen haben. Ich möchte Ihnen eine Herz-Katheter-Untersuchung im Krankenhaus Detmold empfehlen", Frau Dr. Schiffer sah nach der eingehenden schweigsamen Untersuchung sehr ernsthaft in seine Augen. Sie war eine kluge und gewissenhafte Kardiologin und sein Vertrauen war groß und uneingeschränkt.

„Sind es nicht die Tabletten?", wagte er unsicher eine andere Ursache zu vermuten.

„Nein", sagte sie sicher und bestimmt, „ich kann Ihnen andere Tabletten verschreiben, aber die Beschwerden werden nun immer stärker zunehmen, wenn wir nichts tun. Soll ich einen Termin vereinbaren?"

„Selbstverständlich", sagte er und in ihm stieg die Enttäuschung. Also war die Erkenntnis der falschen Lebensweise zu spät gekommen. So würde er wohl den Gang seines Vaters gehen. Sein Vater und dessen Brüder, also seine vier Onkel, waren zwischen dem 60. und 65. Lebensjahr am Herzinfarkt gestorben. Er war nun im 61. Jahre, lebte also im Todesalter des Vaters.

Das Schicksal ist die eigene Veranlagung, die seelische Grundströmung, die den Menschen ein Leben lang begleitet. Er hatte die Bücher von Professor Schulz von Thun und viele andere gelesen und den Professor sogar persönlich in Hamburg besucht. Er wollte damals auf dieser Basis eine Personalschulung einführen, um so diese dem Frieden dienende Kommunikationswissenschaft in die Praxis umzusetzen.

Erst wenn man sich über diesen oder einen anderen Weg selber kennenlernt, kennt man seine seelische Grundströmung und hat eine kleine Ahnung von seinem eigenen Schicksal. Wer gegen diese Veranlagung lebt, wird krank: Das war seine Überzeugung.

Wer sich gegen sein Schicksal stemmt, wird vom Schicksal geschliffen.

Herr Dr. Tebbe war ein sehr erfahrener Arzt.

„Von Frau Dr. Schiffer kommen Sie? Das bedeutet nichts Gutes, wenn sie jemanden zu mir schickt!", sagte er zur Begrüßung und machte ihm wenig Hoffnung mit dieser Bemerkung.

Er konnte bei der Untersuchung zusehen und Dr. Tebbe erläuterte am Bildschirm alle Details.

„Hier sind drei Verengungen in den Herzkranzgefäßen und dort noch eine kleine", er zeigte auf die Stenosen, „aber die sind nicht ganz so schlimm. Gefährlicher ist diese Hauptstamm-Stenose dort. So kommen Sie nicht um eine Operation herum. Lassen Sie sich nicht von anderen Spezialisten erzählen, dass das mit einem Stent zu beheben ist, da haben Sie eine Überlebenschance von 30 %, mehr nicht. Also …", er machte eine kleine Pause, um ihm Gelegenheit zu geben, alles zu verdauen, und dann fragte er ganz direkt:

„Ich muss Ihnen eine Herzoperation empfehlen. Wollen sie operiert werden?"

Dr. Tebbes offene und direkte Art gefiel ihm sehr.

„Ja", sagte er und versuchte, humorvoll zu sein, „je früher daran, umso eher davon."

„Ich mache einen Termin", war die kurze trockene Antwort von Dr. Tebbe.

Er lebte in einem Trauma wie vor dem nahen Tod und bereitete alle Briefe vor, die geschrieben werden mussten, sofern er die Operation nicht überlebte. Auch seine Beerdigung plante er bis ins Detail und legte alles in ein DIN-A4-Kuvert.

Die Hoffnung, diesem Schicksal zu entgehen, hatte Dr. Tebbe zerschlagen. Die Frage „warum ich?" hatte er in seiner Vorahnung schon versucht, sich selber zu beantworten, und im Anblick des naheliegenden möglichen Todes war es unendlich schwer zu akzeptieren und sich auf das „Neue" zu freuen, was das Schicksal für ihn bereit hielt.

Eine mutlose, traurige Phase erfasste ihn und in dieser Phase wuchs die Akzeptanz mit den zunehmenden Beschwerden.

Vor der Operation musste er sich aber umfassend informieren und Frau Dr. Schiffer lieh ihm eine Video-Kassette mit dem Ablauf der gesamten Operation, wohl ein Film für die Studenten, und sein Vertrauen in die Fähigkeiten der Chirurgen wurde dabei immer größer und größer. Was die Chirurgen da leisteten, war fantastisch, unglaublich. Erfolgsquoten deutlich über 95 % … auch viele Monate nach der Operation.

Er war seinem Schicksal sehr dankbar für die schönen Jahre in der Vergangenheit. Ja, so hatte er doch immer zu seinem Schicksal gehalten und letztendlich geduldig akzeptiert, was das Schicksal mit ihm vorhatte. Daher stieg bald in ihm eine unendliche Ruhe auf, die er als sehr angenehm empfand.

Alles hat einen Vor- und einen Nachteil, auch der Tod, auch wenn man nur den Nachteil sieht.

Die Lebenswende

Er lag in der Chirurgischen Abteilung und ließ alle Voruntersuchungen geduldig über sich ergehen mit der Überzeugung, dass er nach der Operation nicht mehr aufwachen würde.
 Ein wenig Traurigkeit im Herzen konnte er nicht unterdrücken. Die stille Traurigkeit war über ihn gekommen, als er darüber nachdachte, welchen Wunsch er noch hatte. Dieser Wunsch war ein Experiment. Das Experiment, genau nach den Regeln der Gerechtigkeit zu leben, die er als Jugendlicher nach langer Suche gefunden hatte. Kompromisslos nach dieser Gerechtigkeit zu leben, ohne Wenn und Aber, das war sein letzter Wunsch. Danach würde er den Tod gerne als einen Freund empfangen, um in das EINE einzutauchen.
 Er war zu viele Kompromisse in seinem Leben eingegangen. Das machte ihn sehr traurig.
 Der Arzt gab ihm eine Spritze. Er schlief ein und träumte.
 Ein Fingerhandschuh flog durch die Luft, die Finger nach vorne gestreckt. Eine unsichtbare Kraft beschleunigte den Handschuh immer schneller und der Handschuh wurde mit zunehmender Geschwindigkeit durch die Beschleunigungskraft immer weiter zusammengedrückt. Plötzlich, im Punkt der höchsten Geschwindigkeit, wurde der Handschuh in sich hindurchgezogen und aus dem rechten Fingerhandschuh wurde ein linker Handschuh, innen wurde außen, außen wurde innen. Dann verringerte sich die Geschwindigkeit wieder.
 Er war mitgeflogen und schaute nach unten.
 Tote Soldaten wachten auf und stiegen aus ihren Gräbern. Sie waren in der Lage, Menschen zum Leben zu erwecken, zerstörte Städte aufzubauen, und als alle zerstörten Dinge heil und die Menschen ihre Traurigkeit verloren und wieder glücklich waren, gingen die Soldaten davon.
 Als ob die Zeit rückwärts lief und er sah plötzlich bewegte Bilder, wie aus Marmor.

Er war erschrocken wie nie zuvor. Als Student hatte er sich mit der Relativitätstheorie befasst und war fasziniert von dieser Theorie.

Sollte es möglich sein, doch die Lichtgeschwindigkeit zu überschreiten? Nur dann gäbe es die Antiwelt mit rückwärts laufender Zeit. Aus links wird rechts, aus minus wird plus, alles ist entgegengesetzt. Aus Töten wird Wiederbelebung. War Christus jemand aus dieser Antiwelt? Es wäre tatsächlich eine perfekte Gerechtigkeit. Ja, so oder so ähnlich musste die Gerechtigkeit Gottes aussehen. Wiederauferstehung, eine absolute Gerechtigkeit?

Ein gegenteiliges Leben zu führen, ja führen zu müssen aufgrund der gegenteiligen seelischen Grundströmung …

Beide Leben bildeten dann insgesamt das absolut gerechte Leben in der Unvollkommenheit?

Dadurch, dass man die Lichtgeschwindigkeit überschritt …

Was hatte man ihm da eingespritzt? Er fühlte sich federleicht. Was für verrückte Gedanken und Bilder waren das? Er versuchte mit großer Mühe, einen logischen klaren Gedanken zu fassen, aber es war vergeblich, unmöglich, trotz größter Anstrengung.

Bald würde er alles wissen, in das EINE eintauchen, sein Ich verlieren und dafür mit dem EINEN ein Ganzes bilden.

Dankbar wollte er die Hände falten, … aber sie waren seitlich an der Pritsche gefesselt.

Die Beruhigungsspritze, oder war es Morphium? … tat wohl ihre Wirkung und verursachte wohl diese kurzen Schlaf-Phasen mit den intensiven absolut unverständlichen Träumen.

Die Todessehnsucht wurde größer nach diesem Traum.

Die Chance, das Experiment, das er sich wünschte, zu wagen, war vertan?

„Dazu benötigst du ein zweites Leben", sagte er in Gedanken zu sich, „das zu entscheiden, liegt nicht mehr in meiner Hand …" Und während die Ärzte sich mit seinem Körper beschäftigten, fragte er sein Schicksal: „Habe ich eine zweite Chance …?

Die Gerechtigkeit in dieser Welt, von der ich so sehr überzeugt bin, in einem zweiten Leben zu leben? … bevor ich die Gerechtigkeit Gottes kennenlerne?"

… „Im Grunde bin ich mit beiden Möglichkeiten zufrieden, dem Tod in der Narkose als Vorteil gegenüber dem Siechtum im Alter oder ein zweites Leben mit der Möglichkeit, ein Experiment zu wagen … mit der Möglichkeit, dafür … umgebracht zu werden."

Denn er wusste von der Gefahr, die in diesem Experiment lag.

Eine Narkosemaske wurde nun über sein Gesicht gestülpt. So verlor er nun endgültig sein Bewusstsein und er hörte den Arzt noch nach seinem Namen fragen. Aber er konnte nichts mehr sagen. Diese Betäubung war nun zu schnell und zu stark.

Als er aufwachte, hatte er einen Schlauch im Mund, tief im Rachen. Überall waren Schläuche, kleine und große, aber der in seinem Rachen störte ihn am meisten.

Eine Schwester lief ständig hin und her, und als sie merkte, dass er die Augen geöffnet hatte, kam sie zu ihm:

„Ich werde Sie von dem Ding da mal erlösen", sie zeigte auf den Schlauch in seinem Rachen, „aber zuerst muss ich wissen, dass Sie genug Sauerstoff im Blut haben", betonte sie und holte ein Messgerät.

„Atmen Sie gut durch", ermunterte sie ihn.

„Oh, Donnerwetter", setzte sie das Selbstgespräch fort „Sie haben Glück."

Sie legte das Messgerät weg und holte den Arzt. Er hörte, wie der Arzt fragte:

„Jetzt schon?"

„Ja, jetzt schon, ein kleines Wunder, es ist alles im grünen Bereich!", sagte sie.

Dann befreiten beide ihn von dem Schlauch im Rachen und der Arzt verschwand.

„Der Chirurg gehört zu dem Team. Er hat Sie operiert", sagte sie und ergänzte voller Stolz, „es ist wohl das beste Team auf dieser Station." Aber vielleicht sagte sie das auch nur zur Beruhigung.

„Wer hat mich operiert?", fragte er, „können Sie mir bitte die Namen aufschreiben? Ich möchte mich später bedanken."

„Selbstverständlich, aber bitte später, Sie werden noch einige Stunden meine Anwesenheit ertragen müssen, bevor Sie aus dieser Intensivbehandlung entlassen werden."

Nebenan wurde ein anderer Patient wach. Es war ein älterer Mann und er hatte wohl Schmerzen, denn er stöhnte und zeigte auf den Schlauch in seinem Mund. Wieder holte sie das Messgerät, aber schüttelte den Kopf, nachdem sie das Messergebnis sah. „Sie müssen noch etwas warten. Atmen Sie, so gut Sie können, umso schneller kann ich Sie von dem Schlauch befreien."

Und zu ihm gewandt:

„Sie haben richtig Glück gehabt!"

Er dachte an das Gespräch mit seinem Schicksal kurz vor der Operation. „So soll es nun geschehen", sagte er zu sich, „danke, danke, eine zweite Chance. Ein zweites Leben habe ich bekommen." Seine Freude war riesig. „Auch wenn alle Menschen dieser Welt mich zukünftig für verrückt halten werden und ich nichts, aber auch gar nichts erreichen werde."

„Ich bin kein Idealist, der die Realität vergisst. In Deutschland, in Europa oder überhaupt in der gesamten westlichen Welt, in der sich der ruinöse Wettbewerb gnadenlos seinen Weg bahnte und die Machtkonzentrationen die Demokratien zunehmend beschädigten … würde man mich auslachen …", schmunzelte er, „also lebe ich einmal außerhalb dessen, was man als ‚normal' bezeichnet."

Jeder denkt bei dem Wort Gerechtigkeit an sich, jeder will Gerechtigkeit haben, aber keiner will Gerechtigkeit als seine Pflicht, als seinen Beitrag, als seine Dienstleistung begreifen.

Gegen die Gerechtigkeit des Stärkeren hatte seine, von Platon übernommene, Gerechtigkeitsdefinition absolut keine Chance.

Und plötzlich fühlte er wieder die Gefahr, die in diesem Experiment lag, ganz deutlich und er lachte in sich hinein: „Manche sind ganz unglücklich, wenn sie ihren Willen durchgesetzt haben und dann merken, was ihr Wunsch eigentlich war", hatte sein Vater ihn immer gewarnt, wenn er unbedingt dieses oder jenes wollte.

Seit dieser Zeit hatte er sich immer vorher gefragt, was sein würde, wenn er seinen Wunsch erfüllt bekam. Damit war er ganz gut zurechtgekommen. So war er denn auch nun mit diesem erfüllten Wunsch trotz der Gefahr glücklich und zufrieden.

Er wusste nicht, wie lange er geschlafen hatte, wohl eine sehr lange Zeit – und an seinem Bett standen plötzlich zwei Stationsschwestern, sahen ihn fröhlich an und reichten ihm die Hand:

„Herzlichen Glückwunsch! Sie haben alles gut überstanden, ohne Komplikation, alles perfekt", und ihre Freude war ehrlich gemeint, das spürte er. „Sie kommen jetzt wieder in unsere Obhut nach oben in die andere Station zur Intensivpflege."

Dort war er noch eine Woche. Zwischenzeitlich hatte er durch hartnäckiges Fragen erfahren, dass die Hauptstammstenose keinen Bypass erhielt und als er kritisch nach dem Warum fragte, erhielt er vom Chirurgen die Gegenfrage:

„Wie fühlen Sie sich?"

„Nun, den Umständen entsprechend ganz gut", sagte er und ergänzte, „aber das beantwortet nicht meine Frage."

„Doch", erhielt er zur Antwort, „anderen Patienten geht es wesentlich schlechter als Ihnen, seien sie mal zufrieden."

Er war zufrieden, sehr zufrieden sogar, aber er hatte eine berechtigte Frage gestellt, und bevor er diese nochmals stellen konnte, war der Chirurg schon wieder davongestürmt.

Fünfzehn Operationen an einem Tag mit fünf Teams und dann kamen noch Notfälle hinzu.

Bei allem Verständnis für diese ständige Stresssituation der Chirurgen, er wollte seine Frage vernünftig beantwortet haben, mehr nicht.

Deshalb, aber auch aus großer Dankbarkeit, wurde er Mitglied in der Deutschen Herzstiftung und er schrieb einen Brief.

Er konnte natürlich die ärztlichen Kollegen des Chirurgen nicht in Verlegenheit bringen und stellte die Frage so, als ob er erst operiert werden sollte und die Streitfrage darum ging, ob es zweckmäßig ist, einen Bypass zur 50%igen Hauptstammstenose mit zu verlegen, wenn der Brustkorb wegen der anderen Stenosen ohnehin geöffnet werden muss.

Die Antwort lautete, in aller Kürze wiedergegeben: „Unter dem Vorbehalt der Begutachtung der Aufnahmen bei der Herzkathederuntersuchung, denn nur diese lassen eine endgültige und abschließende Stellungnahme zu, muss zunächst die Frage, so wie sie gestellt wurde, mit Ja beantwortet werden. Also wenn der Brustkorb aufgrund anderer Stenosen geöffnet werden muss, dann sollte auch die Hauptstammstenose einen Bypass erhalten. Wenn ausschließlich nur eine 50%ige Hauptstammstenose vorliegen würde, sollte man abwarten, sofern die Beschwerden nicht zu groß sind." Das bestätigte zunächst die Gefahr, die Dr. Tebbe damals andeutete.

Nach etwa sechs Wochen in der Rehabilitation, er hatte um eine Verlängerung gebeten, stand er dann wieder vor seiner Kardiologin, die sehr frühzeitig alles erkannte und rechtzeitig alles in die richtigen Wege leitete. Ein Grund, sich recht herzlich bei ihr zu bedanken. Dann stellte er auch ihr die Frage und sie bat um eine Bedenkzeit, die sie zu einer Rücksprache mit dem Chirurgen und dem Kardiologen, Herrn Dr. Tebbe, nutzen wollte.

Sie war eben eine sehr sorgfältige Ärztin und er hatte großen Respekt vor dieser Kompetenz. Von dem Brief eines bundesweit anerkannten Herzspezialisten, den er über die Herzstiftung bekommen hatte, erwähnte er nichts.

Nach vier Wochen war er wieder bei ihr, zur Nachuntersuchung, und er stellte wieder die bewusste Frage.

„Ja", sagte sie bedenklich, „Herr Dr. Tebbe hat gesagt: Er kann natürlich dem Chirurgen nur eine Empfehlung geben, die letzte Entscheidung trifft der Chirurg und der trifft die Entscheidung nicht nur auf der Basis der Katheter-Untersuchung, sondern oft ad hoc bei der Operation. Hinzu kommt ja noch, dass zwischen der Untersuchung und der Operation mehrere Wochen liegen. Also der Bypass der Hauptstammstenose war nicht nötig."

„Kennen Sie Herrn Professor Dr. Vahlbracht?", fragte er.

„Ja sicherlich, er ist einer der besten Spezialisten in der Herzchirurgie in Deutschland. Warum fragen Sie?"

„Ich habe der Herzstiftung meine Frage gestellt, aber ich gebe zu, etwas anders, ohne den Inhalt zu verletzen. Herr Professor Dr. Vahlbracht hat geantwortet."

Er gab ihr den Brief und merkte, dass die Situation peinlich wurde. Deshalb sagte er, als sie wieder aufschaute und ihn ratlos ansah:

„Frau Doktor, ich möchte doch nur eine ehrliche Antwort, mehr nicht. Wir beide ändern an der derzeitigen Situation mit der Antwort auch nichts. Es geht mir sehr gut und ich fühle mich blendend und das ist das Wichtigste … Das alles habe ich Ihnen zu verdanken! Danke! Und ich danke auch den Chirurgen mit ihrem hervorragenden Können."

Erleichtert lächelte sie.

„Und noch etwas", fuhr er fort, „Frau Dr. Halhuber hat auch geantwortet. Sie sagte am Telefon, dass ein Bypass einer 50%igen Stenose die Blut-Geschwindigkeit deutlich reduziert. Die Blutgeschwindigkeit ist aber wichtig. Deshalb bilden sich die Stenosen wegen der geringen Geschwindigkeit meistens in den Endkoronaren. Wenn der Stenose im Hauptstamm nun ein Bypass gesetzt wird, verringert sich die Blutgeschwindigkeit auf die Hälfte und das Risiko eines Verschlusses könnte sich erhöhen. Sie meint, die Statine, die Sie mir verschrieben haben, haben zu 30 bis 40 % sogar eine Rückbildung der Stenosen erkennen lassen. Sie prognostizierte eine weitere Steigerung im Verlauf der Forschungsarbeiten. Das alles war für mich sehr logisch und hoffnungsfroh. Nochmals, Ihnen einen besonderen und herzlichen Dank, das werde ich Ihnen nie vergessen."

Aber ihm war nun klar: ein Verschluss der Hauptstammstenose ist die Gewähr für einen schnellen Tod ohne Siechtum des Alters. So, wie er es vom Schicksal gewünscht hatte, und im Stillen war er ob dieser weisen Entscheidung seinem Schicksal sehr dankbar.

Die erste Anfrage

Schneller als erwartet wurde er von seinem Schicksal an sein gewünschtes Experiment erinnert.

Er erhielt einen Anruf vom Senior Experten Service in Bonn, kurz SES genannt.

Bis zu diesem Anruf hatte er nie etwas vom SES gehört oder gelesen.

Der SES sendet Senior Experten, pensionierte Ingenieure, Ärzte, Berufsschullehrer usw. in alle Entwicklungsländer der Welt, die dort ehrenamtlich in der Entwicklungshilfe arbeiten.

Wie der SES seine Telefonnummer erhielt oder wer dem SES eine Empfehlung gab, ihn anzurufen, das wusste er nicht und er machte sich auch keine Gedanken darüber.

Er war absolut fest davon überzeugt, dass sein Schicksal das so für ihn organisierte, und hielt es für das Selbstverständlichste von der Welt. Er freute sich riesig über die Antwort, die das Schicksal ihm gab, war es doch ein gutes Zeichen, auf dem richtigen Weg zu sein, gegen die Gerechtigkeit des Stärkeren etwas tun zu können. So war diese Aufgabe wohl auch der Wunsch der über ihm stehenden Macht.

So sehr vertraute er seinem Schicksal, als hätte er einem guten Freund ein Versprechen gegeben, und nun war die Zeit gekommen, dass der Freund, sein Schicksal, ihn daran erinnerte und nun mahnte, das Versprechen einzulösen.

Er hatte im Stillen darauf gewartet. Nie hatte sein Schicksal ihn im Stich gelassen. Und auch dieses Mal bedankte er sich voll stiller Freude, demütig und aufrichtig.

Mit niemandem konnte er darüber reden, denn keiner würde ihn verstehen, das wusste er.

Er fühlte sich zwar sehr gut, musste aber laufend zur Nachuntersuchung und auch die Ärztin riet ihm, zunächst von solchen Einsätzen im Ausland abzusehen und noch damit zu warten.

Er hatte ein schlechtes Gewissen. Die Reise sollte nach China gehen, um dort Wirbelschichtfeuerungen, eine sehr schadstoffarme Verbrennungstechnik, zu untersuchen und zu verbessern. Man hatte gehört, dass er in seiner aktiven Zeit unter anderem auch damit zu tun hatte.

Er bot den chinesischen Fachleuten an, ihm die Unterlagen zu senden, die er untersuchen und dann kommentieren würde. Auch hatte er eine Einladung des VGB Fachausschusses (Verband der Groß-Kraftwerks-Betreiber) an die Chinesen erreicht, damit die Probleme mit den chinesischen Fachleuten in einem größeren Kreis diskutiert werden könnten.

Dann kam keine Antwort mehr und es stellte sich heraus, dass die Chinesen alles wissen möchten, aber nicht bereit waren, offen und ehrlich über alles zu sprechen.

Das ist nun nicht gerade das gerechte Leben, sagte er zu seinem Schicksal und hatte keine Gewissensbisse mehr.

Schon 1974 hatte er den Segelschein A erworben und ein Jahr später den BR-Schein. Eine kleine alte Segeljacht hatte er sich nun nach der Operation gekauft und im Winter alles überholt. Den Sommer über segelte er alleine auf dem Steinhuder Meer.

An einem schönen Frühlingstag, alleine im Segelboot bei einer herrlich frischen Brise, klingelte sein Handy. Der SES war wieder dran und wollte mit ihm über einen Einsatz in der Mongolei reden.

Bis dahin wusste er nicht einmal, wo die Mongolei lag.

Herr Dr. Tigges, Geschäftsführer eines großen Industrieunternehmens, segelte ebenfalls mit seinem Katamaran auf dem Meer und sie trafen sich oft. Dr. Tigges überlegte, ob er sich auch eine bequeme kleine Jacht kaufen sollte. So segelten sie gemeinsam zur Probe auf seinem Segelboot und er erzählte von dieser SES-Anfrage.

Babcock hatte bereits in der Hauptstadt Ulaanbaatar in den großen Heizkraftwerken gearbeitet und Dr. Tigges konnte ihn sehr gut informieren: über das Leben dort, die ungewöhnliche Kälte im Winter und die große Hitze im Sommer. Von den

Nomaden erzählte er und deren Lebensgewohnheiten; von den Mongolen und der großen Armut, die dort herrschte. Von der wunderschönen Familienkultur hörte er und stellte eine Verwandtschaft mit der Familienkultur seiner Eltern und Großeltern fest.

Er hörte interessiert zu und hatte zunehmend das intuitive Gefühl, dass er nun die Aufgabe bekam, die er von seinem Schicksal erbeten hatte.

Sein Schicksal hatte ihm nun lange genug Zeit gegeben und es ging ihm wieder sehr gut. Das Joggen hatte er angefangen und das Segeln mit allem Zubehör, die Arbeit am Boot, alles hatte ihm sehr viel Freude gegeben und dabei seinen Körper wieder in Form gebracht.

So fuhr er nach Bonn zum SES zur Einsatzbesprechung. Ein Kollege war ebenfalls geladen. Er war Iraner, lebte aber schon seit vielen Jahren in Deutschland und war von Beruf Bauingenieur. Hamid hieß er, ein sehr sympathischer Mann. Sie verstanden sich gut. Auch er hatte Herzprobleme gehabt. So hatten sie beide ein gemeinsames Thema und konnten ihre Erfahrungen austauschen.

Der SES hatte einen Auftrag der Stadt Ulaanbaatar (UB), der Hauptstadt der Mongolei mit rund 750.000 Einwohnern, erhalten. Eine Bestandsaufnahme der dezentralen Heizwerke der Hauptstadt sollte durchgeführt und auf dieser Basis ein Erneuerungsprogramm geschrieben werden.

Eine Gesellschaft für Entwicklungshilfe (GE) hatte sich ebenfalls für dieses Projekt interessiert und so mussten er und Hamid auch noch einen weiteren Termin bei dieser Gesellschaft wahrnehmen.

Es wurde vereinbart, dass Hamid und er im Juli 2000 nach UB fliegen sollten und Herr Dr. Weber und Herr Lange von der Gesellschaft wollten eine Woche später nachkommen. An der Besprechung nahm auch ein pensionierter Berufsschullehrer teil der sich um die Ausbildung kümmern sollte.

Etwa einhundertfünfzig dezentrale Heizwerke gab es in UB mit einem Braunkohleverbrauch von insgesamt 250.000 Tonnen im Jahr. Eine Aufgabe nach seinem Geschmack.

Hamid und er flogen termingerecht am Sonntag von Berlin über Moskau nach UB. Am Montagmorgen um 07:00 Uhr kamen sie ein wenig unausgeschlafen in UB an. Die Zeitverschiebung beträgt sieben Stunden. Die Entfernung etwa 10.000 km. In Moskau dauerte der Zwischenaufenthalt etwa 1 Stunde.

Sie wurden von Vertretern der Stadtverwaltung und einem Dolmetscher freundlich empfangen.

Gerd, ein deutscher Dolmetscher, lebte schon seit zwölf Jahren in UB, hatte dort studiert und war nebenbei ehrenamtlich für den SES und für die Adenauerstiftung tätig.

Herr Ulmaa war bei der Stadtverwaltung für die dezentralen HW zuständig. Ein junger schlanker Mongole mit einem freundlichen Gesicht.

Sie fuhren zum Hotel Tuushin in der Nähe des Sukhbaatar Platzes, machten sich ein wenig frisch und trafen sich dann in der Stadtverwaltung bei Herrn Chinbat.

Chinbat hatte die HW zu verwalten.

Im Rathaus-Flur, auf dem Weg zu Chinbats Büro, sah er an den Wänden des langen Flurs viele Bilder ehemaliger Bürgermeister. Darunter standen die Dienstzeiten und viele dieser Zeiten waren äußerst kurz gewesen. Gerd sah seinen fragenden Blick, und bevor er fragen konnte, sagte Gerd: „Das waren früher Schleudersitze – die Russen haben hier fürchterlich gewütet – wer nicht parierte, war plötzlich verschwunden – komm, ich erkläre dir das später einmal."

So kamen sie in das Büro von Herrn Chinbat.

Sie begrüßten einander und stellten sich vor.

Dann erzählte Chinbat von den dezentralen Heizwerken.

Chinbat hatte ein Besichtigungsprogramm dieser Heizwerke erstellt und Gerd übersetzte das vorgesehene Programm.

Die Stadtverwaltung betrieb selber zweiundzwanzig HW – sieben weitere HW waren privatisiert. Diese HW-Betreiber hatten sich zu einer Interessengemeinschaft zusammengetan. Weitere HW gehörten dem Militär, den Grenzsoldaten und anderen öffentlichen Verwaltungen.

Ob sie mit dem Programm einverstanden sind, lautete dann die Frage.

„Im Großen und Ganzen ist das alles in Ordnung – aber wenn wir eine umfassende Studie erstellen sollen, sind noch zwei Dinge unerlässlich", gab er zur Antwort und ergänzte, ohne eine Frage abzuwarten:

„Erstens müsste ich einen Einblick in die Wirtschaftspläne und in die Kostenpläne erhalten und sämtliche Daten, angefangen bei den Klimadaten, über die Wasseranalysen, Kohleverbrauch mit den Kohleanalysen, Stromverbrauch und Stromkosten, die Daten der zu versorgenden Gebäude, also umbauter Raum usw., usw., also alle betriebswirtschaftlichen Daten, bekommen.

Zweitens möchte ich die oder den Kesselhersteller kennenlernen und Einblick in die Konstruktionsunterlagen nehmen können."

Chinbat lächelte und gab Ulmaa die Anweisungen.

Dann fuhren sie nachmittags zum ersten Heizwerk im Yarmag – Richtung Flughafen.

Die Straßen waren voller Löcher und eine Strapaze für den Wagen. Heiß war es und die Luft ungewöhnlich trocken.

„Ihr müsst euch zukünftig gut eincremen, sonst bekommt ihr Hautprobleme", empfahl Gerd.

Die Mongolei liegt etwa 1.500 m über dem Meeresspiegel und hat ein trockenes Klima. Die Vegetationsperiode dauert höchstens von Anfang Juni bis Ende August. Die Mongolen verehren den Regen und freuen sich über diese Himmelsgabe.

Das Heizwerk, das sie besichtigten, gehörte zu einem Kinderkrankenhaus. Neben dem Kinderkrankenhaus standen zwei weitere Gebäude, links ein Schwestern-Wohnheim und rechts die Leichenhalle, dahinter das Heizwerk.

Bevor sie das Heizwerk betraten, suchten sie die Direktorin des Krankenhauses auf und stellten sich vor.

Sie lächelte und sagte etwas zu Gerd. „Sie sagt, es kommen so viele, die sich das hier ansehen, aber geholfen hat noch keiner", übersetzte Gerd, „aber sie will alle Fragen beantworten."

Eine große vorwurfsvolle Bitterkeit lag in diesen Worten.

Er bedankte sich für den freundlichen Empfang und erzählte vom SES und deren Motivation und von dem Auftrag der Stadtverwaltung:

„Ich kann im Moment auch nicht sagen, wie wir helfen können, deshalb sind wir gekommen, um alles zu untersuchen, um diese wichtige Antwort zu finden. Die Frau Direktorin möge bitte davon ausgehen, dass wir unsere Aufgabe sehr ernst nehmen."
Und dann kam er gleich zur Sache:
„Wie viel Kohle verbraucht das Heizwerk?"
„Eigentlich dreitausend Tonnen im Jahr, aber wir verbrauchen nur die Hälfte – also tausendfünfhundert Tonnen", lautete die Antwort.

Er schaute Gerd fragend an:
„Welche Menge stimmt denn nun?"
Gerd erläuterte seine Übersetzung: „Sie bekommt nur tausendfünfhundert Tonnen, mehr nicht, obwohl sie das Doppelte benötigt." Die Antwort war hart aber eindeutig.
„Wie macht sie das? Wie kommt sie zurecht?", fragte er unbeholfen.
„Gar nicht kommt sie zurecht. Sie fängt erst bei minus fünfzehn bis minus zwanzig Grad, also Anfang bis Mitte Dezember, richtig an zu heizen und hört im Frühjahr früher mit dem Heizen auf", Gerd beschrieb schonungslos die Realität.
„Und die Kinder?", fragte er unbeholfen und erschrocken.
„Schau dir die Fenster und die Rahmen an, alle undicht, die Löcher mit Lappen zugestopft."
„Ja, deshalb, sagte sie ja … alle schauen nur und keiner hilft … sie sagt, die Kälte verzögert den Genesungsprozess der Kinder … dort drüben steht das Leichenhaus!", sagte Gerd trocken und zeigte auf das alte Nebengebäude.

Hamid schaute sich still und nachdenklich die Substanz des Krankenhausgebäudes an und er die Installation der Heizungs- und Sanitäranlagen, eine mittlere Katastrophe, man kann es nicht beschreiben.

Sie gingen zum Heizwerk. Ein tiefer Graben war ausgehoben, um undichte Rohre zu ersetzen. Die Rohre waren alle mit Asbest ummantelt, in Deutschland ein absolut verbotenes Material wegen der tödlichen Asbestose mit einer Inkubationszeit bis zu 15 Jahren und darüber hinaus.

Ein alter magerer Mann stand in dem Graben und schaute die Besucher neugierig an.

„Das ist der Chef vom Heizwerk", wurde der Mann vorgestellt.

„Wie viele Mitarbeiter sind im Heizwerk beschäftigt?", fragte er.

„Im Winter zwölf … im Sommer nur der Mann da", war die Antwort.

„Welche Firma repariert hier gerade die Rohrleitungen?"

Die Direktorin lachte verächtlich, als Gerd diese Frage übersetzte.

„Es gibt hier keine Firma, das macht der Mann dort", Gerds nüchterne Worte waren wie Peitschenhiebe.

Er nahm all seinen Mut zusammen: „Gerd, hör zu, der Mann kann doch niemals die schweren Betonplatten von den Gräben heben, oder wie macht er das alleine? Ich sehe hier keinen Gabelstapler noch sonst irgendwelche Hilfsmittel."

Gerd antwortete mit sehr ernster Miene:

„Das ist richtig, so etwas wie ein Gabelstapler ist hier ein nicht bezahlbarer Luxus. Der Mann macht das nicht alleine. Wenn schwere Arbeit große Kräfte erfordern, dann packen alle mit an, die Schwestern, die Ärzte, alle – auch die Direktorin."

Er schaute hinüber zur Leichenhalle. Bei dieser trockenen Hitze mit 35 °C im Schatten lief ihm plötzlich ein eiskalter Schauer über den Rücken.

Er musste ein paar Mal schlucken, wandte sich ab, wischte sich verstohlen über die Augen, damit man die Tränen nicht sah, die heraustreten wollten, und ging wortlos zum Heizwerk.

Der Leiter des Heizwerkes war aus dem Graben gestiegen, sprach ein paar Worte mit der Direktorin und gab dann offen Auskunft über alle technischen Fragen.

Es standen sechs Zwangsdurchlaufkessel von den Russen in dem Raum. Alle parallel geschaltet, mit handbeschickten Rosten.

„BZUI 100 werden diese Kessel genannt", übersetzte Gerd, „eine russische Konstruktion. 100 steht für 100 m² Heizfläche. Es gibt BZUI 100, 55 und 25. Der BZUI 100 hat theoretisch etwa 1,2 Gcal/h Wärmeabgabe die anderen Typen im Verhältnis der Heizflächen weniger."

Die alten vertrauten Maßeinheiten waren schon lange durch internationale gültige Maßeinheiten ersetzt worden, diese neuen Maßeinheiten wurden aber hier noch nicht verwendet.

Der Heizwert der Kohle, eine Art Braunkohle mit hohen flüchtigen Bestandteilen, wurde in der Literatur mit rd. 3.200 kcal/kg, also rd. 13,4 MJ/kg angegeben. Der Aschegehalt war verhältnismäßig gering.

„Wie viel Asche bleibt denn von den 1.500 t Kohle übrig? Kann die Direktorin das schätzen? Vielleicht 30 % bis 40 % oder so ...?", fragte er.

Gerd holte sich die Auskunft. „Ja, so etwa 30 % bis 40 %, aber warum fragst du?", stellte Gerd nun die Frage.

„Gerd", sagte er, „wenn die Kohle nur 10 % Asche enthält und 30 % Asche werden abtransportiert, dann sind in der Asche 20 % unverbrannte Kohle oder unverbrannter Kohlestoff enthalten. Mehr traue ich diesen handbeschickten Rosten mit den großen Rostspalten nicht zu. Für eine gute Luftverteilung sollten die Rostspalte nicht mehr als 2 bis maximal 3 % der Rostfläche ausmachen, mehr nicht. Schau dir draußen die feinkörnige Kohle an, die fällt doch so durch den Rost in den Ascheschacht. Frage mal nach der Abgastemperatur."

Gerd fragte: „Die Abgastemperatur kennt hier niemand."

Er holte einen Zollstock aus seiner Tasche und begann, die Roststäbe und Roste auszumessen, entnahm Kohle- und Ascheproben, notierte die Lüfterleistung und alles, was zu einer Bestandsaufnahme gehörte.

Weil ein Frischlüfter an einem Kessel defekt war, hatte man aus Kostengründen 1 Lüfter für 2 Kessel genommen, ohne Trimmklappen. Die Verbrennungsluft wählte also den Weg des geringsten Widerstandes. Der Kessel mit weniger Kohle auf dem Rost erhielt so die gesamte Luftmenge, der andere Kessel mit viel Kohle auf dem Rost und dem dadurch bedingten höheren Widerstand also viel zu wenig Verbrennungsluft ...

Statistische Unterlagen gab es nicht. Die angelieferte Kohle wurde in LKW-Volumen gemessen, es gab keine Waage. Eine Heizwertbestimmung, auch stichprobenweise, erfolgte nicht. Eine

Wärmepreisabrechnung der gekauften Kohle war unbekannt. Das Volumen der beheizten Gebäude musste er schätzen.

Sicherheitsventile (SiV), sofern überhaupt vorhanden, hatte man mit schweren Eisenteilen belastet und also blockiert. Die Ausblasrohre der SiV zeigten in Richtung Heizerstand …, dort, wo der Heizer die Kohle mit Handbeschickung auf den Rost warf, eine unverantwortliche Situation.

„Woher kommt die Kohle?", fragte er.

„Aus Nalaikh", war die Antwort und Gerd berichtete, „in Nalaikh gab es Ende der 80er Jahre ein großes Unglück. Danach wurde der staatliche Bergbau dort eingestellt. Später haben sich um diese Kohlegrube Familienbetriebe etabliert und bauen dort die Kohle unter den abenteuerlichsten Verhältnissen ab. Das musst du dir mal ansehen. Baganuur, die nächstgelegene Zeche, in der professionell die Kohle im Tagebau gewonnen wird, liefert gröbere und heizwertreichere Kohle. Aber Baganuur ist teurer. Auch diese Zeche Baganuur sollten wir uns einmal ansehen."

„Eine gute Idee", sagte er, „aber ob die Kohle teurer ist, kann man nicht nur nach dem Gewichtpreis beurteilen. Wir sollten einen Wärmepreisvergleich der einzelnen Zechen machen", überlegte er laut.

Vor dem Heizwerk lagen Heizflächenrohre, die man aus den Kesseln entfernt hatte.

„Wenn die Rohre versalzen, werden sie undicht. Dann werden die undichten Rohre herausgetrennt und die Stutzen blind gesetzt", erklärte der HW-Leiter aufgeschlossen, „wenn viele Rohe ausgebaut sind, dann laufen die Kessel besser und die Rohre versalzen nicht so."

Er hörte sich die Erfahrungen an und dachte:

„Ja, wenn alle Rohre parallel geschaltet sind und die Kessel mit ihren Heizflächen auch noch, dann steht das Wasser in den Rohren und kocht und die Karbonathärte fällt aus. Wenn dann Heizflächen herausgetrennt werden, erhöht sich die Strömungsgeschwindigkeit und die Salzablagerungen verringern sich. Aufgrund der kleineren Heizfläche steigt dann aber die Abgastemperatur und damit der Abgasverlust."

Er ließ sich anhand einer Skizze den Kesselquerschnitt zeigen und der Leiter des Heizwerkes erläuterte den verbleibenden Heizflächenanteil, ab wann die Versalzung aufhört. So konnte er später die erforderliche Mindestgeschwindigkeit des Wassers in den Rohren ausrechnen, um Salzablagerungen zu vermeiden. Eine Wasseraufbereitungsanlage kam aus Kostengründen nicht infrage.

So versuchte er, sich aus den spärlichen Angaben ein Bild zu machen und konstruktive Daten zu ermitteln.

Die Kamine waren nicht isolierte Stahlschornsteine. Ein Kamin war gerade erneuert worden. Der alte Kamin war umgefallen, weil er an den oberen Ösen der Abspannung durchgerostet war.

Er zeigte auf die Erweiterung an der Schornstein-Mündung.

„Gerd, ich kann dir die häufigste Windrichtung sagen. Wenn man die Abgasgeschwindigkeit durch diese konische Erweiterung reduziert, gibt es Luft-Wirbelbildungen bis in den Kamin hinein. Die Schwefelsäure kondensiert und läuft dann innen an der Wandung herunter und zerfrisst den Stahl. In Deutschland setzt man Düsen auf die Schornsteinmündung, um die Austrittsgeschwindigkeit so weit zu erhöhen, um diesen Effekt zu vermeiden. Außerdem muss der Schornstein isoliert werden, das kostet langfristig weniger, als ständig neue Schornsteine aufzustellen. Der Kaminzug wird erhöht und schon hierdurch die Feuerung etwas verbessert … das Abgasgebläse wird entlastet, man spart den Strom für das Gebläse … Wir müssen das alles wirtschaftlich untersuchen."

So machte er seine Notizen und Vermerke …

Unterhalb des auf einer Anhöhe liegenden Krankenhauses war eine Schule. Die gleichen Verhältnisse und so ging es weiter den ganzen Tag bis zum späten Abend.

Übermüdet fiel er dann ins Bett und wachte sehr früh wieder auf. Auch Hamid war früh aufgestanden und so frühstückten sie gemeinsam. Um neun Uhr kam Gerd mit Ulmaa und die Besichtigungen gingen weiter.

Sie schafften ungefähr vier bis fünf Heizwerke pro Tag und so kamen sie auch zu dem Khands HW.

Frau Khand war die Betreiberin und Direktorin des Heizwerkes und Vorsitzende der HW-Interessengemeinschaft. Sie versorgte mit ihrem Heizwerk eine Schule mit zweitausendsiebenhundert Kindern, einen großen Kindergarten, eine Sanitärstation, in der sich die Jurten und Holzhüttenbewohner waschen konnten, ein Hotel und einen kleinen Kaufmannsladen. Eine weitere Schule für tausend Kinder sollte noch vor der nächsten Heizperiode angeschlossen werden. Eine typische dezentrale Heizwerkstation.

Ulaanbaatar ist von einer unüberschaubaren Jurten- und Holzhüttensiedlung umgeben, die ständig wächst. Mit den dezentralen Heizwerken, den Schulen, den Kindergärten und anderen öffentlichen Einrichtungen versucht die Stadtverwaltung, etwas Ordnung am Stadtrand zu schaffen. So hatte Herr Chinbat bereits die Situation erklärt.

Die allgemeine Schulbildung und die Erziehung der Jugendlichen waren beispielhaft. Alle Kinder und Erwachsenen waren sauber und ordentlich angezogen. Die Kinder waren alle sehr höflich und er hatte manchmal den Eindruck, als wäre er in Deutschland um fünfzig Jahre zurückversetzt oder gar noch länger. Seine Eltern hatten als Kinder die Eltern mit Herr Vater und Frau Mutter angeredet. Hier war es eine ähnliche Sitte. Die jüngeren Kinder sprachen ihre älteren Geschwister mit einem höflichen Sie an und alle waren außerordentlich gut erzogen.

Gerd hatte unterwegs schon erklärt, ein Drittel der Mongolen lebt in UB, ein Drittel in Sumen und Aimaks, also in Städten und Gemeinden, und die restlichen Mongolen leben als Nomaden draußen in der Steppe. Zweimillionenfünfhunderttausend Mongolen gibt es in der Mongolei und die Fläche ist viermal so groß wie Deutschland.

Der Tierbestand ist zehnmal so groß.

„Die Regierung behauptet, es gäbe nur 10 % Arbeitslose", sagte Gerd, „aber es sind über 30 %. Dabei sind 70 % der Mongolen unter 35 Jahre. Jede Familie hat 5 bis 10 Kinder."

Wenn die Nomaden bei minus vierzig bis fünfzig Grad Celsius im Winter ihr Vieh verlieren und ein Familienverband unter dreihundert Stück Vieh kommt, können sie nicht mehr in der Steppe leben und siedeln sich in den Stadtrandzonen an. Die Armut ist dort oft unbeschreiblich groß.

Frau Khand zeigte stolz auf die Urkunden für ein mustergültiges Heizwerk. Sie war eine geschäftstüchtige Frau und auch Vorsitzende einer buddhistischen Glaubensgemeinschaft. Sie zeigte stolz die Bilder, auf denen sie mit dem Dalai Lama zusammen abgebildet war. Der Buddhismus war nach der Wende in 1990 wieder im Kommen. Die Russen hatten versucht, diesen Glauben abzuschaffen, und hatten Klöster zerstört und Mönche ermordet.

Frau Khand musste unbedingt einen neuen Kessel haben und die Frage war, wie groß er sein müsste, um auch die neue Schule zu versorgen. Er musste sie vertrösten, weil er noch nicht alle Daten zusammengetragen hatte. Daten aus Deutschland konnte er hier für diese extremen Witterungs-Verhältnisse nicht anwenden, das wäre sehr leichtfertig gewesen. In einer Woche, so war seine Prognose, könnte er Genaueres sagen und einen Vorschlag machen.

Am Donnerstag lernte er dann die Mosa Co. Ltd kennen, die unter anderem die Kessel nach russischen Konstruktionsunterlagen fertigte. Der Generaldirektor, Herr Nergui, empfing alle sehr freundlich. Als er aber nach den Konstruktionsunterlagen fragte, reagierte Nergui sehr zurückhaltend.

„Ich bin nicht gekommen, um etwas zu verkaufen oder Geschäfte zu machen", sagte er, „ich gehöre auch keiner Firma an, sondern dem Senior Experten Service, das sind pensionierte Fachleute, also Ingenieure, Ärzte usw., die ihren letzten Lebensjahren einen Sinn verleihen, indem sie andere Menschen, sofern sie danach fragen, kostenlos unterstützen und helfen. Mehr nicht. Aufzwingen wollen wir uns nicht, und wenn es keine Fragen gibt, dann bedanken wir uns für die Gastfreundschaft und möchten gehen."

„Doch", übersetzte Gerd, „es gibt doch einige Fragen. Aber dazu soll der Chefingenieur kommen."

Ein älterer Herr kam. „Munkhbat", so stellte er sich vor und sah die Fremden misstrauisch an. Er konnte sein Misstrauen gut verstehen und er versuchte, sich mit Fragen heranzutasten. Als er zugab, im Moment auch keine Patenlösung präsentieren zu können, taute langsam das Eis.

„Wir müssen gemeinsam an Lösungen arbeiten", schlug er vor, „das möchte ich anbieten. Eine gemeinsame Arbeit zur Lösung der Probleme. Was in Deutschland gut und richtig ist, braucht hier nicht richtig zu sein. Es fehlt hier die gesamte Infrastruktur und das Organisationstalent ist oft wichtiger als perfekte Lösungsvorschläge, die nicht umsetzbar und zu teuer sind. Ich kenne das aus der Nachkriegszeit. Was nützen die besten Vorschläge, wenn sie aufgrund dieser Tatsachen nicht umgesetzt werden können?" Und dann sagte er den Spruch über einen Eunuchen:

„Ein Eunuche, der weiß ja auch, wie es gemacht wird, kann es aber nicht."

Alle lachten herzlich und das Eis war endgültig gebrochen.

Sie vereinbarten einen Termin in der nächsten Woche. Bis dahin wollte Munkhbat alle Konstruktionsunterlagen kopieren, zusammenstellen und sie sollten sich dann den Kesselbau ansehen.

Weber und Lange (GE), waren am Donnerstag ab Berlin geflogen und trafen somit am Freitag ein. Kaum angekommen, wurde Gerd, der beste Dolmetscher mit den größten Erfahrungen und den besten Beziehungen zur Administration, von Weber ad hoc entlassen. So etwas konnte er nicht verstehen. „Aus Kostengründen", war die Antwort.

„Man kann am falschen Ende sparen", wagte er zu widersprechen. Aber Weber war nicht zu belehren.

Gerd war trotzdem am nächsten Morgen im Hotel, grinste und sagte kurz und trocken:

„Ich mach das umsonst, das Thema interessiert mich."

Damit erübrigte sich der Anruf beim SES, denn er hätte beim SES auf Gerd als Dolmetscher bestanden.

Dann stellte Weber eine junge hübsche Dame, eine Mongolin vor, deren Namen er nicht gleich verstand.

„Sagen Sie bitte einfach Itgel zu mir, das ist ganz einfach."

„O.k.", sagte er, nannte seinen Namen und bot ihr das Du an.

Sie stutzte:

„Ich darf Sie nicht mit Du anreden", sagte sie erschrocken, „Das wäre unmöglich, ganz unhöflich. Zu meinen Eltern und meinen älteren Geschwistern sage ich auch Sie."

Er lachte:

„Wir sagen alle du zueinander. Bitte mach mal eine Ausnahme" und er gab ihr noch einmal die Hand.

„Danke", sagte sie schüchtern und höflich.

So fuhren sie also mit zwei Dolmetschern nach Zuunmod, Hauptstadt des Zentral Aimaks.

Ein Aimak, so nennt man ein Land mit mehreren Ortschaften. Ein Sum ist eine Ortschaft … er musste noch viel lernen.

Itgel war in UB zu Hause und lehrte Deutsch an der Universität in UB. Ihre Sprachkenntnisse waren perfekt. Itgel erläuterte die Namensgebung in der Mongolei.

Vaters Vorname ist immer der Nachname der Kinder. Eigentlich sind es alles Vornamen. Wenn der Vorname des Vaters Franz heißt, dann würde sein Sohn mit Nachnamen Franz heißen, zum Beispiel Kurt Franz. Die Kinder von Kurt Franz haben dann den Nachnamen Kurt.

In Zuunmod stand ein älteres Heizwerk mit acht Kesseln des Typs BZUI 100. Also etwa 12.000 Kilowatt Feuerungswärmeleistung.

„Wenn die Mongolen das Heizwerk betreiben können, dann können sie mehr als wir in Deutschland. Jeder deutsche Heizer mit der besten Ausbildung würde hier scheitern", sagte er und dachte an den eiskalten Winter mit bis zu minus 50 °C.

Das Heizwerk war kein Heizwerk, sondern eine Katastrophe.

„Wir haben noch ein anderes", wurden alle belehrt.

„Das hatte ich mir schon gedacht", sagte er, „denn dieses Werk kann doch gar keine Wärme liefern."

„Doch, doch, es liefert im Winter die nötige Wärme", wurde deutlich mit Nachdruck bestätigt.

„Na gut", dachte er, „schauen wir uns erst mal das andere Werk an."

Am Stadtrand sahen sie schon von Weitem das neue Heizwerk.

Er schaute auf die Tafel am Eingang, um nähere Informationen zu erhalten. Das Einzige, was auffiel, war das Herstellungsjahr 198. war gut erkennbar. Die letzte Zahl war brutal unkenntlich gemacht.

„Das haben die Russen noch vor der Wende gebaut und es soll nun im Herbst in Betrieb gehen", wurde erklärt.

„Die Russen haben immer die Rostfeuerungen gebaut. Wir machen nun daraus eine Wirbelschichtfeuerung."

„Donnerwetter", dachte er und ahnte nichts Gutes.

Die gesamte Anlage machte eigentlich einen ordentlichen Eindruck.

2 Kessel/Zonen-Wanderrostkessel mit je 20 MW Feuerungswärmeleistung waren installiert worden. Einen Zonenwanderrost mit einer Spredder-Feuerung, einer Art Wurfbeschicker der Kohle. Der Rost bewegt sich dabei entgegen der Wurfrichtung der Kohle, also nach vorne. Bei einer schlechten Einstellung landet die Kohle dabei in der vorne liegenden Entaschung und es gibt große Verluste. Das war wohl auch der Grund, warum man den Rost im anderen Kessel entfernt hatte und nun dabei war, eine stationäre Wirbelschichtfeuerung einzubauen.

Eine solche Wirbelschicht-Feuerung benötigt eine sehr viel höhere Luftpressung und deshalb schaute er sich zunächst die neuen Gebläse an. Das Gebläse der Rostfeuerung stand noch an seinem Platz und so konnte er einen guten Vergleich anstellen. Das neue Gebläse war mit einer viel zu geringen Pressung ausgelegt. Die Anlage konnte so nicht funktionieren. Deshalb fragte er ungläubig nach, ob das auch wirklich die Gebläse für die neue Feuerung seien und mit welchem Druckverlust der Düsenboden ausgelegt war. Da die Auskunft unzureichend erschien, ließ er einen Düsenkopf ausmessen und die Anzahl der Düsen zählen, um nachrechnen zu können.

Gerd schüttelte mit dem Kopf:

„Das ist doch vergebliche Mühe", meinte Gerd.

„Du hast ja Recht, Gerd, aber wo ich schon mal hier bin, da möchte ich das auch genau wissen, um ein konkretes Urteil abgeben zu können, sofern ich nach meinem Eindruck gefragt werde. Dieser Kessel wird so nicht in Betrieb gehen können. Schade eigentlich, ein so schöner Kessel. Vielleicht würde es reichen, wenn man den Rost in die andere Richtung laufen lässt, die Spredderanlage gegen eine einfache Schurre ersetzt und einen normalen Zonenwanderrost daraus macht. Der Umbau wäre kein Problem, so glaube ich."

Ja, er war ein wenig traurig, wenn er an die andere Anlage dachte. Dieses wäre ein schönes Heizwerk geworden, wenn man es richtig angepackt hätte.

Ein ähnliches Heizwerk bekam er dann in Nalaikh zu sehen. Dieses Werk war aber fertiggestellt worden und um die Herdverluste gering zu halten, hatte man eine Kohleaufbereitung vorgeschaltet.

Wie Gerd bereits geschildert hatte, gab es in Nalaikh eine Kohlezeche im Tagebau. Hier wurde noch bis Ende der achtziger Jahre industriell Kohle abgebaut. Dann hatte es einen Brand gegeben und die Zeche lag mehrere Jahre still. Nun hatten sich Familienbetriebe hier etabliert. Die Kohle wurde mit primitivsten Mitteln abgebaut und mit LKW abtransportiert. Da man den Abraum nicht mit den einfachen Geräten beseitigen konnte, hatte man überall schräge Schächte in die Erde gegraben, um bis an die Kohleschichten heranzukommen. Einige Schächte waren gut verstrebt. Trotzdem wurde von vielen Unfällen gesprochen. Die Arbeit hier unter Tage war sehr gefährlich. Aber die Not trieb diese Menschen in die gefährlichen Schächte, um ihre Familien ernähren zu können.

Im Heizwerk wurden sie von einem freundlichen Kasachen begrüßt. Er zeigte alle Einrichtungen. Zwei Zonenwanderrost Kessel mit je 20 MW wurden hier betrieben und hier konnte man nun sehen, warum die Mongolen in Zuunmod versuchten, die Verluste zu verringern. Die Asche war so schwarz wie die Kohle, weil die Spredderanlage so nicht funktionieren konnte.

Er interessierte sich für die Wirtschaftlichkeit des Werkes und der Kasache sagte ganz offenherzig:

„Weil wir so hohe Verluste haben", erklärte er den Teufelskreis, in dem er steckte, „ist die Wärme teuer. Weil die Wärme teuer ist, heizen die Kunden mit primitiven Öfen zu Hause selber und bezahlen nicht. Das große Werk mit den wenigen verbliebenen Abnehmern hat hohe Fixkosten und je weniger Kunden die Wärme abnehmen, umso teurer wird die Wärme und so weiter …" Er sah ihn hilflos fragend an.

„Was kann man da tun?", übersetzte Gerd.

„Ich weiß es nicht, Gerd", antwortete er traurig und schaute hinüber zur Schule und dem Krankenhaus, und als ob der Kasache seinen Blick verstand, antwortete er:

„Die Verluste werden von der Stadt bezahlt, es braucht keiner zu frieren."

„Wird das Heizwerk mit der Kohle, die da drüben gewonnen wird, versorgt?", wollte er wissen.

„Ja, ausschließlich mit der Kohle vor Ort", sagte der Kasache.

„O.k.", sagte er, „dann kann ich mir denken, wie die Verluste von der Stadt gedeckt werden." Und dabei lief ihm wieder ein kalter Schauer über den Rücken.

Auf der Heimfahrt waren alle sehr schweigsam. Je mehr er sah, umso hilfloser fühlte er sich.

Ja, er musste die Mongolen bewundern, sie waren Überlebenskünstler geworden in ihrer erbarmungslosen Not. Hier ging es um das nackte Überleben. Die Probleme in der weit entfernten Heimat kamen ihm nun lächerlich vor …

So machten sie Tag für Tag ihre Bestandsaufnahme. Weber und Lange waren mit Vorbereitungen für die Gründung einer NGO beschäftigt.

Bei den morgendlichen Gesprächen am Frühstückstisch wuchs seine Abneigung gegen Weber und Lange immer mehr. Er konnte sich nicht dagegen wehren.

Nach einer Woche, am Donnerstag, sagte Weber am Frühstückstisch strahlend:

„So, nun haben wir eine NGO gegründet. Ich und Lange mit noch drei Mongolen sind die Direktoren", dann schaute er Hamid und ihn an und lachte laut:

„Fünf Direktoren und zwei Indianer! Ha – ha – ha!"

Weber lachte und lachte, er konnte sich kaum beruhigen.

Er schaute Hamid an und sagte:

„Na, du Indianer, weißt du nun auch Bescheid?", und als ob sie sich verabredet hatten, standen sie ohne ein weiteres Wort auf und gingen.

Weber rief noch etwas hinterher, aber sie wollten es nicht verstehen. Sie gingen an die frische Luft.

Es war ein herrlicher Tagesanbruch. Die Straßen waren noch leer und sie marschierten, als ob der Teufel hinter ihnen her wäre. Sie hatten wohl die gleiche Art, sich abzustressen.

„Hast du so etwas nötig?", fragte Hamid.

„Nein, Hamid", wir beide sind vom SES beauftragt und gehören nicht zur GE. Wir gehen unseren eigenen Weg, o.k.?"

Sie kannten den Zeitplan von Weber und Lange und so kehrten sie erst zum Hotel zurück, als die beiden gegangen waren.

Morgen sollten sie einen Kurzbericht bei der Stadtverwaltung abgeben und so setzten sie sich im Hotel zusammen und erstellten ihren vorläufigen Bericht. Da sie wussten, wann die beiden „Direktoren" wieder ins Hotel kamen, verschwanden sie vorher. Aber wie es der Teufel wollte, kamen die beiden an der Restaurant-Terrasse neben dem Theater vorbei. Dort hatten Hamid und er es sich gemütlich gemacht und klönten ein wenig.

„Wir brauchen euren vorläufigen Bericht", sagte Weber.

„Wir brauchen deine Hilfe nicht", war die Antwort, „den Bericht tragen wir selber vor."

Weber lachte:

„Wie wollt ihr das denn machen ohne Dolmetscher. Ich habe mit Herrn Chinbat abgesprochen, dass nur meine Dolmetscherin anwesend ist. Gerd und Itgel sind nicht eingeladen. Du kannst meinetwegen in Deutsch vortragen, Lange übersetzt ins Englische und die Dolmetscherin vom Englisch ins Mongolische. So und nicht anders wird es laufen. Meine Dolmetscherin wird für dich nicht übersetzen." Und lachend gingen beide in Richtung Hotel.

„Hamid, wir können vor der Stadtverwaltung keinen Streit anfangen", sagte er, „das wäre blamabel mit solchen Kindereien und würde lächerlich wirken vor dem Ernst der Probleme, die hier herrschen. Unsere Zeit wird noch kommen, glaube mir das."

„Du hast die meiste Arbeit gehabt, ich habe nicht viel helfen können, deshalb musst du entscheiden", antwortete Hamid und fügte sinnierend hinzu, „aber einen Denkzettel hat er eigentlich verdient."

Er war so früh wie möglich aufgestanden, um beim Frühstück keinem zu begegnen. Dieses Theater war ihm so zuwider und machte ihn zornig. Deshalb musste er an die frische Luft, um auf andere Gedanken zu kommen.

Auf dem Rückweg zum Hotel traf er Hamid.

„Ich bin den beiden doch direkt in die Arme gelaufen", berichtete Hamid, „aber ich bin dann gleich gegangen."

Sie trafen sich mit den beiden Direktoren in der Stadtverwaltung. Nach einer kurzen Einleitung begann er mit den wesentlichen Problemen in den Heizwerken und nahm dabei kein Blatt vor den Mund:

„Die dezentralen Heizwerke befinden sich in einem katastrophalen Zustand", fuhr er fort, „nach deutschen Vorschriften müssten alle Heizwerke sofort geschlossen werden. Wir kennen aber auch in Deutschland die Abwägung des Rechtsgutes. Im Heizwerk ist nur ein Heizer der Gefahr ausgesetzt, einen Unfall zu erleiden, in den Krankenhäusern sind es viele kranke Menschen, die Gefahr laufen, im Winter bei minus 40 bis 50 °C zu erfrieren. Nur auf dieser beispielhaften Basis einer solchen Abwägung der Rechtsgüter könnte eine Entscheidung zum Weiterbetrieb dieser Heizwerke getroffen werden. Eine sehr schnelle Erneuerung der Heizwerke muss aber dringend und eindeutig im Vordergrund stehen."

Herr Lange schaute ihn erschrocken an und übersetzte ins Englische. Weil Lange seine Worte sehr viel harmloser darstellte, unterbrach er ihn und bat um eine wortgetreue Übersetzung. Aber Lange blieb stur. Er musste es so in Kauf nehmen, dass sein Bericht nicht wortgetreu den mongolischen Gesprächspartnern übersetzt wurde.

Herr Chinbat bedankte sich und lud alle zu einer Fahrt über Baganuur zu einem Jurten Camp ein.

Am nächsten Tag um 09:00 Uhr sollte die Fahrt beginnen, aber der Wagen kam nicht.

„So ist es hier", sagte Gerd, „es gibt pro Tag höchstens 2 Termine, vormittags oder nachmittags. Aber das ist oft auch einen Tag später."

Mittags um 12:00 Uhr kam Ulmaa mit dem Wagen. Man hatte ihm drei Räder vom Auto gestohlen.

„Wenn die Diebe sich mit einem Rad begnügt hätten, dann wäre die Verzögerung nicht so groß gewesen", entschuldigte er sich.

„Es gibt am Stadtrand einen großen Gebrauchtwaren-Markt, einen sogenannten Schwarzen Markt. Dort könnte man die gestohlenen Räder wieder einkaufen, das hat er wohl auch gemacht, so schnell geht das sonst nicht", lachte Gerd.

In Baganuur wurde die Gelegenheit geboten, den Braunkohletagebau anzusehen. Etwa vier bis fünf Millionen Tonnen Kohle wurden hier jährlich professionell abgebaut. Das Vorkommen reichte noch für etwa einhundert bis einhundertfünfzig Jahre.

Die Mongolei gehört zu den zehn Ländern mit den meisten Bodenschätzen.

Der Direktor war ein dynamischer Mann. Er nahm an der Weiterfahrt zum Jurten Camp teil.

Am späten Nachmittag kamen sie dort an und es wurde eine Feier vorbereitet.

Er hatte sich etwas abgesondert. Lange und Weber kamen auf ihn zu und begannen mit versöhnlichen Worten.

„Das konnte ich so nicht übersetzen, das wäre ein Affront gewesen", begann Lange.

„… den ihr nicht zu vertreten habt", vollendete er den Satz, „wenn man den Problemen nicht in das Gesicht schaut und alles beschönigt, dann gibt es keine Lösung, das muss man wissen. Solange man sich hier etwas in die Tasche lügt, wird man im Elend bleiben. Aber leider nur die Ärmsten … nicht diejenigen, die sich gegenseitig belügen."

„Aber man muss das doch nicht alles so ernst nehmen, hier in der Mongolei ist eine andere Welt. Ein Mongolenleben zählt hier nicht viel", sagte Lange.

„Mit dir mache ich so", und er nahm voller Zorn seine leere Hand und warf ein Nichts über seine Schulter, drehte sich um und ging.

Weber kam hinter ihm her.

„Das war nicht gut von Lange", sagte Weber im Gehen zu ihm, „er wird sich entschuldigen." Und Weber begann, auf ihn einzureden. Irgendetwas wollte Weber und das machte ihn neugierig.

„Die NGO", fragte er deshalb, „wie soll das Projekt finanziert werden?"

„Das ist der Punkt, über den ich gerne reden wollte", antwortete Weber und erläuterte seinen Plan:

„Der Zinssatz der mongolischen Banken liegt bei 24 % pro Jahr mit Laufzeiten bis zu einem halben bis maximal einem Jahr. Ich kann über die Weltbank eine viel längere Laufzeit mit 7 % Zinsen haben. Wenn wir dieses Geld an die Stadtverwaltung mit 14 % weitergeben, und das richtig machen, sind alle sehr zufrieden. Wir brauchen aber gute Ingenieure dazu um das Projekt durchführen zu können. Es soll dein Schaden nicht sein, ihr werdet sehr gut daran verdienen."

Das war also der Grund seiner plötzlichen Freundlichkeit.

„Lass mich gehen. Mir ist nicht gut", sagte er, verschwand in der Jurte und legte sich auf die Liege.

Weber kam hinterher:

„Was ist mit dir, soll ich für dich beten?", lachte Weber spöttisch.

„Verschwinde und entschuldige mich bei den Gastgebern, sage, mir geht es nicht gut und lass dir unseren Streit nicht anmerken, den Gefallen tu uns allen bitte noch."

Er drehte sich um und versuchte zu schlafen.

Um vier Uhr morgens wurde er wach und konnte nicht wieder einschlafen. Zu viele Gedanken jagten durch seinen Kopf. Deshalb stand er leise auf, zog sich an und ging hinaus in die Steppe.

Rechts schlängelte sich ein Fluss durch die Steppe. Das Wasser war klar und rein. Seine Ufer waren mit hübschen grünen Sträuchern geschmückt. Eine hügelige grüne Landschaft lag vor seinen Augen und er marschierte los, um abzustressen.

Er hatte sich sehr weit vom Camp entfernt und war auf einen Berg gestiegen, um einen besseren Überblick zu haben. So saß er im Morgengrauen oben auf dem Berg und sah die Sonne am Horizont aufgehen. Es war unbeschreiblich schön. In weiter Ferne trieb ein Nomade sein Vieh zusammen.

Die Nomaden sind tolle Reiter. Ihre Pferde, so sagt man, haben „6 Gänge". Die Mongolen können bei vollem Galopp auf dem Pferd schlafen, so sagt man. Sie sind unermüdlich. Mit hohem Tempo reiten die Nomaden über die Steppe ihrem Vieh hinterher und treiben das Vieh wieder zum Camp.

Auf der anderen Seite des Flusses hielt ein Reiter an einer Jurte und wurde freudig begrüßt. Der Reiter hatte es wohl eilig, denn nach etwa einer halben Stunde ritt er gestärkt weiter. Bei der Gastfreundlichkeit der Mongolen ist es unvorstellbar, dass der Gast hungrig weiterzieht.

Er hatte gehört, dass die Nomaden den Tisch für einen fremden Gast decken, bevor sie ihr Camp verlassen, um das Vieh einzutreiben. So ermöglicht die gegenseitige Gastfreundschaft den Nomaden, unendliche Weiten in der Steppe ohne viel Gepäck zu überwinden. Eine einfache, aber fantastische Sitte.

„In europäischen Hochhäusern und Wohnblocks verhungert der Nachbar nebenan, ohne dass einer es merkt oder gar hilft", dachte er.

Diese mongolische Kultur hatte offensichtlich etwas von der „Gesundheit als Basis eines glücklichen Lebens", von dem er träumte. War er seinem Wunsch bereits so nahe gekommen?

Dieser freudige Gedanke in Verbindung mit einer himmlischen Ruhe, die Dankbarkeit im Herzen, dass sein Schicksal ihn hier herführte, ein wunderschöner Ausblick auf eine herrliche, scheinbar unendliche weite Landschaft, ließen Gefühle in ihm aufkommen, die er bis dahin nie gekannt hatte. Den Sonnenaufgang würde er wohl nie vergessen. Fröhlichkeit und eine unendliche Traurigkeit, beides zur gleichen Zeit.

Die gestrigen Worte schossen in seinen Kopf „… ein Mongolenleben zählt hier nicht viel"… und er sah das Kinderkrankenhaus, das Leichenhaus und …

Plötzlich begann er bitterlich zu weinen. Zorn und Traurigkeit, die Stille und Schönheit der unendlich weiten Steppe, alles verband sich zu einem unsagbaren Gefühl, das er nie zuvor gekannt hatte. Wer sah ihn denn? Keiner!! ... und er ließ seinen Tränen einmal freien Lauf und weinte bitterlich.

Er wusste nicht, wie lange er dort so gesessen hatte, das Zeitgefühl war ihm verloren gegangen.

Er schaute auf seine Uhr und sah mit verschwommenem Blick, dass es schon sieben Uhr war. Zeit also, zurück zum Camp zu gehen.

So stieg er den Berg wieder hinab.

Am Fuße des Berges, schon in der Ebene, sah er plötzlich zwei große Hunde auf sich zukommen. Er fühlte sich unendlich hilflos in der weiten Steppe, den Hunden ausgesetzt. Ein schwarzer und ein brauner Hund, größer noch als Wölfe, mit ungepflegtem zotteligem Fell, versperrten ihm den freien Zugang zum Camp.

Er schaute in ihre Richtung, bückte sich, nahm zwei faustgroße Steine und steckte sie in die Hosentaschen. Die Hände ließ er in den Taschen und drückte die Steine so fest, dass es schmerzte.

Wenn es zum Angriff käme, dann müsste er die Hundenase hart treffen, so war sein Plan. Diese Taktik hatte ihn als kleines Kind vor einem solchen Angriff gerettet, auch wenn er damals dabei einen Biss abbekam.

Der Schwarze stutzte, drehte sich um und trabte hinunter zum Fluss. Der Braune kam gemächlich auf ihn zu. Nur nicht mit den Händen herumfuchteln und in der Tasche lassen, redete er sich zur Beruhigung ein, um den Geruch der Angst zu vermeiden, und ging ruhig und langsam dem Hund entgegen, fest in dem Glauben an sein Schicksal, das ihn hierher geführt hatte.

Als der Hund in Sprechweite kam, fing er freundlich und ganz ruhig an zu reden.

Wo er denn herkommt und warum sein Freund ihn verließ, wollte er wissen.

Plötzlich wedelte der Hund mit seinem Schwanz und er hatte gewonnen. Schnell kam der Hund nun mit wedelndem Schwanz und gesenktem Kopf näher und setzte sich vor ihm hin. Er redete ruhig weiter, als ob der Hund ihn verstand.

Dann, plötzlich stand der große Hund auf den Hinterbeinen, legte seine Vorderpfoten auf seine Schultern und leckte ihm die angetrockneten Tränen vom Gesicht. Er hatte sehr große Mühe, stehen zu bleiben, und musste sich gewaltig gegen den großen Hund stemmen. Mit einer halben Drehung sprang der Hund zurück, tänzelte und hatte plötzlich wieder die Pfoten auf seiner Schulter. Er tätschelte mit beiden Händen seinen Rücken und musste ihn dabei fast umarmen. Dann sprang der Hund zurück und bevor der Hund das Spiel von Neuem beginnen konnte, nahm er den rechten Stein und warf ihn in Richtung zum Fluss. Der Hund jagt hinterher und suchte vergeblich. Traurig kam er langsam zurück, als wollte er sagen: „Das ist kein faires Spiel."

„Ja", sagte er, „aber du bist zu schwer für mich. Du erdrückst mich noch mit deiner Freude." Und so nahm er den anderen Stein und warf ihn in die gleiche Richtung. Traurig schaute der Hund ihn an, als wollte er sagen: „Magst du mich nicht?" Dann drehte der Hund sich um und trabte in Richtung Fluss zu seinem Freund. „Entschuldigung!", rief er hinterher und zu seinem Schicksal gewandt:

„Danke, dass du meine Tränen getrocknet und dann beseitigt hast. Ich weiß, mit Mitleid kann man nicht helfen, nur mit Güte, und das hat etwas mit Geradebiegen und innerem Abstand zu tun. Zum Geradebiegen braucht man ein gutes Auge, um zu erkennen, ob etwas krumm ist, und man braucht Kraft und Härte und vor allem ... inneren Abstand. Ein guter Arzt und Chirurg soll mein Vorbild sein, wenn ein Chirurg in seiner Güte mir nicht den Brustkorb auftrennen kann, dann kann er mir auch keinen Bypass setzen und nicht helfen. Mit Mitleid erhält man keine Bypässe."

Das war seine Überzeugung. Güte ist etwas anderes als Gutmütigkeit. Gutmütigkeit ist Dummheit. Von den Stoikern hatte er über seinen Vater die Definition der Güte übernommen.

So ging er freudig und innerlich gestärkt zum Camp zurück.

◆

Alles war noch ruhig, keiner war wach. Sie hatten wohl noch lange gefeiert. Draußen auf dem langen braunen Holztisch mit den Holzbänken standen mehrere Schnapsflaschen. Er war sehr zufrieden, dass er nichts gehört hatte und ihm ein seliger Schlaf vergönnt war. Leise holte er sein Waschzeug und das Handtuch aus der Jurte und ging hinunter zum Fluss, um sich frischzumachen. Das frische klare Wasser tat ihm sehr gut.

Auf dem Rückweg begegnete er dem Wärter des Camps. Der Wärter hatte ihn wohl beobachtet, denn er lächelte freundlich und zeigte auf den Tisch. Alles war weggeräumt und am Ende des langen Tisches war Kaffee, Brot und Wurst aufgedeckt.

„Good morning! Coffee?", fragte der Wärter unsicher.

„Sain baina uu?", begrüßte er ihn – „Tiimee, coffee. Bayarlalaa!" und bedankte sich so auf Mongolisch. Das waren auch die einzigen mongolischen Worte, die er kannte.

Der Mongole lachte und sagte auf Englisch:

„Ich bin da drüben in dem Ger, sofern du etwas benötigst."

Die aufmerksame Gastfreundschaft verblüffte ihn immer wieder.

Die Mongolen nennen ihre Rundzelte Ger, Jurte ist der russische Ausdruck dafür.

Er setzte sich an den Tisch und frühstückte ausgiebig. Dann brachte er sein Waschzeug in die Jurte, und ohne jemanden zu wecken, packte er seine Sachen reisefertig.

Dann ging er wieder in die Steppe, erklomm den Berg und genoss zum zweiten Mal die Schönheit der Landschaft, beobachtete das Treiben der Nomaden in der unendlichen Weite und das Leben im Bereich der zerstreut liegenden einzelnen Jurten. Es standen immer drei bis sechs Jurten zusammen. Die Camps waren in der Steppe sehr weit voneinander entfernt aufgebaut. Ein Reiter brauchte sicherlich mehrere Stunden, um zur nächsten Familie zu kommen. 2,5 Millionen Mongolen auf einer Fläche die viermal größer ist als Deutschland.

Itgel hatte gelacht, als er danach gefragt hatte:

„2,5 Millionen Einwohner und 25 Millionen Stück Vieh, aber die Anzahl der Tiere ist genauer als die der Menschen", hatte sie erläutert.

Eine unbekannte Sehnsucht nach solch einem Leben stieg in ihm auf. So einfach, so frei mit den Problemen des täglichen Überlebens, das die Nomaden perfekt beherrschten und das uns Europäern absolut fremd geworden war. So etwas interessierte ihn, einmal bei den Nomaden in die Lehre zu gehen. Ein paar Jahre nur, um vergleichen zu können, was besser ist, die Zivilisation, auf die wir so stolz sind, oder das ganz einfache Leben.

Wie hatte Seneca gesagt: „Wem genug zu wenig ist … dem ist nichts genug." Der Verlust der inneren Ruhe, der Verlust des Glückhaften, das ist der Preis wenn einem „genug zu wenig ist!"

Also die Welt, in der genug zu wenig ist, einfach verlassen, um mit dem Genug zufrieden zu sein, so formulierte er seine Sehnsucht und er bat sein Schicksal um die Gnade, einmal so leben und lernen zu dürfen, nachdem er seine letzte Lebensaufgabe, sein „Platon Experiment", wie er es nannte, erfüllt habe.

Er war davon überzeugt, dass er vor einer kaufmännischen und technischen Aufgabe stand, die lösbar war.

Den menschlichen Faktor meinte er aufgrund der beobachteten Verhaltensweisen der Mongolen nicht beachten zu müssen. Ein großer, lebensgefährlicher Irrtum, wie sich später herausstellen sollte.

Ins Camp war Bewegung gekommen. Er sah, dass einige schon den Frühstückstisch verließen und ihre Sachen zum Auto brachten. Es war höchste Zeit zurückzukehren.

Gerd kam ihm entgegen und sagte ernst:

„Ich kann dich ja gut verstehen, die Steppe zu genießen. Aber nächstes Mal melde dich ab und sage, wo du hingehst, oder besser noch, geh nicht alleine, den wilden Tieren und streunenden Hunden bist du hilflos ausgesetzt. Wir haben uns schon Sorgen gemacht."

„O.k., Gerd", antwortete er, „du hast ja recht. Aber wenn andere sich mit Waffen verteidigen, so habe ich statt Waffen immer meinen Schutzengel bei mir."

Von den Hunden erzählte er lieber nichts.

„Du einfältiger Optimist", lachte Gerd und sie gingen gemeinsam zum Auto.

Auf der Rückfahrt kamen sie an einer Plantage vorbei. Etwas ungewöhnlich hier in der weiten Steppe, deshalb stiegen sie aus.

Die Plantage lag einsam in der Flussebene auf einer kleinen Anhöhe. Neben der Plantage war ein kleiner Garten und in dem Garten standen eine kleine Bretterbude und ein Jurte.

Eine junge Frau stand hinter dem Zaun und beobachtete die Fremden. Als sie merkte, dass Deutsch gesprochen wurde, kam sie durch die Gartentür und begrüßte alle in perfektem Deutsch.

Ihre Tante, eine Ärztin, hatte Heilkräuter angepflanzt und ihr ganzes Vermögen hineingesteckt. Sie berichtete von den jahrelangen Anstrengungen ihrer Tante. Von der großen nachgewiesenen Heilwirkung dieser Kräuter. Ihre Tante, die Ärztin, wollte damit kranken Menschen helfen und hatte dabei ihr ganzes Vermögen verloren. Keiner interessierte sich dafür.

„Warum wachsen die Kräuter nicht?", fragte er.

„Wir haben keine Wasserpumpe, um das Wasser vom Fluss hierher zu pumpen. Meine Tante hat dort drüben den langen Wassergraben ausgehoben. Aber es hat nicht genutzt. Die Luft ist zu trocken und ohne Pumpe geht das nicht. Daran ist alles gescheitert", traurig pflückte sie ein paar vertrocknete Blüten ab, „und die sind so wertvoll für die kranken Menschen, alle Mongolen wissen das." Traurig schaute sie ihn an.

Er gab ihr mehr aus Verlegenheit seine SES-Visiten-Karte.

„Wie kann ich helfen?", fragte er hilflos.

„Meine Tante ruft Sie an, irgendwann, denn ich weiß nicht, wann sie einmal wiederkommt. Sie arbeitet in einem Krankenhaus sehr weit von hier. Aber sie wird sagen, dass sie das Projekt aufgegeben hat!", lautete die Antwort.

Sie fuhren weiter.

Chinbat hatte eine Viehherde in der Steppe und ließ diese von Nomaden hüten. Dort fuhren sie nun hin und wurden von den Nomaden bedient. Die scharfen Kommandos von Chinbat und die demütige Haltung der Nomaden, die alle bewirteten, ließen in ihm ein unangenehmes Gefühl aufkommen.

Zwei Geländewagen kamen hinzu und man begrüßte sich sehr herzlich. Eine junge Frau stellte sich vor:

„Ich bin Bolormaa und das ist meine Freundin Naraa. Ihr Mann ist dort. Er ist Direktor der neuen NGO von Herrn Weber."
Er stellte sich vor, und bevor er weiter reden konnte, sagte sie: „Ich habe von Ihnen gehört. Herr Weber sagt, Sie sind ein guter Fachmann."
Verlegen winkte er ab:
„Wenn Herr Weber sich da man nicht irrt", lachte er.
Sie hatte in Russland Jura studiert und war eine Zeit lang in Hamburg gewesen. Nun war sie in einer Art Wartestellung in der Staatsanwaltschaft beschäftigt. Staatsanwältin wollte sie dort werden.
Sie war wunderschön, und als er das erste Mal in ihre schönen lustigen dunklen Augen sah, spürte er ein Gefühl, als wäre der Blitz der Liebe in seine alten Knochen gefahren. So etwas Intensives hatte er noch nie erlebt. Er hatte sich vorgenommen, Abstand zu halten, seinen Weg alleine zu gehen. Er wollte absolut keine Beziehungen mehr eingehen. Das war sein unumstößliches Tabu.
Alles lebt vom gegenseitigen Nutzen, an dieses Naturgesetz glaubte er uneingeschränkt. Wer alt, schwer krank und ohne Nutzen ist, der zählt in der Gesellschaft nicht mehr. Das hatte er während seiner Krankheit erfahren. Frühere Leistungen und der uneingeschränkte Einsatz für ein Unternehmen werden mit einem Fußtritt am Ende belohnt. Es ist wie in der Tierwelt, ja, die Verhaltensweisen der Tiere sind tief im Menschen verwurzelt. Wer die Verhaltensweise des Menschen studieren will, muss die Verhaltensweise der Tiere intensiv erforschen. Denn diese ist mit einer durchschaubaren Täuschung in Reinkultur zu beobachten. Zu allem, was man dort erfährt, zu allem, ohne Ausnahme, ist jeder Mensch fähig. Zu all dem und zu noch viel, viel mehr, denn der Verstand wird oft falsch benutzt. Das war seine feste Überzeugung.
Da hilft auch nicht die Tatsache, dass es früher einmal einen Nutzen gab, der groß genug war, der Familie ein schönes Leben zu bieten. Alles wird am Ende zur Selbstverständlichkeit und die Selbstverständlichkeit ist der Tod des Glückhaften.
Wer die Liebe gewinnt, muss bereit sein, den Verlust der Liebe zu ertragen.

Das Glückhafte im Herzen ist immer frisch, wenn man nichts, absolut nichts als Selbstverständlichkeit ansieht und mit dankbarer Bewunderung dem nächsten Tag begegnet. Das war sein Gegenmittel, die Liebe durch die Selbstverständlichkeit zu verlieren. Aber dazu gehören zwei Menschen mit der gleichen Überzeugung.

Die Liebe und diese Überzeugung in zwei Menschen gleichzeitig ist so selten wie ein Sechser im Lotto.

Er hatte in seiner Jugend geglaubt, dass es so etwas gibt, im Alter aber, mit der erlebten Erfahrung ...

Er tadelte sich als einen großen Narren, überhaupt einen einzigen Gedanken daran zu verschwenden.

Er hatte im tiefsten Inneren Abschied genommen von allen. Wer keinen inneren Abstand hält, kann nicht helfen. So war seine Überzeugung, sein unumstößliches Konzept.

Er drehte sich um und ging. Er wollte alleine sein. Er musste sich über seine Gefühle im Klaren werden. Er schimpfte sich innerlich immer wieder einen alten Narren, weil er ganz hilflos war. Diesem wundersamen Gefühl gegenüber, absolut hilflos und das beunruhigte ihn sehr. So etwas Verrücktes ...

Er ging hinunter zu einem kleinen Bach, der ihn von den Jurten der Nomaden trennte.

Dort setzte er sich ins Gras und fing an zu grübeln, warum ihm so etwas passieren konnte. Irgendwie war er absolut hilflos diesem Gefühl ausgesetzt. Es gibt wohl eine Seelenverwandtschaft. Aus ihren Augen spricht ein Geist, den er kannte und der ihm so gut vertraut war ... So fing er an, ganz nüchtern seine Gefühle zu analysieren.

Er hörte Schritte hinter sich und plötzlich saßen Naraa und Bolormaa neben ihm im Gras. Er zeigte auf das Vieh und die Nomaden.

„Eine solche Symbiose von Mensch und Tier habe ich selten gesehen", sagte er, „das ist perfekt."

„Eine Symbiose?", fragte Bolormaa.

„Ja, wir streben im Leben immer nach Synergien, sonst könnten wir nicht überleben. Alles lebt vom gegenseitigen Nutzen. Schau dort, der große Vogel, er sieht aus wie ein Lama mit seinem Gefieder, auch er lebt in dieser Lebens-Gemeinschaft ..."

Er erschrak. Die Stimmung der Steppe und seine Gefühle verleiteten ihn immer wieder zur Philosophie und deshalb fügte er hinzu:

„Aber das langweilt euch sicherlich."

„Nein", wehrte sie ab. „Sie sind anders als die dort drüben, Naraa und ich haben es gleich bemerkt, und was Sie sagen, ist neu für uns."

Aber er wollte etwas lernen und das konnte er nicht, wenn er selber erzählt. So befragte er beide über das Leben in der Steppe, über die Nomaden und über das Leben in der Stadt. Es dauerte ein wenig, bis das Eis gebrochen war. Aber dann berichteten beide begeistert über ihr Leben.

Naraa war ein nüchterner Typ mit einem unromantischen logischen Verstand. Ihre Urteile waren präzise und mit wenig Gefühl und man merkte die Geschäftsfrau in ihr.

Bolormaa hatte einen vielleicht noch schärferen logischen Verstand. Aber aus ihr sprach eher eine liebende Mutter als eine Geschäftsfrau.

So saßen sie lange im Gras und unterhielten sich angeregt. Die Rufe, zum Essen zu kommen, hatten sie ignoriert. Er war froh, denn es wurde viel Alkohol getrunken und er musste immer ablehnen, aus gesundheitlichen Gründen, die keiner verstand und die Ablehnung eher als eine Beleidigung empfand.

Als der Abend anbrach, fuhren sie weiter nach UB und sie trafen sich im „Chinggis" Restaurant zum Abendessen. Bolormaa war nicht gekommen. Weber rief sie an und so kam sie hinterher und die Verständigung war gesichert.

Beim Abschied tauschten sie ihre Visitenkarten aus. Beim Essen waren alle per Du geworden.

Am Sonntag trat er gemeinsam mit Hamid, Weber und Lange die Flugreise nach Berlin an. Hamid, Weber und Lange mussten weiter Richtung Stuttgart und er Richtung Hannover. So trennten sich ihre Wege.

„In 14 Tagen erwarte ich deinen Bericht", sagte Weber in Direktorenmanier zum Abschied.

„Dann warte mal schön", sagte er und ging.

Vorbereitungen

Den wahren Charakter erkennt man auch an Kleinigkeiten.

Seine Reisekosten, die er aus eigener Tasche bezahlt hatte, die Abrechnung also mit dem SES, wären nicht erwähnenswert, wenn der SES kein Abkommen über eine Kostenteilung mit der GE gehabt hätte. Der SES teilte ihm diese Vereinbarung mit, überwies den SES-Anteil und leitete die Abrechnung mit dem entsprechenden Vermerk an die GE weiter.

Die GE forderte ihn auf, eine neue Abrechnung zu senden … 160 DM. Er erkundigte sich bei Frau Schmidt vom SES und korrigierte die Rechnung. Danach erhielt er von der GE die Aufforderung, in der Rechnung ein neues Datum einzufügen. Nach nochmals drei Wochen wurde er aufgefordert, die Rechnung anders aufzustellen.

Das reichte. Er rief an und sagte unmissverständlich:

„Hör zu, Weber, wenn du nicht zahlen willst, dann sage es deutlich. Aber ich habe dich auch so verstanden und meine Antwort ist folgende: behalte die 160 DM, ich schenke sie dir von meiner Rente, aber erwarte nicht, dass du jemals wieder etwas von mir hörs.t"

Dann rief er Frau Schmidt vom SES an und berichtete über die Machenschaften der GE ausführlich.

„Wenn Sie den guten Ruf des SES erhalten wollen, dann kann ich Ihnen nur empfehlen, jeglichen Kontakt mit der GE zu vermeiden, der SES gerät sonst in Gefahr, den Stall-Geruch von der GE anzunehmen, und das ist der Imagepflege des SES sehr abträglich", beendete er seinen Bericht.

„Wer ist Herr Weber und wer Herr Lange und was ist das, die GE?", fragte Frau Schmidt.

„Danke", sagte er. Frau Schmidt fuhr fort:

„Ihr Kollege Hamid hat mir schon alles berichtet. Hamid will einen Prozess mit der GE führen, weil er noch mehr betrogen wurde als Sie. Aber er kann Ihnen das ja selber erzählen. Also gehen Sie davon aus, dass wir ihren Bericht nicht an die GE weiterleiten. Die GE gibt es für uns nicht mehr."

„Was halten Sie davon, wenn ich den Bericht in UB selber vorstelle?", fragte er.

„Das wäre natürlich das Beste", sagte sie, „ich brauche dafür eine Anforderung aus UB."

„Da ich die russische Kesselkonstruktion ändern will und diese dem Kesselhersteller vorstellen möchte, werde ich Gerd bitten, dass die Anforderung von Mosa Co. Ltd. gestellt wird. Ist das okay?", schlug er vor.

„Das ist gut, das kann ich aber schneller machen als Sie. Sie hören von mir", sagte sie und so wurde die Anschlussreise vorbereitet.

Innerhalb von zwei Tagen war das Geld auf seinem Konto. Aber damit konnte die GE auch nichts mehr retten.

Nach drei Wochen wurde er aber dann mit einer Anzeige von der GE bedroht, weil er den Bericht nicht an die GE sandte. Nun, er konnte dieser Anzeige gelassen entgegensehen, denn zwischen ihm und der GE bestanden keine vertraglichen Vereinbarungen. Es mag sein, dass Weber auch in diesem Sinne von seinem Rechtsbeistand belehrt wurde, denn danach hörte er zunächst nichts mehr von der GE.

◆

Problemlösungen

Ein großes Problem kann man nur lösen, wenn man möglichst abgeschlossene kleine Problemmodule formuliert und diese dann systematisch abarbeitet. Jedes Modul wird hierbei in fünf Schritte geteilt:
- Problembeschreibung, (eine gute Problembeschreibung ist bereits die halbe Problemlösung),
- Ausarbeitung von Varianten, die das Problem lösen könnten,
- Untersuchung dieser Varianten in technischer und wirtschaftlicher Hinsicht,
- Auswahl und
- die Entscheidung für die beste Variante.

Hierbei war er sich im Klaren darüber, dass die heutige Entscheidung nur in diese Zeit passt. Die Entwicklung geht weiter und auch die beste Variante muss immer neu angepasst und infrage gestellt werden. Das ist eben der Neuentwicklung und steten Neuanpassung geschuldet, aber auch auf die menschliche Unvollkommenheit zurückzuführen.

Viele Menschen machen den Fehler und meinen, bei der ersten Diskussion die Lösung eines Problems präsentieren zu müssen, legen sich dann fest und sind beleidigt, wenn ihr Vorschlag missachtet wird, weil ad hoc ein anderer eine scheinbar bessere Lösung präsentierte. Das ist in den Betrieben häufig ein großes Problem und wenn die Bedenkenträger hinzukommen, dann gibt es oft in den Betrieben eine fast kaum lösbare Blockade, dann wird das Problem zu einem Problem.

So arbeitete er also selbstkritisch Tag für Tag an den Problemlösungen nach seiner bereits jahrelang praktizierten Methode, eine alte Schule.

Er hatte eine Fernsehsendung über das Management des Altbundeskanzlers Schmidt im Jahre 1962 während der Hochwasserkatastrophe in Hamburg gesehen. Schmidts Tagebuch und die Besprechungen wurden gezeigt und diskutiert. Es ist für ihn ein zeitloses Musterbeispiel eines perfekten Managers. Er war ein Fan, ein großer Bewunderer von dem Altbundeskanzler.

So meinte er nun auch, mit einem guten aufwärts kompatiblen Programm, das in die finanzielle Welt von Ulaanbaatar passte, wieder nach UB fliegen zu können.

Um sich auf die Frage der weiteren Vorgehensweise vorzubereiten, denn diese Frage musste kommen, hatte er bereits bei seinem ersten Besuch mit Herrn Dr. Sawitzki von der GtZ Kontakt aufgenommen.

Dr. Sawitzki hatte ihm empfohlen, mit der GtZ in Deutschland Kontakt aufzunehmen, um im Rahmen eines PPP-Programms finanzielle Unterstützung zu erhalten. Obwohl er annehmen konnte, dass Herr Dr. Sawitzki den GtZ-Gesprächsteilnehmer in Deutschland auf seinen Besuch telefonisch vorbereitete, ließ man ihn dort eiskalt auflaufen.

Störte er etwa eingefahrenes Terrain? Er war seit dieser Zeit auf der Hut und vorsichtig geworden.

Der Kontakt mit der Deutschen-Entwicklungs-Gesellschaft (DEG) in Köln war dagegen sehr viel erfrischender. Frau Wink, eine junge Frau mit umfassendem Wissen auf diesem Gebiet, zeigte eindeutige Wege auf, die er beschreiten konnte. Um eine finanzielle Starthilfe aus dem PPP-Programm zu bekommen, benötigte er eine deutsche und eine mongolische Firma mit gleichen Interessen, die zu einer solchen Zusammenarbeit bereit waren.

Ein Anruf bei Frau Schmidt (SES) half ebenfalls etwas weiter.

„Wenn Sie wieder in UB sind, dann ist es doch üblich, dass Sie sich in der deutschen Botschaft melden. Fragen Sie doch einmal Herrn Pilz, ob er bereit wäre, finanziell einen Kessel-Prototyp zu unterstützen", riet sie ihm.

Deshalb sendete er vorher ein Fax an Herrn Pilz, um ihn auf das Gespräch vorzubereiten. Die Fax-Antwort klang vielversprechend.

Im Grunde wusste er aber, dass er viele Mosaiksteine zu einem Ganzen noch zusammensetzen musste. Er brauchte ein Konzept für ein Ziel, das er systematisch verfolgen und abarbeiten konnte mit allen Umwegen und Korrekturen, die bei solchen langwierigen Konzepten erforderlich sind. Ein Grundkonzept musste er unbedingt haben.

Was wäre danach, wenn er annahm den ersten Kessel bauen zu können? – vor Ort? Wenn er weiterhin voraussetzte, dass das prognostizierte Brennstoffeinsparpotenzial frei wurde? Wie sollte es weitergehen? Wie sah das Problem aus?

Weil in der Mongolei niemand Geld hatte und die Zinspolitik der Banken jede Innovation bereits im Keim erstickte, kauften die Betreiber ganz billige Kessel. Die billigen Kessel waren aber sehr unwirtschaftlich. Etwa die Hälfte der eingesetzten Kohle könnte man sparen. Aber nun mussten die Mongolen das Doppelte für die erforderliche Kohlemenge ausgeben. Weil das Geld für den Kohleeinkauf draufging, konnte keiner einen wirtschaftlichen Kessel kaufen. Ein Teufelskreis, aus dem sich die HW-Betreiber, und sicherlich alle Kleinunternehmen, nicht selber befreien konnten.

Mit dem Geld der eingesparten Kohle könnte jeder den Kessel bezahlen, aber nur mit Konditionen europäischer Banken. Die mongolischen Banken verlangten Zinsen in Höhe von 2,5 bis 3 % pro Monat mit Laufzeiten bis maximal einem Jahr; ein großes Investitionshemmnis.

Wie war diese negative Spirale zu stoppen?

Aus eigener Kraft war es den Mongolen so nicht möglich, auch mit dem besten theoretischen Wissen nicht, das durchaus vorhanden war.

Also brauchte er Startkapital. Mit dem Startkapital stand ein langfristiger Weg offen.

Das Kyoto Protokoll mit dem beabsichtigten CO_2-Zertifikathandel ab 2005 bot eine solche nachhaltige Möglichkeit für die Zukunft. Aber das waren noch Neuland und ein langer Weg.

Deshalb bedurfte es einer Zwischenlösung, einer zukunftsorientierten aufwärtskompatiblen Basis.

Und diese Basis waren BOT-Verträge (Build-Operating-Transfer).

Der HW-Betreiber stellt dem Investor die Anlage für einen bestimmten Zeitraum zur Verfügung, der Investor baut (Build) und betreibt (Operating) die Anlage und deckt mit dem Kohleeinsparpotenzial den Kapitaldienst und überträgt die sanierte Anlage (Transfer) dann dem HW-Betreiber, sobald der Kapitaldienst beendet werden kann. Diese und artverwandte Konzepte werden oft zwischen der Industrie und den Kommunen vereinbart.

In dieser Zeit, so überlegte er, kann das CO_2-Zertifikatverfahren eingeleitet und bearbeitet werden. Nach dem Eintritt in den Zertifikathandel könnten dann die BOT-Verträge gewandelt werden. So käme der Betreiber sehr viel früher in den Genuss der sanierten Anlage.

Sobald diese Hürde genommen ist, könnte also aus eigener Kraft die eigentliche, selbsttragende Entwicklungshilfe beginnen.

Aber werden die HW-Betreiber bereit und in der Lage sein, das eingesparte Geld herauszugeben? Sind sie dazu überhaupt in der Lage, wenn die Stadtverwaltung die Brennstoffzuteilungen rationiert und die HW bereits heute unterversorgt sind? Das Risiko der BOT-Verträge war also unkalkulierbar und er berechnete die Ratenzahlungen unter der Annahme einer Zahlungsquote von 50 % bis zum Eintritt in den CO_2-Zertifikathandel.

Je mehr er über diese grobe Skizze nachdachte, umso mehr kam er zu der Überzeugung, dass nur der Eintritt in den Zertifikathandel eine gute Chance bot. Das aber bedeutete, einen langen Atem zu haben, einen Investor zu finden der auch bereit war, die Vorlaufkosten zu übernehmen. Das Risiko der BOT-Verträge rückte damit in den Hintergrund.

Wie groß war das geschätzte CO_2-Potenzial?

Auf der Basis der Kohle-Analyse konnte er über den C-Anteil die CO_2-Emission mit 1,5 t CO_2/t Kohle berechnen.

Wenn nur in UB 50 % des Kohleverbrauches eingespart werden, wären das 250.000 t/a Kohle x 50 % = 125.000 t Kohle/a allein in der Hauptstadt.

Rechnete man das Einsparpotenzial nur mit 100.000 t Kohle/a für diese Stadt, dann wären es jährlich rd. 150.000 t CO_2.

Man diskutierte Laufzeiten für CDM-Kleinprojekte von 10 Jahren. Auf dieser Basis wären es insgesamt 1.500.000 t CO_2.

Bei etwa 10 bis 20 Euro pro t CO2 lag also das Einnahmepotenzial bei rd. 1.500.000 Mio. bis 3.000.000 Euro jährlich bzw. insgesamt also 15.000.000 bis 30.000.000 Euro in 10 Jahren.

Die Ausgaben für die erforderlichen 150 Kessel schätzte er auf rd. 5.000.000 Euro, und er nahm an, dass die Kessel kostenlos abgegeben werden. Damit entfiel das BOT-Risiko. Die Betreiber brauchten nur noch 50 % der Brennstoffkosten zu bezahlen und so hätten alle Beteiligten einen Gewinn.

Ein Bürgermeister einer kleinen Stadt gab 80 % seines Budgets für die Wärmeversorgung der öffentlichen Gebäude wie Schulen, Krankenhäuser, Kindergärten, Verwaltung usw. aus. Nach der HW-Sanierung hätte der Bürgermeister sein Budget mit nur 40 % belastet und damit Geld für andere soziale Gemeinschaftsaufgaben frei.

Umweltschutz in Verbindung mit vielen nachhaltigen Wirkungen.

Er kam zunehmend ins Schwärmen und es fiel ihm schwer, auf den Boden der Tatsachen zurückzukommen, um den steinigen Weg zu diesem Ziel zu analysieren.

Dabei ließ ihm ein Gedanke keine Ruhe. Es war der Gedanke an die Habgier der Menschen. Die Habgier, die solche Projekte erst ermöglichen, haben ab einem gewissen Punkt auch zerstörerische Wirkungen, das wusste er nur zu genau.

Gab es also Menschen, Investoren, die bereit waren, den Gewinn mit den Ärmsten der Armen zu teilen, Häuser zu bauen und Arbeitsplätze zu schaffen ...?

Er konnte daran nicht glauben und bat innig sein Schicksal um Hilfe. Ohne diese große helfende Kraft, die jeder Mensch in sich trägt, davon war er überzeugt, ohne diese Kraft blieb alles nur ein Traum. Diese Kräfte können aber ausschließlich nur mit einer ganz bestimmten inneren Einstellung in die positive Richtung gelenkt werden, auch das wusste er.

So begleitete ihn nun umso mehr das Bemühen um diese innere Einstellung.

Er nahm sich vor, nicht nur mit der deutschen Botschaft in UB zu reden. Insbesondere musste er deutsche Firmeninteressen ausloten.

Er rief Dr. Tigges an und fragte nach dem Geschäftsführer der Ostasienabteilung. Dr. Tigges war so freundlich, den Kontakt herzustellen, und so kam es zu einem ersten Gespräch.

Babcock hatte mit einem österreichischen Unternehmen im Ostasiengeschäft kooperiert und so sollte der österreichische Geschäftsführer ebenfalls an dem Gespräch teilnehmen.

Der Österreicher verspätete sich. Daher konnte er zunächst ungehindert ein interessantes Gespräch unter vier Augen führen. Er versuchte ausführlich, mit dem PP-Programm, Wirtschaftlichkeits-Berechnungen und belastbaren Daten, insbesondere für die CDM-Maßnahmen das Interesse zu wecken.

„Wissen Sie, das Ostasiengeschäft ist außerordentlich schwierig", begann die Antwort, „die Risiken sind enorm. Der österreichische Kollege ist mehrfach mit seinen Mitarbeitern in Ulaanbaatar tätig gewesen. Er wird es Ihnen erläutern, aber Ihre Ausführungen sind sehr interessant, wenn man das langfristig sieht. Insbesondere der Gedanke, in 2005 den Einstieg durch ein CDM-Projekt abzulösen. Kurzfristig mit BOT-Verträgen zu arbeiten, ist eine mögliche Überbrückung. Aber sehen Sie sich die Erfolge – oder soll ich Misserfolge sagen? – der BOT-Verträge in den neuen Bundesländern an. Also hier ganz in der Nähe. Man braucht dazu einen sehr langen finanziellen Atem. Die Erfolgsquote ist nicht sehr hoch, insbesondere nicht im HKW Geschäft."

„In der Mongolei sind die Volllastbenutzungsstunden mit 3.000 Vh/a doppelt so hoch, die Heizperiode hat über 5.000 Betriebsstunden im Jahr", wagte er zu argumentieren.

Da betrat der Österreicher das Besprechungszimmer.

Er stellte sich vor und bot an, die vorgetragenen Daten noch einmal zu erläutern.

„Für den SES arbeiten Sie?", fragte der Österreicher, als hätte er seinen Zorn erweckt, „kostenlosen Know-How-Transfer betreiben Sie? Machen uns im Ausland die sowieso schon harten

Lebensbedingungen noch schwerer, indem Sie die Leute dort kostenlos schlau machen? Und dann erdreisten Sie sich, hier einen Vortrag halten zu wollen, als ob wir keine Ahnung hätten?"

Bereits bei den letzten dieser zornigen Sätze war er aufgestanden, ging hinüber zum deutschen Geschäftsführer, bedankte sich für die Zeit, die er ihm gegönnt hatte und sagte:

„Entschuldigen Sie mich bitte. Aber ich bin als Kind in der Kriegs- und Nachkriegszeit groß geworden. Ich habe als Kind Essen von den Quäkern, eine Schulspeisung, bekommen. Menschen aus Amerika haben uns Kinder nicht verhungern lassen. Ein ERP-Programm hat unser Wirtschaftswunder ins Leben gerufen. Was soll ich noch weiterreden. Sie gehören noch zu meiner Generation und wissen das alles und haben mir deshalb zugehört. Ich danke Ihnen sehr. Es macht mich sehr traurig, dass die Jugend das alles nicht mehr weiß, warum es ihnen heute so gut geht. Alles ist eine Selbstverständlichkeit geworden. In dieser Selbstverständlichkeit wird oft die Not des Anderen vergessen. Damit mag ich aber nicht leben. Das kann ich nicht. Wenn ich eine Problemlösung im Kopf habe, die mich nicht schlafen lässt … möchte ich nun im fortgeschrittenen Alter den Dank in meinem Herzen weitergeben. Bei den Menschen, denen ich vieles zu verdanken habe, kann ich es nicht mehr. Es ist auch gut so, dass man gezwungen wird, das Gute weiterzureichen, und nicht dem Spender, der es nicht nötig hat, zurückzugeben …"

Er schaute den Österreicher nur kurz tieftraurig an und wandte sich dann wieder seinem deutschen Gesprächspartner zu:

„Sie werden mich verstehen, dass ich nun gehen möchte."

„Ich kenne Sie durch Herrn Dr. Tigges ganz gut, entschuldigen Sie bitte den Affront, rufen sie mich bitte an, wenn Sie zu Hause sind", war die Antwort.

Er nahm seine Tasche und verließ ohne ein weiteres Wort das Sitzungszimmer.

Auf der Heimreise bat er sein Schicksal nochmals innig um einen Fingerzeig für den richtigen Weg.

Am 17. August sollte die zweite Reise nach UB stattfinden und vierzehn Tage vorher erhielt er die Antwort von seinem Schicksal.

Die Antwort seines Schicksals kam in Form eines Telefonanrufes von Herrn Hamel, dem damaligen Geschäftsführer der Firma BIRO, einem Altholzhändler.

Hamel hatte ab 1994 bis 1996 Altholz der Gruppe A3 und A4 geliefert für das Projekt der „CO_2-neutralen Energieversorgung" in dem Kraftwerk, das er geleitet hatte.

Es war wohl das erste Projekt dieser Art in Deutschland und wurde durch die Möglichkeiten, die Sozialkassen abzuräumen, nach seinem Ausscheiden zunächst halbherzig fortgesetzt und dann stillgelegt. Mit einem Verzug von etwa vier Jahren wurde dieses Projekt dann vollendet, nachdem das Unternehmen erneut an EON weiterverkauft wurde.

Die ersten Eigentümer, fünf Landkreise, hatten das Unternehmen für 750 Millionen DM, also rd. 375 Millionen Euro, an Fortum verkauft. Fortum steigerte die „Wirtschaftlichen Ergebnisse" durch Personal-Entlassungen und das Betreiben der technischen Anlagen auf Kosten der Substanz, also ohne Instandhaltung. Hierdurch konnte ein scheinbarer Gewinn gesteigert werden. Dann verkaufte Fortum vor dem Zusammenbruch nach rd. drei Jahren das Unternehmen für fünfhundert Millionen Euro an EON. Ein Gewinn von 125 Million Euro in drei Jahren. So wurden damals gesunde Unternehmen abgewirtschaftet, um große Gewinne zu machen.

Eon stellte wieder die notwendigen Mitarbeiter ein und musste die geschädigte Substanz wieder nachbessern. Seine Freude darüber, dass die Mitarbeiter wieder eingestellt wurden und die Holzverbrennung ertüchtigt und nachgerüstet wurde, erhielt einen kleinen Dämpfer, als er hörte, dass die wieder eingestellten Mitarbeiter die Abfindung zurückbezahlen sollten.

Der Verlust der sozialen Komponente in der Marktwirtschaft machte ihn traurig.

Wie so viele aus der Altholz-Branche hatte auch Hamel häufig angerufen und nach einem technischen Rat gefragt, den er bereitwillig gab. Und er half so gut er konnte.

„Sie werden heute Nachmittag von Herrn de Buhr angerufen. Herr de Buhr möchte ein Biomasse-Kraftwerk bauen und ich habe gesagt, dass Sie der richtige Mann dafür sind", sagte er.

„Wie bitte?", fragte er ungläubig, „wen hat er denn als GU (Generalunternehmer) vorgesehen?"

„Soweit ich es weiß gar keinen, das haben Sie doch auch sonst alles alleine in Ihrem Kraftwerk gemacht, das weiß ich doch. Von der Projektidee, der ersten Projektierung, das Genehmigungsverfahren, die Bestellungen und Auswahl der Lieferanten, die Bauüberwachung, die Inbetriebnahme, alles haben Sie doch alleine gemacht, stimmt doch … oder …?"

„So stimmt das nicht ganz, das ist zu viel der Ehre. Ich habe ausgezeichnete Gruppenleiter, Meister, Vorarbeiter und Handwerker in unserem Team gehabt, auf die ich mich hundertprozentig verlassen konnte und die bereit waren, nicht auf die Uhr zu schauen, zwei Aufgaben auf einmal zu erfüllen, den Betrieb und die Neubauprojekte. Alleine geht das nicht", versuchte er, das zu große Lob auf die Realität zu reduzieren.

Tatsächlich hatten alle im Kraftwerk in dieser Form zusammengearbeitet und gemeinsam Leistungen vollbracht, die in Fachkreisen anerkannt wurden.

Die Erweiterung der Müllverbrennungsanlage nebst Nachrüstung gemäß der 17. BImSchV für 95 Millionen DM und gleichzeitig der Umbau des Kraftwerkes für 30 Mio. DM gemäß einer Restnutzungserklärung im Rahmen der 13. BImSchV und parallel dazu die Forschung und Entwicklung der CO_2-neutralen Biomasseverbrennung.

Das hatte sich herumgesprochen. Diese Mannschaft hatte eine Herdofenkoksverbrennung entwickelt, von der einige Lieferanten profitierten durch die steigende Nachfrage und vieles mehr. Gemeinsam hatte er mit den Mitarbeitern, mit einem Filterlieferanten Voruntersuchungen zur Entwicklung einer Trockensorption an der Müllverbrennungsanlage durchgeführt, von der das Kraftwerk und die Firma nun profitierten.

Alle zusammen hatten ihren Spaß daran gehabt und hielten zusammen, wie es bei einer sehr guten Mannschaft üblich ist.

Hamel sagte: „Sie waren aber der Kopf und das habe ich Herrn de Buhr gesagt, also stellen Sie mal nicht Ihr Licht unter den Scheffel, wenn Sie mit Herrn de Buhr sprechen."

Herr de Buhr rief an und es wurde ein Termin in Hamburg vereinbart.

Er wollte noch gerne 14 Tage an der Ostsee Urlaub machen und am 16. August sollte der 90-jährige Geburtstag seiner Mutter in Hamburg gefeiert werden.

Am 17. August hatte er den Flug nach UB gebucht.

Vorher kannte er weder Herrn de Buhr noch sein Unternehmen, die Fa. PNE., im Windenergiebereich eigentlich bereits ein sehr bekanntes Unternehmen.

Das Stromeinspeise-Gesetz war zwischenzeitlich vom erneuerbaren Energiegesetz (EEG) abgelöst worden.

Herr de Buhr wollte im Rahmen des Erneuerbaren Energie Gesetzes (EEG) ein Biomasse-Kraftwerk mit einer elektrischen Leistung von 20 MW bauen. Die Regierung hatte, wie zu erwarten war, die CO_2-neutrale Energieversorgung nun endgültig im EEG verankert. Die gemachten Erfahrungen und Erkenntnisse aus dem F+E Vorhaben auf dem Gebiet der Biomasse-Verbrennung waren sehr zum Vorteil, das wusste er.

Am 16. August traf er dann de Buhr und Herrn Ahlers, den technischen Geschäftsführer, im Hotel, kurz vor der Geburtstagsfeier, und sie führten dann das entscheidende Gespräch.

Hierbei verschwieg er nicht seine eigentliche Motivation, ohne das Platon Experiment zu erwähnen.

Wie hatte die Direktorin des Kinderkrankenhauses so traurig gesagt? „Alle schauen sich das an und keiner hilft." Er hatte ihr nichts versprochen, aber sich eine Aufgabe gestellt, an der er nun verbissen arbeitete. Ihre Worte waren der Stachel in seinem Fleisch. Taten zählen dabei mehr als viele Worte und Versprechungen.

Sie vereinbarten, dass er nach seiner Rückkehr zum zukünftigen Kraftwerksstandort kommt, um parallel zu dem UB-Projekt mit der Projektierung des Biomasse-Heizkraftwerkes zu beginnen. Er hatte dabei das absolut sichere Gefühl, auf dem richtigen Weg zu sein, und war seinem Schicksal sehr dankbar.

Es war für ihn ein erneuter Beweis, dass er sich auf sein Schicksal zu 100 % verlassen konnte.

Grundsteinlegung und Basisarbeit

So flog er wieder nach UB und wurde mit großer Herzlichkeit von Nergui, Itgel, der Dolmetscherin, und Frau Khand begrüßt.
Die Fahrt ging in Richtung White House, einem Hotel. In der Nähe befand sich das Haus eines Lamas. Dort beim Lama sollte er wohnen.
In der Mongolei gibt es zwar Straßennamen, und wenn man Glück hat, auch Haus-Nummern, aber sicherer war es, den Bezirk und ein markantes Gebäude in der Nähe seines Zieles zu nennen und dann den letzten Rest mit zuun tiisch (links), baruun tiish (rechts) und chigeeree (gerade aus) den Taxifahrer zu dirigieren.
Auch vom Lama und seiner Frau sowie seiner Tochter wurde er herzlich begrüßt. Er erfuhr viel Neues über den Gebetsraum und über die Sitten und Gebräuche der Buddhisten. Frau Khand hatte ihm hier ein Quartier einrichten lassen.
Ein Bett, ein Stuhl und ein Tisch, ein Waschbecken und eine Dusche, mehr brauchte er auch nicht, denn in ihm lebte ohnehin ein kleiner Mönch, der die Einfachheit und die Stille sucht. So hatte er mit zunehmendem Alter oft den Eindruck. Sie trafen sich eine Stunde später im Büro von Nergui. Gerd war auch gekommen und die Wiedersehensfreude war wohl auf beiden Seiten gleich groß.
Gerd hatte bei Melchers, dem Mercedeshändler, einen Job angenommen ... „zu mongolischen Konditionen mit der Erwartung deutscher Zuverlässigkeit und Qualitätsarbeit", wie er sagte. So musste Gerd bald wieder gehen und sie verabredeten sich abends im Restaurant Chinggis.
Er erläuterte das Erneuerungsprogramm und gab Itgel eine Kopie mit der Bitte, den Inhalt auf Mongolisch zu übersetzen.
„So etwas hat es hier noch nicht gegeben", übersetzte Itgel Nerguis Worte. „Alle, die kamen, haben geschaut und sind wieder gegangen und wir haben nie wieder etwas gehört. Du kommst

und legst ein Programm auf den Tisch, an dem Munkhbat nun seit drei Jahren arbeitet. Du machst das in ein paar Wochen. Munkhbat soll kommen."

Munkhbat kam und Nergui erläuterte das Programm mit Itgels Unterstützung.

Er spürte direkt Munkhbats Gefühle. Wurde Munkhbat nicht beschämt und in seinem Stolz verletzt? Ein paar Fragen hatte Munkhbat, dann ging er ohne ein Wort. Das war der falsche Einstieg für eine gute Zusammenarbeit, das wusste er. Aber er konnte das nicht heilen, dazu fehlten ihm die Sprachkenntnisse und die Begeisterung von Nergui war zu groß. Nergui machte sofort einen Termin mit Herrn Galt vom Infrastrukturministerium. Galt war auch zuständig für die großen Kraftwerke. So landeten sie dort nachmittags im Ministerium.

Er hatte während des Deutschlands-Aufenthaltes einen Wanderboden-Rost für die mongolische Braunkohle entwickelt und zum Patent angemeldet. Sein Sohn hatte aus Holz ein Modell gebaut und das Modell stellte er nun vor und erläuterte die Technik.

Einen Feuerungsrost zu bauen, ist keine so schwere Aufgabe. Die Schwierigkeit lag darin, so billig wie möglich zu bauen. In einem Land der Armut einen bezahlbaren Rost zu bauen, der ganz einfach zu bedienen und zu reparieren ist und den ersten Schritt zur Automatisation bietet, das war die Schwierigkeit.

Die Frage musste kommen und er war darauf vorbereitet.

„Wie soll das Programm finanziert werden?", fragte Herr Galt.

„Es ist sehr schwierig, so große Schritte zu tun", begann er, „deshalb möchte ich vorschlagen, zunächst einen Kessel-Prototyp zu bauen, um festzustellen, ob das prognostizierte Brennstoff-Einsparpotenzial erreicht werden kann. Wenn dieser Nachweis geführt ist, dann können wir die gemachten Erfahrungen umsetzen.

Und finanziell?

Es gibt sogenannte Betreiber-Modelle in Deutschland. Hierbei übernimmt der Kessellieferant die Investition und den Betrieb, verbessert die Anlage und erwirtschaftet die Investitionskosten mit den eingesparten Kohle-Kosten bzw. Brennstoffkosten. Die

Wärmeabnehmer müssen etwa drei bis fünf Jahre weiterhin die Kosten wie bisher tragen. Erst nach dieser Zeit übergibt der Vertragspartner dann die verbesserte Anlage dem Betreiber zurück. Der Betreiber und die Abnehmer kommen dann in den Genuss der großen Vorteile. Aber auch hierbei gibt es noch viele Hürden zu nehmen, das möchte ich nicht verschweigen, so einfach, wie es klingt, ist es eben nicht", versuchte er den aufkommenden Optimismus zu dämpfen.

„Das hört sich aber logisch und sehr gut an", sagte Galt, „wer finanziert den Prototyp?"

Über ungelegte Eier, so sagt man, soll man nicht sprechen und so deutete er ganz vorsichtig an, dass er die Hoffnung habe, von der deutschen Botschaft finanzielle Hilfe für den ersten Kessel-Prototyp zu bekommen. Wie es dann weitergehen soll, hängt dann von dem Erfolg und der Bestätigung seiner Berechnungen ab.

Auf dem Heimweg bat er um einen Besuch im Khands Heizwerk mit Frau Khand zu sprechen. Sie wartete noch immer auf eine Antwort. Er unterbreitete ihr den Vorschlag, die zwei kleinen Kessel durch einen größeren Kessel mit einer Feuerungswärmeleistung von 1.500 KW zu ersetzen und den dritten etwas größeren alten Kessel zu behalten. So konnte die Grundlast mit dem neuen Kessel und die Spitzenlast mit dem alten Kessel gedeckt werden. Sie war bereit, die Hälfte der Kosten zu übernehmen. Die Kalkulation lag bei etwa 30.000 DM.

Am nächsten Tag hatte er dann einen Termin mit Herrn Pilz in der deutschen Botschaft vereinbart.

Herr Pilz hatte eine Schwierigkeit. Industrieunternehmen durften nicht gefördert werden, sondern nur soziale Einrichtungen.

„Wir fördern keinen Unternehmer", begann er zu erklären.

„Frau Khand bekommt ihr Geld von der Stadt für die 30.000 m^3 umbauten Raum, ob die Räume kalt sind oder warm, das ist egal. Es gibt keine Wärmezähler und damit keine Wärmeabrechnung. Ich habe mit dem Schuldirektor gesprochen. Während der Pause haben die Kinder die Aufgabe, die Heizkörper zu entlüften, sie kommen während des Unterrichtes nicht aus ihren Wintersachen heraus, es geht um die Schulkinder, nicht um Frau Khand. Wenn Sie wollen, schreibt der Direktor einen Brief und schildert ihnen einmal die katastrophalen Verhältnisse, die dort herrschen. Frau Khand ist auch bereit, die Hälfte der Kosten aus eigener Kasse zu übernehmen."

„Trotzdem", war seine Antwort, „ich habe meine Richtlinien und an die muss ich mich halten." Er wusste nicht, dass Pilz für diese Ideen kämpfen würde, aber einfach keine Versprechungen machte. Das konnte Pilz aufgrund der geltenden Vorschriften einfach nicht.

Niedergeschlagen verließ er die Botschaft. Er war verzweifelt. Wie sollte er das Geld auftreiben?

Nun wusste er, dass Naraa im Ministerium für Bildung, Kultur und Wissenschaft tätig war. Leider hatte er aber ihre Telefonnummer nicht bekommen. So rief er Bolormaa an und lud sie am anderen Tag zum Mittagessen ein.

Er erzählte ihr die Misere.

„Wenn ich nun ein Schreiben für den Direktor der Schule aufsetze und der Schuldirektor und der Minister für Bildung, Kultur und Wissenschaft unterschreiben, dann verspreche ich mir eine gute Chance in der deutschen Botschaft. Würdet ihr, du und Naraa, mir helfen? Hat Naraa die entsprechenden Kontakte zum Minister?"

„Ja, das hat sie sicherlich. Wir machen das so. Ich spreche mit Naraa und du mit dem Schul-Direktor, er soll schon mal den Brief unterschreiben."

Mit diesem Plan verabschiedeten sie sich. Sie ging wieder zur Arbeit und er fuhr nach Khands HW, nachdem er den Brief im Büro von Nergui formuliert und ausgedruckt hatte.

Der Schul-Direktor unterschrieb sofort den Brief, nachdem Itgel ihn übersetzt und alles erläutert hatte.

Abends traf er sich mit Bolormaa und übergab ihr den Brief.

Zwei Tage später hatte er den Brief zurück mit der gewünschten Unterschrift des Ministers des Ministeriums für Wissenschaft, Bildung und Kultur.

Den Brief gab er in der Botschaft ab, weil er nach mehreren Versuchen keinen Termin bei Herrn Pilz bekam.

Abends traf er Gerd im Chinggis Restaurant und berichtete die Misere. Gerd kannte Herrn Pilz und versprach zu helfen.

Es war eine sehr schwierige Situation für Herrn Pilz. Einerseits spürte er die Zustimmung und das Verständnis von Herrn Pilz, andererseits waren Vorschriften einzuhalten. Das Herz von Herrn Pilz sagte „Ja" und der Kopf musste „Nein" sagen.

In seiner Verwandtschaft hatte er einen Landtagsabgeordneten im Niedersächsischen Landtag und der Kanzler Schröder war einmal sein Chef als Ministerpräsident gewesen. Er schrieb an Klaus, so hieß der Verwandte, und bat auch ihn um seine Unterstützung per Fax.

Auch Gerd tat sein Bestes. Er hatte Herrn Pilz bei einem Treffen in der Botschaft angesprochen und darauf hingewiesen, dass die Japaner kostenlos in Khands HW eine neue Schule für 1.500 Kinder bauen und die alten Kessel nicht ausreichen, diese Schule zu beheizen. Eine so teure Schule kostenlos von den Japanern und für den Heizkessel hatte Deutschland kein Geld?

Er wusste nicht, welches Argument nun ausschlaggebend war.

Aber einen Tag später, am Nachmittag, bei einer Besprechung im Büro von Nergui mit Frau Khand, kam die Sekretärin von Nergui ins Büro.

Er sollte an das Telefon kommen. Herr Pilz von der deutschen Botschaft möchte ihn sprechen. Voller Freude übersetzte Itgel die frohe Nachricht.

„Ich benötige ein wenig Zeit, um mich auf dieses wichtige Telefonat vorzubereiten. Darum bitte ich Odnoo zu sagen, dass ich nicht im Büro bin und sie mich erst telefonisch suchen muss. Ich werde sofort zurückrufen. Odnoo möge Herrn Pilz um etwas Geduld bitten", sagte er.

„Das geht doch nicht", sagte Itgel erschrocken, „du kannst doch nicht die Botschaft warten lassen. Auch Nergui und Frau Khand sind der Meinung, unsere Besprechung können wir doch einmal unterbrechen."

„Die Sekretärin möchte bitte sagen, was ich gesagt habe", er blieb stur.

Was wäre, wenn nun die endgültige Absage kam? Um sich vorzubereiten, musste er Klaus und Gerd sprechen, welchen Erfolg sie hatten. Ohne diese Informationen war er sehr unsicher, wie er reagieren sollte.

Es war schon sehr viel kostbare Zeit verloren gegangen, viele, viele Tage und der Winter näherte sich mit riesigen Schritten. Mit jedem Tag wurde die Zeit für die Maßnahmen kürzer, um die Katastrophe zu vermeiden, dass das Heizwerk einfror.

Das Heizwerk Khands HW war so desolat, dass Schule, Kindergarten und die anderen Gebäude bereits bei der beginnenden Kälteperiode einzufrieren drohten.

Sollte das Projekt bereits im Keim scheitern?

Hatte man ihn und das gesamte Programm überhaupt verstanden?

Sollte er nun in die Verantwortung treten, wenn die Heizungen in der Schule, in dem Kindergarten, in der Sanitärstation usw. einfroren und erst im Frühjahr wieder aufgetaut werden konnten?

Und waren die Vorschriften in Kenntnis dieser Not so wichtig?

Für das Telefonat musste er sich gut vorbereiten und Informationen einholen. Das war zwingend notwendig.

Hatte Klaus in Berlin Erfolg gehabt?

Er musste sich zuerst informieren. Klaus meinte, er hätte den Eindruck, dass die Einsicht darüber, dass in diesem Fall die Vorschriften den realen Verhältnissen angepasst werden können, bereits vorhanden war.

Offensichtlich hatte auch Herr Pilz sich dafür sehr stark gemacht, ohne etwas zu sagen. Klaus hatte sich damit zufriedengegeben. Alles andere wäre kontraproduktiv gewesen.

Er rief auch Gerd an. Gerd konnte auch nichts Genaueres sagen, als er schon berichtet hatte, und wiederholte, dass Herr Pilz wohl beeindruckt war. Aber er wusste, dass Pilz keine Versprechungen macht und ein Typ ist, der nur Taten sprechen lässt.

Alle diese Telefonate dauerten natürlich eine gewisse Zeit und unsicher wie zuvor rief er mit ein wenig Herzklopfen Herrn Pilz an … um zu erfahren, dass Herr Pilz gleich morgen früh um 9 Uhr Zeit hätte und Frau Khand 18.000 DM in Empfang nehmen könnte.

Herr Pilz durfte die Vorschriften den Umständen entsprechend auslegen. Die Freude darüber ließen die Achtung und den Respekt vor Herrn Pilz und der deutschen Botschaft deutlich wachsen.

Er verriet sein kleines Geheimnis nicht und Itgel, Khand und Nergui schauten ihn ungläubig an.

„Du lässt ihn warten und bekommst 18.000 DM?", fragte Itgel erstaunt, „das können wir nicht glauben."

„Das habt ihr nicht mir, sondern der deutschen Botschaft, insbesondere Herrn Pilz und seinen unermüdlichen Bemühungen, zu verdanken. Morgen wirst du es sehen, dass es so ist", und er kehrte wieder zurück zum anderen technischen Thema, als wäre nichts geschehen.

Aber die Konzentration war nicht mehr auf das eigentliche Thema gerichtet, zu sehr waren die drei damit beschäftigt, über das Ereignis zu diskutieren. Als ob er überhaupt nicht mehr anwesend war, wurde nur noch mongolisch gesprochen.

„Nun gut", sagte er, „dann lasst mich gehen."

Aber Khand und Nergui bestanden auf einem gemeinsamen Abendessen.

Am nächsten Morgen wurden sie sehr freundlich in der deutschen Botschaft von Herrn Pilz empfangen. Herr Pilz erläuterte die Bedingungen.

Er antwortete, dass er als SES-Mann nur beratende Funktion und keine Weisungsbefugnisse habe, versprach aber, alles in seiner Macht stehende zu tun, damit der Kessel noch vor der Heizperiode in Betrieb gehen konnte.

Danach sandte er Klaus ein Fax und rief Gerd, aber auch Bolormaa an, um sich recht herzlich für die Hilfe im Hintergrund zu bedanken.

Nun konnte er endlich mit der eigentlichen Konstruktionsarbeit beginnen.

Doch bevor er damit anfing, versuchte er, den fehlgeschlagenen Start mit dem Chefkonstrukteur Munkhbat zu heilen. Also lud er ihn zu einer Besprechung ein, nur mit Itgel und Munkhbat, damit nichts schieflaufen konnte. Er versuchte vorsichtig, die technischen Einzelheiten zu erklären, und fragte nach seiner Meinung und seinen Vorschlägen.

Plötzlich fauchte Munkhbat Itgel an. Itgel wurde blass, stand auf und verließ weinend das Büro.

„Was ist los, was hat Munkhbat gesagt?" Er lief hinter ihr her.

„Nichts", weinte sie, „das ist mein Problem, nicht deines."

Sie ging durchs Sekretariat in Richtung Flur. Odnoo sprach englisch und er sagte ihr mit seinen überholungsbedürftigen englischen Sprachkenntnissen:

„Wir gehen zum Mittagessen. Sage Munkhbat, ich melde mich, sobald ich zurückkomme."

Dann holte er Itgel ein und sie fuhren zum Lama, denn seine Frau kochte für die beiden.

In UB war es üblich: Man stellte sich an den Straßenrand, winkte und sofort hielt ein Auto an. Jeder Autofahrer verdiente sich auf diese Art etwas Geld. Es waren uralte Autos und es war Vorsicht geboten. Natürlich gab es einen TÜV, aber die Mongolen liehen sich bei Freunden mit dem gleichen Autotyp Reifen, Bremsen und anderes Zubehör für die TÜV-Prüfung und gaben diese Dinge nach erfolgreicher TÜV-Prüfung zurück. Dann bauten sie die kaputten Bremsen und die alten Reifen wieder ein. Solche Autos waren sehr abenteuerlich.

Itgel hatte ein gutes Auto erwischt.

Unterwegs weinte Itgel still vor sich hin. Er schwieg, denn den Tränen soll man freien Lauf lassen. Nicht geweinte Tränen machen krank.

Am Mittagstisch hatte sie sich einigermaßen gefangen und er versuchte ganz vorsichtig, an das Problem heranzukommen.

„Itgel", begann er, „ich habe das Gefühl, dass du mein Problem zu deinem machst, kann das sein?" Wieder schossen ihr die Tränen über ihre Wangen.

„Munkhbat hat Angst und Angst macht aggressiv", erklärte er.

Sie schaute ihn erstaunt an.

„Angst?", fragte sie ungläubig, „Angst? Der soll Angst haben? Du kennst ihn nicht. Munkhbat ist ein alter böser Mann!"

Sie konnte in ihrer Jugend nicht wissen, was alle Psychologen kennen, dass das Äußere dem Inneren im Menschen oft konträr gegenübersteht.

„Doch, Itgel, ich kenne ihn besser als du denkst, obwohl ich ihn nur zum zweiten Mal getroffen habe. Ich werde es dir später einmal erklären. Er hat Angst um seinen Job. Er hat Angst vor mir und sucht sich einen Schwächeren aus, um seine Aggressivität, die eigentlich mir gilt, an einem Schwächeren auszulassen. Wenn du es mir nicht sagen willst, dann sage ich dir sinngemäß, was er zu dir sagte."

Ihr Tränenfluss stoppte plötzlich. Erstaunt sagte sie:

„Aber du kannst doch gar kein Mongolisch."

„Das ist wahr. Aber ich kenne die Menschen, weil ich mich kenne. Also was sagte er?"

„Munkhbat hat mich beschimpft. Er wäre kein Anfänger und ich hätte Respekt zeigen müssen vor ihm, weil er der Chefingenieur hier ist. Was ich mir einbilden würde, so mit ihm zu reden. Keiner hätte es je gewagt, so mit ihm zu sprechen ..."

Tränen kullerten wieder über ihre Wangen und mit erstickender Stimme und quälend kamen die Worte:

„... und ich bin doch nur die Dolmetscherin, ich habe doch nur übersetzt, was du gesagt hast, mehr doch nicht. Ich habe doch von eurer Technik überhaupt gar keine Ahnung."

„Aber siehst du denn nicht, dass nicht du gemeint warst, sondern ich?"

„Munkhbat hat mich aber beschimpft, mich ganz alleine! Aber wo du das so sagst? Mit der Angst, dass er mich als Blitzableiter benutzt, das ist logisch." Ihre Augen bekamen langsam wieder ihren alten Glanz zurück.

„Itgel, ich beneide euch Frauen", sagte er, um das Thema zu wechseln.

„Warum?", fragte sie erstaunt.

„Weil ihr weinen dürft und wir Männer nicht. Ich glaube, das ist mit ein Grund, warum Frauen länger leben als Männer!"

„Meinst du das wirklich?", griff sie das neue Thema auf und ein Lächeln huschte über ihre verweinten Wangen.

„Ja, das ist mein voller Ernst. Wir Männer werden so erzogen und erhalten schon als kleines Kind das Kommando ‚Ein Junge weint nie und zeigt keine Schwäche!' und die Jungen müssen ein

Leben lang damit leben. Nicht geweinte Tränen, Itgel, schädigen das Herz und die Seele und machen krank. Irgendwann werden die Eltern es wissen und ihre Jungen anders erziehen. Weinen befreit!"

„Woher willst du das denn wissen, wenn du nie weinst?"

„Doch, ich erlaube mir manchmal, im stillen Kämmerlein zu weinen, Itgel, den Genuss gönne ich mir."

So redeten sie über ihre Verhaltensweisen und stellten viele Übereinstimmungen zwischen den Mongolen und den Deutschen fest.

Aber er wusste, dass es auf der ganzen Welt so ist.

Wie lautete doch das Orakel? „Mensch erkenne dich selbst, dann erst erkennst du die Welt." In jedem Menschen stecken alle Menschen und noch viele Verhaltensweisen mehr.

Er beabsichtige, sich nicht mehr um Munkhbats Mitarbeit zu bemühen. Er hatte einfach keine Zeit mehr für solche Animositäten.

Er bekam den PC von Odnoo, hatte aber kein Zeichenprogramm. Darum fing er an, mit Excel die Konstruktionen zu zeichnen.

Tuguldur, ein Ingenieur mit sehr großen Fähigkeiten, auch in der elektronischen Datenverarbeitung, staunte und sie freundeten sich an. Tuguldur half, wo er konnte. Es gab zum Beispiel nur einen Drucker, einen HP Laser Jet, der herumgereicht wurde. Alles stand unter Spannung. Wenn man irgendwo anfasste, bekam man einen kleinen Stromschlag. Daher stürzte das Programm sehr oft ab. Dann war wieder Tuguldur gefragt.

Die Konstruktion hatte er mindestens dreimal gezeichnet. Aber er musste hier vor Ort fertig werden, denn nur hier erhielt er Detailinformationen, welche Rohre in UB zu bekommen waren, welche Materialqualität zur Verfügung stand und vieles mehr.

Zwischendurch nahmen sie Termine wahr. Bei der Baugesellschaft, dem Umwelt- und Militärministerium, bei dem Grenzsoldatenamt, der Mongol-Eisenbahn und der Interessengemeinschaft der HW-Betreiber.

Herr Galt bat um Besichtigungen der Heizwerke in den Sumen und Aimaks und ließ sich von ihm beraten. Alle waren sehr interessiert und es wurde, wenn auch zunächst nur verbal, eine

Zusammenarbeit zur Sanierung der dezentralen Heizwerke vereinbart.

Das Umweltministerium bat um Unterstützung bei der Standardisierung der Umweltschutz-Vorschriften und er erläuterte unter Beachtung der finanziellen Möglichkeiten die Vorgehensweise in kleinen Schritten. Mit wenig Geld viel zu erreichen, mit gemäßigten Bestimmungen und einer deutlichen Steigerung der Effizienz in den Heizwerken die Emissionen drastisch zu senken, das sollte das Konzept sein.

Mit der Stadtverwaltung hatte er kaum Kontakt und das war ihm sehr recht. Er hatte zwischenzeitlich aufgrund einiger Informationen seine Gründe dafür.

So kam es, dass Bolormaa und er häufigeren Kontakt bekamen. Über Bolormaas Beziehungen festigte er die Kontakte zu den Ministerien, denn jeder Minister hatte Juristen zur Seite und diese Juristen kannten sich alle. Viele hatten in Russland, studiert. Bolormaa arbeitete zwischenzeitlich im Ministerium für Wissenschaft und Kultur und beriet den Minister. Sie war sehr anerkannt, hatte sehr gute Beziehungen zu den Ministerien und wusste sehr viel über die Kindergärten, Schulen und Universitäten.

Eines Tages kam Bolormaa mit ihren zwei Buben zum Haus des Lama und sie machten abends einen Spaziergang. Die Unterhaltung war angeregt und interessant und er lernte viel Neues über die Mongolei dabei kennen. Er befürchtete, dass seine Informationen an Naraas Mann weitergeleitet wurden. Mag sein, dass sein Misstrauen absolut unbegründet war und er ihr Unrecht tat mit seinen Gedanken. Aber Weber war nun mal mit Naraas Mann Direktor der NGO und Naraa ihre Freundin. Wenn es also um seine Arbeit ging, drehte er das Thema um und fragte nach Weber und seiner Arbeit.

Am 16. September trafen sie sich ein letztes Mal vor seiner Abreise und sie hatte Geschenke mitgebracht. Das war so üblich in der Mongolei. Er war überrascht und beschämt, denn er hatte nicht daran gedacht, wollte nur zum Abschied mit ihr Essen gehen. Sie sprach zum ersten Mal von ihrem Mann und seiner hohen, anspruchsvollen Position in der Gesellschaft. Die

Ehe war gescheitert und sie hatten sich beide einvernehmlich getrennt. Das große Problem, mit dem sie sich ständig beschäftigte, war die Abwägung zwischen den Konflikten und den Kindern.

Sie fragte nach seiner Meinung, ob die Trennung für die Kinder richtig gewesen sei. Das war ihre größte Sorge.

Aber wie sollte er das beurteilen? Darum fragte er:

„Was sagt dein Gefühl dazu? Wie fühlst du dich, wenn du daran denkst, ohne Scheidung mit dem Konflikt zu leben? Wie fühlst du dich nun, nach der Scheidung?"

„Erleichtert und sehr traurig zugleich", war die Antwort.

„Bolormaa, ich sage immer, ein ehrliches Herz kann nichts falsch machen, und du hast ein absolut ehrliches Herz", antwortete er.

„Meinst du?", lächelte sie fragend.

Er brachte sie noch bis zu ihrer Haustür und verabschiedete sich. Dabei drückte er ihr einen Briefumschlag in die Hand und sagte:

„Das ist das Schulgeld für deine Söhne. Bitte erlaube mir, dass ich deinen Söhnen ein stiller Freund sein darf."

„Ich mag das nicht", sagte sie, „warum tust du das? Ich habe dich nicht darum gebeten."

„Es ist nicht für dich, sondern für deine Kinder, das habe ich soeben gesagt, und es wäre nicht fair, wenn du deinen Kindern einen Freund verweigerst."

„Für die Kinder?" Sie überlegte. „Ja du hast recht, beide können einen Freund wie dich gut gebrauchen."

Dann ging er zu Fuß zum Haus des Lama und begann, seine Sachen zu packen.

Um sechs Uhr wurde er von Sonor und Nerguis Fahrer abgeholt. Es war zu früh, den Lama zu wecken, um sich ordentlich zu verabschieden. Am Abend zuvor war es zu spät geworden. So ging er, ohne sich bedankt zu haben, und hatte ein schlechtes Gewissen.

Der Heimflug wurde nun schon zur Routine.

Kesselkonstruktion

Nach seiner Ankunft begann er sofort mit der Fortsetzung der Konstruktionsarbeit. Dabei war sein Ziel, nicht alles neu zu erfinden, sondern die Grundkonzeption der Russen zu übernehmen. So schaltete er die Heizflächen nicht parallel, sondern hintereinander. Die Wände und Decken wurden aus Rohr-Steg-Rohr verschweißten Heizflächen konstruiert.

Dann bat er Herrn Grüner und Herrn Foster, zwei Ingenieure der Firma Baumgarte, die Druckverluste zu berechnen und die WT-Berechnungen zu prüfen, und war zufrieden.

Die Hilfe der Firma Baumgarte, ein Kesselhersteller in Bielefeld, war großartig und er lernte Herrn Puchert kennen, einen jungen Kesselkonstrukteur. Sie unterhielten sich über das Mongolei-Projekt und seine Ziele und plötzlich sagte Puchert:

„Das würde meinem Vater auch Spaß machen. Mein Vater ist pensioniert und war viele Jahre hier in der Firma der Werkstattleiter."

„Meinen Sie, dass er bereit wäre, mir zu helfen? Ich bin kein Kesselbauer und für jede Hilfe dankbar. Wären Sie bereit, Ihren Vater mal zu fragen? Ich würde auch gerne selber mit ihm sprechen, aber zunächst wäre zu klären, ob er überhaupt bereit ist, solche Strapazen auf sich zu nehmen."

Nach ein paar Tagen erhielt er die Auskunft, dass Herr Puchert Senior einen Unfall erlitten hatte. Er war beim Kirschenpflücken von der Leiter gefallen und hatte sich ein paar Rippenprellungen zugezogen. Aber er war bereits auf dem Weg der Besserung und bereit mitzukommen.

So lernte er Leo Puchert kennen und nach einem ersten Gespräch nahm Leo mit Frau Schmidt vom SES Kontakt auf.

Leo wurde im SES aufgenommen und sie planten die gemeinsame Reise in die Mongolei.

Vorher beendete er die Konstruktionsarbeit. Die Materiallisten waren schnell erstellt und er sandte diese Listen zu Nergui in der Hoffnung, dass bis zu seinem Eintreffen so weit alles vorbereitet ist.

Am 10. Oktober flogen Leo und er dann nach UB und wurden nach der üblichen herzlichen Begrüßung beim Lama untergebracht.

Der Flug gegen Osten ist besser nach der Ankunft zu ertragen, wenn man sich nicht erst schlafen legt, sondern bis zum Abend durchhält. Der erste Tag ist zwar etwas schwerer, aber am zweiten Tag hat man sich schon umgestellt.

Gegen 10:30 Uhr trafen sie sich deshalb im Büro von Nergui. Frau Khand war auch gekommen.

Nun zeigte sich, dass überhaupt nichts vorbereitet war. Die Materiallisten, die er per Fax gesendet hatte, waren wohl in einer Ecke gelandet, wo sie keiner wiederfand. Von dem Geld waren keine Materialien gekauft worden.

Er war enttäuscht. Die gesamte Vorarbeit war umsonst gewesen. Deshalb zückte er die Zeichnungen und Listen und fragte nach den Möglichkeiten.

„Auf dem Baumarkt oder dem Schwarzen Markt bekommt man alles", lautete die Antwort.

„Und wo wollen wir den Kessel bauen?", fragte er.

„Bei der Firma Tsengel", war die Antwort, „wir sind dort angemeldet."

Bei Firma Tsengel wurden sie von Herrn Direktor Tsengel herzlich in seinem überdimensionalen Büro begrüßt und nach einem kurzen Vorstellungsgespräch zeigte er ihnen seine Werkstatt.

Eine mittlere Katastrophe, mehr konnte man zu der Werkstatt nicht sagen. Die Russen hatten nach der Wende so gut wie nichts hinterlassen, und was sie hinterließen, hatten die Russen zerstört.

Drei Mitarbeiter schweißten einen BZUI 100 zusammen und Leo staunte über die einzige Schweißmaschine in der Werkstatt.

„So eine Maschine habe ich noch nie gesehen und ich dachte, ich kenne alle", sagte Leo, „die muss über hundert Jahre alt sein."

Er nahm dem Schweißer die Schweiß-Zange aus der Hand und wollte selber eine Probeschweißung machen. Leo hörte nach ein paar Versuchen auf, ging zum halb fertigen Kessel, schaute sich die Schweißnähte an und drehte sich entschlossen um:

„Ich fahre nach Hause. Mit diesen Geräten kannst du keinen Kessel bauen."

„Nun verliere mal nicht gleich den Mut, Leo", versuchte er ihn zu beruhigen, „wir finden schon noch eine Lösung."

„Wie denn? Bist du von Sinnen? In dieser technischen Wüste? Das sieht hier doch aus, als hätte eine Bombe eingeschlagen. Kein Kran, keine Hilfswerkzeuge, absolut nichts, was man gebrauchen könnte."

Leo war nicht zu überzeugen und verließ entschlossen die Werkstatt, die den Namen nicht verdiente.

„Hier in der Mongolei muss man improvisieren können, Leo, irgendwie gibt es immer eine Lösung", versuchte er ihn wieder zu überzeugen.

Leo drehte sich um:

„Wenn ich einen Kessel baue, dann einen Kessel nach deutschem Standard oder gar keinen und dazu brauchen wir Schweißmaschinen, die nicht aus dem vorigen Jahrhundert stammen."

Leo zeigte auf den Schrott, den man als Schweißmaschine benutzte: „Damit kann man nicht schweißen!!"

Leo drehte sich um und ging weiter. Er trabte hinterher und Nergui sah an ihren Gesichtern, was los war.

„Leo, ich habe eine Idee", versuchte er es erneut. „Die Firma Vibo, ein deutsches Heizungsunternehmen hier in UB, will einen Schweißerlehrgang machen. Das weiß ich von einem SES-Kollegen, einem Berufsschullehrer, der bei Vibo den Unterricht leiten wird. Die Schweißmaschinen sind schon bei Vibo, aber der SES-Kollege ist noch nicht da. Ich kenne den Vibo-Geschäftsführer, Herrn Möller, und spreche auch mit dem SES in Bonn. Vielleicht können wir die neuen Maschinen leihen. Dann können die Mongolen von dir das Schweißen lernen, bevor der eigentliche Lehrgang beginnt. Im Verlaufe der Ausbildung bauen wir dann den Kessel."

Und während er so redete stieg seine eigene Begeisterung.

Ja, man sagt, wenn man anderen etwas erklären will, dann erklärt man sich das selber.

Leo blieb stehen, drehte sich um und fragte halb überzeugt:

„Und den anderen Schrott hier, wie willst du das alles überbrücken?"

„Ich weiß noch nicht, aber irgendwie gibt es auch dafür eine Lösung", versuchte er es erneut.

Leo schüttelte ungläubig mit dem Kopf. Leo war eigentlich nur mit konkreten Fakten zu überzeugen:

„Du bist ein unverbesserlicher Optimist", schmunzelte Leo.

Er war froh, dass Leo etwas von dem Optimismus angesteckt wurde.

Gerel, eine Freundin von Itgel, hatte die Aufgabe von Itgel übernommen. Gerel übersetzte die Idee.

Nerguis Gesicht verzog sich von säuerlich bis sauer. Mit Vibo wollte er nichts zu tun haben.

Er ließ nicht locker:

„Frage Nergui mal nach dem Kraftwerk Nr. 4. Dort muss doch eine Werkstatt sein", drängelte er erneut.

Das Kraftwerk Nr. 4 war das größte Kraftwerk am Ort und er hatte erfahren, dass die GtZ dort ein Ausbildungszentrum errichtete.

Aber Nergui wollte auch davon nichts wissen. Sie versuchten, Nergui mühsam davon zu überzeugen, dass die Firma Tsengel und auch seine eigene Kesselfertigung bei Fa. Mosa keine Basis war für einen Kesselbau.

„Wenn Nergui nicht helfen will, stellt sich die Frage, wozu wir Nergui überhaupt brauchen", sagte er zu Leo, „ich denke, wir kommen ohne Nergui besser und schneller zum Ziel."

„O.k.", sagte Leo, „da magst du recht haben. Wir haben im Moment genug Klötze an den Beinen, da sollten wir den unnötigen Ballast abwerfen."

Gerel schaute beide erschrocken an:

„Wollt ihr beide das alles alleine machen?"

„Leo hat recht", sagte er, „alleine ohne diesen Ballast geht es schneller und besser. Ich sehe darin kein Problem und lasse die

Anforderung an den SES auf Khand umschreiben. Frau Schmidt wird uns da helfen, wir sind eigentlich für Khand und Khands HW gekommen."

Nergui merkte an dem erschrockenen Gesicht von Gerel, dass sich das Blatt gegen ihn wendete. Sie tuschelten miteinander. Dann sagte Gerel:

„Entschuldigung, ich habe falsch übersetzt …, das mit der Werkstatt im Kraftwerk Nr. 4 ist eine gute Idee … meint Nergui, er wird sofort einen Termin machen."

Nergui rief den Kraftwerksleiter an. Offensichtlich kannte er die Verantwortlichen des Kraftwerkes ganz gut. Dann fuhren sie zum Kraftwerk Nr. 4. Unterwegs holen sie Frau Khand ab. Nergui hatte wohl einiges mit ihr zu besprechen.

Die Werkstatt des Kraftwerkes Nr. 4 sollte im November geschlossen werden. Man war auf der Suche nach einem Käufer. Alle Mitarbeiter hatten bereits ihre Kündigung zum 15. 11. 2000 bekommen. Das war keine große Motivation für eine vernünftige Arbeit.

Ein japanisches Unternehmen hatte wohl ein Angebot abgegeben.

So verhandelten Nergui und Khand zunächst über eine mögliche Beteiligung. Auch er überlegte und dachte an das PPP-Programm der DEG. Aber dann verwarf er den Gedanken schnell wieder, wie sollte er so schnell einen deutschen Partner finden. Unmöglich, wenn er an das Gespräch bei Babcock dachte.

Anschließend begann die Verhandlung mit dem Werkstattleiter. Die Einigung war schnell erreicht. Das Gesamtgewicht des Kessels lag bei sieben Tonnen. Der Preis wurde mit 800 USD/to für den fertigen Kessel vereinbart. So blieb noch ausreichendes Kapital für Isolierungen, Rohrleitungen, Armaturen, Luftgebläse, Kohleschurre, Rost mit Rostantrieb, Elektrotechnische Einrichtungen und andere Ausrüstungsteile übrig.

Leo sollte die Bauaufsicht vor Ort übernehmen. Er wollte sämtliche Detailzeichnungen überarbeiten und dem verfügbaren Rohrmaterial anpassen.

So begann also die tägliche Arbeit.

Bereits am nächsten Tag, er arbeitete im Büro von Mosa Co. Ltd an den Fertigungszeichnungen, rief Leo an und sagte entmutigt:

„Ich fahre nach Hause. Die machen hier, was sie wollen, und hören nicht, was ich sage." Und Leo berichtete von seiner frustrierenden Arbeit vor Ort.

„Leo", sagte er, „hole mal Gerel an das Telefon."

Als Gerel sich meldete sagte er:

„Frage doch bitte den Werkstattleiter mal, ob er Leos Hilfe benötigt."

„Leo ist anscheinend ein guter Schweißer", übersetzte Gerel die Antwort, „der Kraftwerksleiter sagt, leider hat er keine Schweißmaschine für Leo. Sonst könnte Leo ja die Schweißarbeiten machen."

„Gerel", sagte er, „rufe bitte Nergui an. Nergui möge ins Büro kommen und ich möchte euch auch bitten zu kommen."

Nach einer halben Stunde trafen sie sich im Büro von Nergui.

„Wir haben den überzeugenden Eindruck gewonnen, dass man uns nicht benötigt", begann er, „eine Bauaufsicht ist eine ganz normale Sache und Leo hat sich bereit erklärt, seine Erfahrungen als ehemaliger Werkstattleiter einer Kesselfabrik einzubringen. Damit ist nicht gemeint, dass er schweißen oder andere körperliche Arbeiten erledigen soll, sondern seine Aufgabe ist es, die Arbeiten zu überwachen. Leo und ich möchten unsere Arbeiten deshalb hier abbrechen und beenden", er wandte sich an Nergui, „bitte, rufen Sie Frau Khand an, sie möge kommen und das Geld mitbringen, das sie von der Botschaft erhielt. Ich werde dann mit ihr in der Botschaft das Geld wieder zurückgeben und begründen, warum das Projekt nicht durchführbar ist. Leo und ich fliegen danach nach Hause."

Erschrocken schaute Nergui ihn an, als Gerel alles übersetzt hatte.

„Nergui bittet um etwas Geduld", übersetzte Gerel, als Nergui zum Telefon griff.

Innerhalb einer viertel Stunde stand Herr Galt, der Leiter der Energiewirtschaftsabteilung des Infrastrukturministeriums in der Tür und kurze Zeit später waren sie im Kraftwerk Nr. 4 im Büro des Werkstattleiters.

Es kam zu einer lautstarken Auseinandersetzung.

„Der Werkstattleiter ist nun überzeugt worden und wird Leos Anweisungen zukünftig befolgen", übersetzte Gerel die Worte von Galt.

Still fuhren Sie zum Hause des Lama, wo er und Leo in einem Zimmer gemeinsam spartanisch lebten.

Es war spät geworden.

Leo legte sich in sein Bett und fasste sich an das Herz.

„Ich habe Schmerzen", stöhnte Leo.

Erschrocken rief er Gerel an, aber ihr Handy war ausgeschaltet. Er ging zum Lama. Gott sei Dank, seine Tochter stand in der Küche und bereitete das Abendbrot.

„Leo ist krank. Er benötigt einen Arzt", informierte er sie auf Englisch. Die Tochter des Lama rief Nergui an und der erschien kurze Zeit später mit einem russischen Arzt.

Der Russe untersuchte Leo und unterhielt sich mit Nergui auf Russisch. Nergui sagte es auf Mongolisch der Tochter des Lama und diese wiederum übersetzte alles auf Englisch. Dann versuchte er, Leo alles auf Deutsch zu erklären.

„Irgendetwas ist mit deinem Herzen, sagt der Arzt. Der Arzt lässt dir Medikamente hier, die du einnehmen musst", und er übersetzte den Plan, welche der vielen Medikamente wann einzunehmen sind.

„Außerdem hat der Arzt mir aufgetragen, für dich umgehend eine Heimreise zu organisieren, das werde ich auch sofort tun", ergänzte er.

Kaum war der Arzt verschwunden, öffnete sich die Tür und Khand stand mit einer älteren Mongolin in der Tür.

„Das ist meine Ärztin", wurde die Dame von Khand vorgestellt, „sie beherrscht die traditionelle mongolische und die moderne europäische Medizin …"

Mit einem Blick auf die vielen Medikamente auf dem Tisch unterbrach die mongolische Ärztin:

„Hat Leo schon etwas davon genommen? Ich rate zur traditionellen mongolischen Medizin", bestimmte die Ärztin dann, ohne die Antwort auf diese Frage abzuwarten.

Die Übersetzung war nun nur noch über Mongolisch auf Englisch und dann auf Deutsch, etwas abgekürzt.

Leo musste den Oberkörper freimachen und die Ärztin begann, Leo gründlich zu untersuchen.

Dann setzte sie sich an den Tisch, nahm ein Medikament nach dem anderen in ihre Hand, begutachtete das Medikament und warf es dann, ohne zu zögern, in den Papierkorb. Bei einem Medikament hatte sie Zweifel und ließ es auf dem Tisch liegen. Alle anderen Medikamente landeten in dem Papierkorb.

„Leo hat etwas mit dem Kopf", übersetzte die Tochter des Lamas.

„Nein", widersprach er, „Leo hat Schmerzen in der Brust und der russische Arzt hat gesagt das kommt vom Herzen."

„Ja, die Schmerzen in der Brust kommen vom Kopf", wiederholte die Tochter des Lama die Worte der Ärztin.

„Ich kann das nicht verstehen, Leo, sie sagen du hast etwas mit dem Kopf", sagte er hilflos zu Leo.

„Unsinn", sagte Leo, „ich habe Schmerzen in der Brust, in der Herzgegend. Das Atmen fällt mir sehr schwer."

„Die Ärztin möchte beweisen, dass sie recht hat", sagte die Tochter des Lama, „sie möchte Leo massieren und dann werden die Schmerzen geringer. Es wird dann alles viel besser. Danach können wir weiter über die Ursache sprechen."

Nachdem die Ärztin ihre Hände mit einem Öl eingerieben hatte, begann sie, Leos Rücken im Bereich der Wirbelsäule und die Brust zu massieren. Zuerst stöhnte Leo. Aber dann, bereits nach fünf Minuten, sagte Leo erstaunt:

„Das hilft enorm, die Schmerzen werden zunehmend geringer."

Nach einer halben Stunde Behandlung durfte Leo sich wieder etwas überziehen und ausruhen. Seine Schmerzen waren so gut wie weg.

Alle freuten sich, aber die Ärztin fing wieder an, mit ernster Miene etwas zu erklären. Immer wieder ging es um Leos Kopf, es war zum Verzweifeln. Es gelang keine eindeutige Übersetzung.

Dann fragte die Ärztin, ob Leo einen Unfall gehabt hatte.

„Leo, hast du einmal einen Unfall gehabt?", übersetzte er.

„Ja, etwa drei Wochen, bevor wir nach UB flogen, bin ich beim Kirschenpflücken von der Leiter gestürzt und habe mir ein paar Prellungen zugezogen. Aber das war alles bestens verheilt, als wir geflogen sind."

Er übersetzte und als die Tochter des Lama der Ärztin das berichtete, bestätigte sich ihr Verdacht: „Leo hatte ein nicht behandeltes Schleudertrauma!."

Er und Leo staunten!

Damit ging die Ärztin zum Tisch. Sie nahm das übrig gebliebene Medikament des russischen Arztes, warf es entschlossen wie vorher auch die anderen Medikamente in den Papierkorb und sagte, ohne eine Widerrede zu dulden:

„Leo bekommt nun eine Woche lang eine Massage, dann ist alles so weit gut und dann soll Leo nach Hause fliegen und das nicht behandelte Schleudertrauma behandeln lassen ..."

Und die Ärztin ergänzte dann mit einem verschmitzten Lächeln in ihren lustigen Augen:

„Aber bevor er fliegt, kaufen wir Frauen", und dabei zeigte sie auf Khand und auf die Tochter vom Lama, „... wir Frauen kaufen für Leo noch eine lange warme Unterhose. Leo darf sie auch selber aussuchen, aber wir Frauen kontrollieren, dass die Unterhose auch richtig sitzt." Alle lachten und die Tochter des Lamas versuchte zu übersetzen, unterbrochen von Lachsalven.

So ist der mongolische Humor in Verbindung mit großer, beneidenswerter Gelassenheit.

Am nächsten Tag versuchte er Leos Flug umzubuchen, ohne Erfolg. Deprimiert verließ er das MIAT Gebäude und ging in das gegenüber befindliche Café ‚Sacher' um bei einer Tasse Kaffee zu überlegen, was zu tun sei.

Vor ein paar Tagen hatten er und Leo Herrn Tulgaa kennengelernt, als Tulgaa mit seiner Frau einen kleinen Ofen für seine Jurte bei Fa. Mosa kaufen wollte. Tulgaa hatte in Jena, Deutschland, Optiker studiert, sprach perfekt Deutsch, war arbeitslos und lebte mit seiner Familie in seiner Jurte am Stadtrand.

Er rief Tulgaa an.

„Leo ist krank? Ich komme sofort bei dir vorbei", war seine Reaktion und etwas später betrat Tulgaa das Café.

Tulgaa hörte sich alles geduldig an. Auch die Misere mit der Flugumbuchung.

Dann sagte Tulgaa:

„Wann will Leo fliegen? Am nächsten Sonntag? Gib mal die Flugtickets, die umgebucht werden müssen. Kannst Du mir 20 Dollar geben?"

Er gab Tulgaa wortlos 20 Dollar.

„Ich komme gleich wieder", sagte Tulgaa und verschwand.

Eine halbe Stunde später betrat Tulgaa strahlend wieder das Café.

„Hier die Umbuchung. Für die besondere Mühe hat sie 20 Dollar verlangt, mehr nicht."

„Daran habe ich nicht gedacht, ,die Mühe' zu belohnen", sagte er, „daran hätte ich denken müssen."

„Ja, das ist mongolisches Leben. Aber das kennst du noch nicht, vielleicht wirst du das alles bald kennenlernen", lachte Tulgaa und anschließend sagte er:

„Komm, wir besuchen Leo."

Und sie fuhren in Tulgaas zwanzig Jahre altem BMW zum Hause des Lamas.

Nach seinem Studium in Jena war Tulgaa mit ein paar Kollegen, die sich auch gebrauchte Autos gekauft hatten, in diesem klapperigen alten BMW über Russland in die Mongolei gefahren, mehr als 10.000 km durch Russland, und Tulgaa berichtete über abenteuerliche Erlebnisse.

Am Samstag holten Gerel, Khand und die Ärztin Leo ab und sie gingen gemeinsam mit Leo, um eine lange Unterhose zu kaufen, so, wie vereinbart. Die Tochter vom Lama ließ sich das nicht entgehen. Danach wollte man mit Nergui gemeinsam Abschied feiern in der Jurte des Oberheizers Khands HW.

Es war so üblich, bei den Mitarbeitern zu feiern. Als Gast brachte man viele Speisen und Getränke mit. Viel mehr, als man selber verzehren konnte. Alles, was übrig blieb, gehörte dem Gastgeber. Der Gastgeber wurde beim Abschied um seine Hilfe gebeten, alles anzunehmen, weil der Abtransport doch in der Nacht so schwierig ist mit dem betrunkenen Kopf, den man selber hat.

Er selber hatte eine Verabredung mit Bolormaa und Naraa im Restaurant Bitburger im dritten Bezirk und er war gespannt, was sie wollten. Bolormaa hatte ihn vorher angerufen und um dieses Treffen gebeten.

Nach der Begrüßung und den üblichen Höflichkeiten begann Naraa ihn über das laufende Projekt zu fragen. Er stellte die Gegenfrage:

„Wie läuft das Projekt deines Mannes? Hast du etwas von Weber gehört?"

„Ja", lautete die Antwort, „Weber kommt am Montagfrüh."

Also das war der Grund für den kurzfristigen Termin, oder? Bolormaa und Naraa waren wohl von Weber beauftragt worden, ihn auszuhorchen, das war nun klar.

„Und wie läuft deine Arbeit?", war wieder die Frage von Naraa.

„Ganz gut, ich bin zufrieden", antwortete er.

„Und wie lange bleibst du?", fragte Naraa, wohl um die Beendigung seiner Arbeit abschätzen zu können.

„Ich überlege, lange in UB zu bleiben, unabhängig von der Arbeit, es gefällt mir hier …", antwortete er und dann schmunzelnd, „ich suche noch einen Platz für meine Jurte, denn für immer kann ich nicht beim Lama bleiben. Der Lama bekommt Besuch aus Tibet. Die Mönche aus Tibet wollen alle dort schlafen. Ich weiß nicht, ob ich eine andere Bleibe suchen muss."

Tatsächlich hatte der Lama ihn über seine Tochter wissen lassen, dass er herzlich zu dem Empfang der tibetischen Mönche eingeladen sei. Auch die französische Ärztin, die nun beim Lama wohnte und mit der er sich angefreundet hatte, war ebenfalls eingeladen worden.

Und er berichtete über diese Ärztin, die jährlich ihren ganzen Urlaub in UB beim Lama verbrachte, um im Kinderkrankenhaus zu helfen.

Die Ärztin sammelte Spenden, um einem kranken Mädchen in Frankreich eine bessere Genesungschance geben zu können. Er war begeistert von dieser jungen Ärztin. Mit welcher Energie sie ihre selbst gestellte Aufgabe anpackte! Was sie still und ohne viele Worte leistete! Er dachte dabei an die Definition der Gerechtigkeit, für die er nun lebte, und war dankbar und froh, solche Menschen, die seine Vorbilder waren, treffen und kennenlernen zu dürfen.

So dirigierte er das Gespräch auf dieses Thema und versuchte, die beiden von dem tieferen Sinn der unentgeltlichen Arbeit der Ärztin, die auf eigene Rechnung reiste und in UB lebte, ihre so nützliche Arbeit als Urlaub ansah, zu überzeugen.

Über die eigene Arbeit aber schwieg er und so wurde er eine Zeit lang zum Alleinunterhalter bis Naraa etwas zu Bolormaa sagte und Bolormaa übersetzte, dass sie nun gehen wollten. Er brachte sie noch vor die Tür des Restaurants. Sie waren in Naraas Geländewagen gekommen, stiegen ein und brausten davon.

Es war spät geworden und er verzichtete auf die Abschiedsfeier für Leo. Er hatte es Leo schon vorher angekündigt und Leo hatte ihn verstanden. So viel Alkohol, wie dort getrunken wurde, war nicht seine Sache.

Leo war schon wieder fit. Leo hatte keine Schmerzen mehr und so brachte er Leo am anderen Tag, Sonntagfrüh, zum Flughafen.

Leo blieb in Berlin zur Nachbehandlung und er erhielt aus Berlin die beruhigende Nachricht, dass nun alles gut überstanden war. Leo war wieder ganz gesund.

Nun stand er allein vor der Aufgabe. Bis in die tiefe Nacht zeichnete er. Frühmorgens fuhr er in die Werkstatt des Kraftwerkes Nr. 4, um die Zeichnungen zu erläutern, den Fertigungsstand zu beurteilen und Fragen zu beantworten.

Es war nun schon Mitte Oktober und bitterkalt. Um sieben Uhr wurde er immer abgeholt.

Eines Morgens überholten sie eine Autoschlange, die langsam stadtauswärts fuhr. Vorweg fuhr ein offener LKW und auf dem LKW standen Mongolen in zwei Reihen.

„Heute wird ein guter Tag", flüsterte Gerel respektvoll und erläuterte, „das ist eine Beerdigung. Aber es gibt auch alte Leute, die opfern ihren toten Körper den wilden Tieren, draußen in der Steppe. Die alten Leute sagen oft, sie haben von den Tieren gelebt und möchten nun auf diese Art etwas zurückgeben ... Aber das ist verboten", ergänzte sie nach einer kleinen Pause, „da draußen in der Steppe ist ein ganz großer Friedhof und die gestorbenen Menschen werden ganz früh am Tag dort begraben."

Der Kessel wurde in zwei Hälften gefertigt und man hatte diese Hälften in der Werkstatt falsch zusammengesetzt. So kam es zu einer harten Diskussion.

Er war auf unter 60 kg abgemagert. Auf dem glatten Eis war er am späten Vorabend gestürzt und hatte sich die rechte Hand verstaucht. Der harte Einsatz der vergangenen Wochen, die Arbeit bis tief in die Nacht, die Schmerzen in der Hand hatten ihn müde gemacht. Er versuchte, dem Chefingenieur den Fehler zu erläutern, hatte aber keine Lust, viel zu streiten, und ließ dem Gespräch freien Lauf.

Es war schon Anfang November, die Werkstatt sollte geschlossen werden, eine Korrektur am Kessel war unmöglich. Im Heizwerk war der verbliebene Kessel wegen der grimmigen Kälte bis minus 20 °C bereits überlastet. Auch das war ein Grund, den neuen Kessel so einzubauen, wie der Kessel nun einmal war.

Er hörte sich das auf Mongolisch geführte Streitgespräch an. Khand, Nergui und Gerel schienen immer wieder unermüdlich seine auf Deutsch vorgetragenen Argumente auf Mongolisch zu wiederholen.

Plötzlich sagte Gerel ganz fröhlich:

„Du hast gewonnen. Der Chefingenieur hat seinen Fehler eingesehen, er hat die Schuld ...", und dann wiederholte sie triumphierend und voller Freude: „Du hast gewonnen!"

„Gerel", sagte er traurig, „es geht doch nicht um Gewinnen und Verlieren. Es geht doch um die Frage, wie wir den Fehler am schnellsten heilen und das Beste noch daraus machen. Die Kinder in der Schule und im Kindergarten frieren. Bitte, hört nun auf mit dem Streit. Wir müssen die Möglichkeiten diskutieren, damit wir den Kessel sehr kurzfristig installieren können."

Erst dann kam es zu einer gemeinsam gefundenen fruchtbaren Notlösung.

„Weber hat angerufen", sagte Gerel am nächsten Tag, „er ist in UB und möchte das Heizwerk sehen. Frau Khand hat zugestimmt."

„Wann will er kommen?", fragte er.

„Heute Nachmittag", war die Antwort.

Sie fuhren zum Heizwerk, denn er wollte bei dem Gespräch anwesend sein.

Dort, wo der Kessel eingebaut werden sollte, war nur ein leeres Fundament. Weber kam mit seinen mongolischen NGO-Direktoren und einer Dolmetscherin. Die Begrüßung war kurz. Dann gingen sie gemeinsam zum Heizwerk. Weber war ärgerlich überrascht, als er den leeren Kesselstandort sah.

Weber nahm Gerel beiseite und redete auf sie ein.

„Ich soll mit Herrn Weber gehen", sagte Gerel, „Weber sagt, seine Dolmetscherin kann heute und morgen nicht für ihn arbeiten. Das soll ich nun für sie machen."

Zornig wegen dieser Dreistigkeit ging er auf Weber zu:

„Verschwinde, Weber, lass mich für alle Zeiten in Ruhe."

Und zu Gerel gewandt: „Komm, wir gehen."

Mitte November wurde der Kessel eingebaut und in Betrieb genommen. Gerade noch rechtzeitig.

Europäische und mongolische Denkweise

Er war auf unter 60 kg Körpergewicht abgemagert. Die rechte Hand, die er sich bei dem Sturz verstaucht hatte und von Khands Ärztin behandeln ließ, schmerzte sehr. Er war müde geworden und sehnte sich nach etwas Ruhe.

Aber Bolormaa hatte wieder angerufen. Tsengel wollte mit ihm sprechen und so trafen sie sich im Restaurant Bitburger im dritten Bezirk der Stadt.

Bolormaa hatte ihre Freundin und Tsengel mitgebracht. Tsengel ließ es sich nicht nehmen, alle einzuladen.

„Hast du Ahnung von Müllverbrennungsanlagen?" übersetzte Bolormaa, „Tsengel will eine Müllverbrennungsanlage bauen und sucht einen Fachmann."

Er nickte zustimmend:

„Mein erstes Projekt auf diesem Gebiet der Müllverbrennungsanlage haben wir 1977 in Betrieb genommen und bis zu meinem Ausscheiden aus dem aktiven Dienst habe ich mich auch mit diesen Fragen täglich auseinandergesetzt. Wenn ich helfen kann, will ich das gerne tun. Wie groß soll die Anlage denn werden?"

„Na, ja, der ganze Müll von UB soll darin verbrannt werden, dann braucht man keine Kohle mehr und man kann ganz viel Geld sparen", war die optimistische Antwort.

„Hat Herr Tsengel eine Erhebung über die Mengen, den Heizwert, die Analysen usw., damit ich das einmal näher untersuchen kann?", fragte er.

Daraufhin folgte eine längere Beratung auf Mongolisch, dann kam die Antwort: „Das brauchst du nicht zu machen, das wissen die alle schon. Die Anlage kostet ungefähr 20 bis 25 Millionen USD. Willst du helfen?"

„Das habe ich schon gesagt, wenn ich kann, dann helfe ich gerne. Ich kann aber nur den Kessel und die Anlage vernünftig planen, wenn ich die Grundlagen habe. Wenn keine Daten vorhanden sind, müssen wir einen Schritt früher anfangen und Erhebungen machen. Das, was ich bisher in den Mülltonnen sah ... ich denke die Ärmsten der Armen haben alles schon verwertet. Es ist kaum noch Brennbares mehr im Abfall. Die armen Menschen nutzen alles, was noch irgendwie verwertbar erscheint, und das Brennbare im Müll nutzen sie auch. Da bleibt nichts übrig. So wie bei uns nach dem Krieg. Zu dieser Zeit gab es bei uns nur Ascheneimer, keine Mülleimer. Die Müllverbrennung hatte jeder zu Hause. Das ist meine erste Einschätzung zu dem Thema. Aber bitte, ich kann mich irren und lasse mich gerne vom Gegenteil überzeugen. Kann ich also die Erhebung sehen?"

Wieder folgte ein längeres Beratungsgespräch auf Mongolisch.

„Tsengel sagt, er hat einige Daten, aber er wird sie dir nicht geben ..."

Erstaunt fragte er: „Warum kann ich die Daten nicht einsehen? ... Habt ihr Angst, ich könnte euch übervorteilen? Zum Beispiel, Tsengel hatte die Idee und ich nehme ihm die dann weg, wenn ich alle Unterlagen habe?"

Er versuchte zu beruhigen:

„Wir können einen Vertrag machen, dass ich das nicht mache! Tsengel kann sich so absichern. Übrigens solltet ihr zusammen längst wissen, dass ich nicht gekommen bin, um Geschäfte zu machen. Ich möchte euch helfen und unterstützen, nicht ausbeuten. Eure Furcht wäre absolut unbegründet!"

„Einen Vertrag ...?" Tsengel lächelte als Bolormaa das übersetzte.

Er versuchte weiterhin, das vermeintliche Misstrauen abzubauen:

„Wenn ich mit Tsengel zusammenarbeiten soll, dann müssen wir ehrlich und offen miteinander umgehen. Wenn Misstrauen zwischen uns herrscht, dann kann ich nicht helfen."

Ein längeres Schweigen folgte.

Er unterbrach dieses Schweigen:

„Also nochmals, die Grundlage einer jeden Zusammenarbeit ist Vertrauen. Den erforderlichen Vertrauensvorschuss kann man per Vertrag absichern. Aber ich arbeite ehrenamtlich beim SES. Für die Arbeit, die ich hier leiste, bekomme ich kein Geld. Meine

Motivation, das so zu tun, ist eine ganz andere als Geld. Tsengel kann mich auch über den SES anfordern, wenn er das ernsthaft will, und mit dem SES einen solchen Vertrag machen.

So weit zu diesem Thema und nun zum Thema Müllverbrennung:

Dazu gehört eine Wirtschaftlichkeitsberechnung auf der Basis einer zuverlässigen Studie über die Daten, die ich nannte. Daraus resultiert die Anlagengröße, das Anlagenkonzept von der Anlieferung, Bunker, Kessel bis zur Rauchgasreinigungsanlage usw., usw.

Daraus errechnen wir die Kosten der Anlage, den Kapitaldienst, die Betriebskosten und stellen diese Daten den möglichen Einnahmen gegenüber. Also die gesamte Wirtschaftlichkeitsberechnung müssen wir erarbeiten. Die gesamte vollständige Kosten-Nutzen-Rechnung ist erforderlich.

Darauf bauen wir einen Finanzierungsplan auf. Wir sprechen zum Beispiel mit der KfW und den Banken und zeigen unsere Daten in einer Power-Point- Präsentation und nun wollen wir uns nichts vormachen: Bereits bei diesem Punkt werden wir die größten Schwierigkeiten haben. Die KfW vergibt die günstigen Kredite nur an die Regierung. Eine private mongolische Bank wird sich kaum bewegen lassen, solche günstigen KfW-Konditionen langfristig zu gewähren. Die 20 bis 25 Millionen USD halte ich für sehr, sehr optimistisch … Welches Recht haben wir, dass wir den Abfall bekommen? Welches Recht haben wir, den Strom und die Wärme zu verkaufen …? Ohne die zuständigen Behörden in der Stadt und der Regierung ist das Projekt unmöglich."

Er ließ Bolormaa zunächst übersetzen und fügte dann wiederholend hinzu:

„Ohne Beteiligung der Administration wird Tsengel das Projekt nicht durchführen können."

Langes Schweigen …

„Tsengel möchte, dass du mit ihm zusammenarbeitest, mit den kleinen Kesseln", kam die Antwort.

„Tsengel weiß doch, dass ich bei Nergui im Wort stehe? Tsengel kann der Arbeitsgemeinschaft beitreten", sagte er.

„Nein, mit Nergui möchte er nicht zusammenarbeiten. Aber mit dir doch", war die Antwort.

„Will Tsengel, dass ich ohne Grund mein Wort breche?", fragte er.

Tsengel rief den Ober und bezahlte.

„Tsengel will nun gehen", übersetzte Bolormaa.

Er begleitete alle bis zu Tsengels Geländewagen. Sie stiegen ein.

„Ich wünsche euch eine gute Heimfahrt", sagte er.

„Ja danke", kam die Antwort.

Er hatte das unangenehme Gefühl, dass im Verlauf des Gespräches einige Missverständnisse aufgetreten waren. Der plötzliche Aufbruch und die Beendigung der Diskussion. Hatte er etwas falsch gemacht? Aus diesem Grund bat er Bolormaa am folgenden Tag um ein Gespräch, um diese Fragen zu bereinigen.

Sie trafen sich wieder im Bitburger und er begann gleich mit seiner Frage:

„Weißt du, warum Tsengel mir die Daten nicht geben wollte?"

„Weil Tsengel die Daten nicht hat", kam die verblüffend ehrliche Antwort.

„Und warum sagt er, dass er die Daten hat?", drängelte er.

„Weil Tsengel ein guter Ingenieur ist und es beschämend für ihn wäre, einem Ausländer zu sagen, dass er etwas nicht weiß. Ich habe beobachtet, in Deutschland ist das ganz anders. Ihr habt eine vollkommen arbeitsteilige und durchorganisierte Welt. Auch Ingenieure in deinem Fach sind alles einzelne unterschiedliche Spezialisten. Denke einmal, wie arbeitsteilig die Ingenieure im Kesselbau bei euch sind. Da gibt es Ingenieure, die für die wärmetechnische Berechnung, für die Festigkeits-Berechnungen, für die Konstruktion usw. bis zur Inbetriebsetzung zuständig sind. Der Ingenieur für die Konstruktion hat keine Hemmungen, dem Inbetriebsetzung-Ingenieur zu sagen, dass er dieses oder jenes nicht genau weiß, aber er möchte die Erfahrungen des Inbetriebsetzung-Ingenieurs in seiner Konstruktion berücksichtigen. Das wird als Selbstverständlichkeit hingenommen. Oder Vergleiche einmal einen Landarzt und ein Krankenhaus mit einem Ärzteteam unterschiedlichster Fakultät; also Chirurgen, Orthopäden usw., usw. Im Krankenhaus haben diese Spezialisten kein Problem, einen Kollegen der anderen Fakultät zu fragen. Demgegenüber muss ein Landarzt ein umfassendes Wissen und umfassende Fähigkeiten haben. Das Leben verlangt von ihm alle Fähigkeiten. Sein Kollege ist ein paar hundert Kilometer entfernt. Er muss also alles können." Bolormaa lächelte und fügte hinzu: „Bildlich gesprochen: in der Mongolei sind sinngemäß alles Landärzte, in Deutschland gibt es nur Spezialisten, die einander helfen müssen! In Deutschland werden ein Maurer, ein Fliesenleger, ein Heizungsinstallateur, ein Sanitärklempner und ein Elektriker angefordert, um ein Bad im Wohnhaus einzurichten. In der Mongolei macht mein Bruder so etwas alles alleine. Ich habe den Eindruck: In Deutschland ist die Arbeitsteilung und Spezialisierung zu umfangreich geworden. In der Mongolei gibt es noch einen Nachholbedarf der Arbeitsteilung und Spezialisierung."

Er stutzte. Darüber hatte er noch nicht nachgedacht. Und er schämte sich, wenn er daran dachte, wie er Tsengel mit einem ganzen Programm für die Projektierung einer Müllverbrennungsanlage beschämt hatte.

Und genau in diesem Punkt setzte Bolormaa ihre Erläuterungen fort:

„Herr Tsengel hat nur von einer Müllverbrennung gehört und diese Idee in UB umsetzen wollen, mag aber nicht zugeben, wie wenig er davon weiß. Und du tischst Herrn Tsengel ein vollständiges Projektierungs-Programm für eine ganze Müllverbrennungsanlage auf. Ein beinahe so umfassendes Programm, welches man nur noch Schritt für Schritt abarbeiten muss. Das war für Tsengel absolut beschämend."

Bolormaa verstand es ausgezeichnet, die Unterschiede in der mongolischen und europäischen Denkweise darzustellen.

Verunsichert fragte er: „Wäre eine Zusammenarbeit mit Tsengel besser als mit Nergui?"

„Tsengel ist ein aufrechter Mann, mit dem würdest du keine Schwierigkeiten haben", sagte Bolormaa, „er hat eine große Halle, die fast leer ist. Wenn er mit Nergui nicht zusammenarbeiten möchte, wird er seine Gründe haben."

Er musste noch vieles lernen, um erfolgreicher zu kommunizieren, das war die neue Erkenntnis.

So war es zunächst das letzte Gespräch, das sie führten, und er trat wenig später, Ende November 2000, müde und abgearbeitet, mit Schmerzen in der verletzten Hand, die Heimreise an.

PNE

Für ein Konzept der energetischen Biomasseverwertung mussten ganz bestimmte Erkenntnisse berücksichtigt werden. Diese Erkenntnisse hatte er in den letzten Jahren seines aktiven Dienstes im EVU gesammelt. Als ehemaliges Mitglied in verschiedenen Arbeitskreisen des Verbandes der Großkraftwerksbetreiber (VGB) kannte er die Entwicklungsarbeit in den anderen Kraftwerken.

Auf dieser Basis begannen Andre Ahlers, der Geschäftsführer, und er nun, das Grundkonzept für ein Biomassekraftwerk unter Berücksichtigung des Erneuerbaren Energie Gesetzes (EEG) zu entwickeln.

Nachdem der TÜV Nord das Konzept intensiv geprüft hatte, war der Weg frei für die Realisierung.

So folgten nun die Verhandlungen mit möglichen Vertrags-Partnern für den Kessel, für die Rauchgasreinigungsanlage, die Turbine, den Kondensator und für alle anderen Anlagenteile. Hierbei wurde darauf geachtet, solide und zuverlässige Firmen mit gutem Know-how zu finden.

Firmen mit Abteilungen für Claim-Management, die also billig verkaufen und danach versuchen, mit einem ausgeklügelten Claim-Management-System Geldforderungen zu stellen, klammerten sie aus.

Zeitlich parallel wurden die Genehmigungsunterlagen für den Vorbescheid erstellt und das Genehmigungsverfahren eingeleitet.

Zielsetzung war folgendes Personalkonzept:

Zunächst sollten diese ganzen Vorarbeiten alleine durchgeführt werden, bis die Leistungsgrenze erreicht wurde. Dann sollten zunehmend Mitarbeiter eingestellt werden, die das Werk mit aufbauen und später betreiben sollten. Hierbei sollte der Umstand, dass viele ältere erfahrene Mitarbeiter in den anderen Kraftwerken aus „Altersgründen" entlassen wurden, als äußerst positiver Effekt genutzt werden. Große Erfahrungen und eine freudige Motivation, etwas Neues zu beginnen, waren die Einstellungsvoraussetzung, ohne Altersgrenze.

In dieser Zeit wurden viele ältere Kraftwerksexperten gegen ihren eigenen Willen, gegen ihre Lebensplanung, in den vorzeitigen Ruhestand geschickt, manchmal mit nicht vertretbaren Methoden. Wer nicht wollte, wurde oft zum Aktensortieren in den Keller geschickt.

So sollten zunächst für dieses Kraftwerk ausschließlich diese sehr erfahrenen Ingenieure, Kraftwerksmeister, Kraftwerker und Handwerker, deren Lebensplanung mit der frühzeitigen Entlassung, der sogenannten Vorruhestandsregelung, brutal gestört wurde, aufgefangen werden, um deren Erfahrungen in das neue Kraftwerkskonzept mit einzubringen.

Ein Personal-Konzept, das im krassen Gegensatz zu der damaligen Einstellung gegenüber älteren Arbeitnehmern stand. Die Voreingenommenheit den älteren erfahrenen Arbeitnehmern gegenüber war die offensichtliche größte Dummheit der Unternehmensberater zum Schaden vieler Betriebe, wie sich auch später herausstellte.

PNE, mit de Buhr an der Spitze, zog daraus den Nutzen.

De Buhrs Weitblick in solchen Dingen, seine Urteilskraft über preiswerte Qualität u.v.a.m. fanden von Anbeginn seine uneingeschränkte Bewunderung. De Buhrs Zustimmung zu diesem Konzept war schnell erreicht.

Oft ist das Billigere in der Investition das Teurere im Betrieb. In diesem Sinne schließt der Begriff „preiswerte Qualität" sowohl die Investitionen, den Kapitaldienst als auch die Betriebs-Kosten und die Volllast-Verfügbarkeit mit ein.

Preiswerte Qualität einzukaufen, erfordert große Klugheit und hat absolut nichts mit der „Preisknebelei" bei der Kaufverhandlung, auf die manche Kaufleute so stolz sind, zu tun.

Die besten Geschäfte sind immer noch die, bei denen beide Vertragspartner langfristig und nachhaltig zufrieden sind. Auch hier gilt der Grundsatz der „Gesundheit im übertragenen Sinne" als „wahre Gerechtigkeit".

Krankhafte Übervorteilung überlebt nicht lange. Freunden des Machiavelli, die den „Fürst im Rucksack mit sich tragen" und diese Ausführungen als eine Empfehlung verstehen (der Zweck heiligt die Mittel) und nicht als eine Realitätsbeschreibung, die es zu ändern gilt und vermieden werden muss, oder sogenannten „Alpha Menschen", wie sie sich oft auch nennen, sollte man zugutehalten, dass sie noch nicht wissen, warum die Natur dem Menschen den Verstand schenkte.

Deshalb kann man von solchen „Kaufleuten" nicht viel erwarten. Solche „Kaufleute" haben bei der Verhandlung gleich „Juristen" mit am Tisch sitzen. Die „Missverständnisse", die diese „Juristen" produzieren, sichern ihre eigene nachhaltige Existenz.

Mag sein, dass solche „Naturen" sehr reich werden, aber ihr eigenes und das verursachte Leiden werden so lange dauern, bis das Leid groß genug ist, den „Lernprozess" einzuleiten, oft genug erst nach dem „Kollaps", also Insolvenz nach der Inbetriebnahme der Anlage. Es ist wie eine tödliche Seuche, die sich im Geschäftsleben ausbreitet.

Parallel ließ er sich die Daten des Kessels von Khands HW senden und war erfreut festzustellen, dass mit den noch sehr primitiven Mitteln, mit denen der Kessel gebaut wurde, zunehmend Kohle eingespart wurde.

Auf der Suche nach einem Investor lernte er über Frau Wink (DEG), Hans Küßwetter kennen. Hans hatte mit seiner Heizungs-Firma im Auftrag der GtZ in UB ein Musterhaus mit moderner Heizungstechnik ausgerüstet.

So flogen er und Hans im April 2001 nach UB. Sie führten Emissionsmessungen und Wirkungsgradbestimmungen an dem neuen und an den alten Kesseln durch.

Die Ergebnisse waren sehr ermutigend. Mindestens 50 % des Kohleberbrauches konnte im Durchschnitt für ein solches Heizwerk wie Khands HW eingespart werden. Hierbei war zu berücksichtigen, dass der neue Kessel nur die Grundlast deckte. Der alte Kessel wurde für die Spitzenlast eingesetzt.

Die Diskussion über den CO2-Handel ab dem Jahre 2005 auf der Basis des Kyoto Protokolls hatte in Insiderkreisen bereits konkretere Formen angenommen.

Die Mongolei hatte das Kyoto Protokoll unterzeichnet.
So konkretisierte sich seine Zielvorstellung immer deutlicher.
Die damaligen Prognosen schienen sich zu bestätigen. Er hatte richtig gerechnet.

Eine Tonne eingesparte Kohle reduziert 1,5 Tonnen CO2-Emission. Für Khands HW mit möglichen 1.500 t Kohleeinsparungen wären das jährlich 2.250 to CO2:
- mit einer small scale Projekt-Laufzeit von 10 Jahren also 22.500 to,
- mit einer derzeit diskutierten Vergütung von 5,00 Euro/to also 112.500 Euro,
- zuzüglich etwa 15.000 Euro jährlich an Brennstoff-Kosteneinsparungen und die Kohlepreise stiegen jährlich um 17 %. Die eingesparte Kohle wurde also stetig wertvoller.

Damit war die Lösung des finanziellen Problems in greifbare Nähe gerückt. Die zeitliche Überbrückung bis zum Jahre 2005 sollte zunächst weiterhin planerisch durch BOT Verträge – Build Operating Transfer – erfolgen. Sollte es möglich sein, mit einer Anstoßfinanzierung der Armut und der Not die Stirn zu bieten?

Denjenigen, die das Kyoto Protokoll mit diesen Möglichkeiten schafften, zollte er den größten Respekt.

So rechnete er auf dem Heimflug verschiedene Varianten und Konzepte durch und kam dabei zunehmend ins Schwärmen. Man könnte eine kleine Kesselfabrik bauen, Mitarbeiter ausbilden und einstellen, qualifizierte Arbeitsplätze schaffen und neben all diesen Maßnahmen für den Umweltschutz, den Kampf gegen die erbarmungslose Kälte, den krankmachenden Smog und vor allem gegen die katastrophale Armut aufnehmen.

Was hatte die Direktorin des Kinderkrankenhauses traurig gesagt: „Alle kommen und schauen sich das an, niemand kam je wieder und hat geholfen …!"

Er hatte nichts versprochen, aber umso mehr die feste Absicht zurückzukommen, um die Not etwas zu lindern. Nun wusste er ganz genau, welchen Weg er gehen musste.

Seine Begeisterung stieg mit zunehmender Ausarbeitung verschiedener Konzepte und mit der inneren Stimme bedankte er sich bei seinem Schicksal.

Zurück im PNE–Büro, begann er daher parallel zu seiner eigentlichen Arbeit für das 20 MWel-Biomasse-Heizkraftwerk mit der Konstruktionsarbeit für einen Heizungs-Kessel mit einer Feuerungswärmeleistung von 1.5 MW.

Etwa 25 % aller Anlagen in der Mongolei mit einem oder mehreren 1,5 MW Kesseln verbrauchten über 85 % der gesamten Kohlemenge in den dezentralen Heizwerken von UB.

Es lohnte sich nicht, mit der Sanierung der unendlich vielen Kleinanlagen zu beginnen. 75 % der Kleinkessel verbrauchten nur 15 % der Kohle in der Mongolei. Das wäre der falsche Weg gewesen.

Der erste Schritt musste aus wirtschaftlichen Gründen mit dieser ermittelten Kesselgröße von 1.500 KW Feuerungs-Wärme-Leistung beginnen.

Neben dem Kesselkonzept musste auch ein Rost entwickelt werden, der einfach zu bedienen war. Der Kessel musste mit einfachen Mitteln leicht zu reparieren und preiswert sein. Eine gute emissionsarme Kohlefeuerung der mongolischen Braunkohle musste gewährleistet werden. Gleichzeitig musste eine gewisse Aufwärtskompatibilität berücksichtigt werden, um später in Richtung Vollautomatisation nachbessern zu können.

Im Verlauf der Verhandlungen für die Rauchgas-Reinigungs-Anlagen (RRA) des 20 MWel-Biomasse-Kraftwerks wurden auch mit der Firma LUEHR in Stadthagen Gespräche geführt.

Die Firma LUEHR-Stadthagen, gehörte mittlerweile zu den weltweit besten RRA-Herstellern und erhielt auch den Auftrag zum Bau der RRA des großen Biomasse Heizkraftwerkes der PNE.

Lange nach Vertragsabschluss wagte er, Herrn Bartels, den Chefkonstrukteur der Fa. LUEHR, um dessen Meinung über den neu entwickelten 1,5 MW Rost zu fragen.

Er erläuterte Herrn Bartels das Holzmodell eines Wanderboden-Rostes und führte die Idee vor.

Das Urteil von Bartels war gut und seine Beurteilung beinhaltete gleich sehr gute Ideen für die Realisierung. Damit waren die Voraussetzungen geschaffen, mit dem Chef des Unternehmens, Herrn Margraf, ein gemeinsames Gespräch zu führen.

Herr Margraf hörte sich alles sehr geduldig an, fragte nach technischen Details und machte selber einige Vorschläge. Als die Kostenfrage für diese Neuentwicklungsarbeit angesprochen wurde, sagte Margraf im Hinblick auf das geplante Gesamtziel der Entwicklungshilfe scherzhaft:

„Ich schaue demnächst dann jeden Freitag in die Schrottkiste …", denn er wusste genau, dass der Endspurt einer Neuentwicklung noch zwei bis drei empirische Schritte erfordert. Alle lachten und mit großer Dankbarkeit im Herzen fuhr er wieder nach PNE zurück.

Herr Bartels brachte sehr viele neue konstruktive Ideen in die Entwicklung ein, ohne seine Ideen und seine Konstruktionsarbeit wäre der spätere Erfolg nicht möglich gewesen. Firma Lühr spendete später auch noch eine gebrauchte Drehbank.

So entstand ein Wanderbodenrost mit Keramik-Stäben aus schlacke-abweisendem Feuerfestbeton. Diese Roststäbe waren vor Ort in der Mongolei leicht zu reparieren und zu erneuern. Die kostenlose Beratung und Unterstützung für den Feuerfestbeton, sowohl für die Roststäbe als auch für die gesamte Ausmauerung des Feuerraumes, erfolgte durch Herrn Möller – Firma Möller – Feuerungsbau Lemgo. Firma Möller spendete einen kleinen speziellen FF-Beton-Mischer, denn die FF-Masse musste mit sehr geringem Wassergehalt verarbeitet werden.

Wo er auch anklopfte, er bekam Unterstützung für das Projekt.

Nach Rücksprache mit Herrn Baumgarte der Firma Baumgarte in Bielefeld waren Herr Grüner und Herr Foster bereit, den Kesselentwurf kostenlos durchzurechnen und kritisch zu beurteilen. Damit stand auch das Kesselkonzept auf sicheren Füßen.

Das Kesselfundament wurde vom Ing.-Büro Mönkemeier – Hannover – kostenlos gezeichnet und berechnet.

Seine Freude und Dankbarkeit über dieses, in seinem Sinne gerechte Handeln der Personen und Unternehmer, als Basis des Glückhaften, war unbeschreiblich. Er hatte zunehmend den Eindruck, dass sich die Menschen unbewusst danach sehnten, und er vergaß die verborgenen Gefahren, die er gemäß seiner anfänglichen Analyse damals auf dem Operationstisch in seinem Konzept vermutete.

Neben dem Genehmigungsverfahren, der Projektbearbeitung und dem mittlerweile angefangenen Bau des 20 MWel. Biomasse Heizkraftwerkes der PNE und der damit verbundenen Bauüberwachung wurde der Wanderbodenrost entwickelt und ein Prototyp gebaut.

Wie geplant, waren für das PNE-Biomasse-Kraftwerk ältere, außerordentliche, gute und erfahrene Kraftwerksingenieure, Schichtleiter, Schichtpersonal und Handwerker eingestellt worden, die den Aufbau des Kraftwerkes vorantrieben. Die Zusammenarbeit war hervorragend, in seinem Sinne ein gesundes, ein gerechtes Team.

Wie zu erwarten, bestand der Rost die erste Feuerprobe mit Anthrazitkohle, die größte Belastung, die in der Mongolei nie auftreten würde, nicht.

Bartels besserte nach und beim zweiten Versuch bestand der Rost die mindestens dreifach höhere Belastung als berechnet. Dann war Bartels erst zufrieden.

Die Suche nach Verbündeten

Itgel hatte mit ihrem Jurastudium in Kiel begonnen. Er unterstützte diese Entwicklung. Sicherlich dauerte so ein Studium etwa vier oder sechs Jahre, aber eine Firma in der Mongolei benötigte zuverlässige junge Menschen, die dem Neuen aufgeschlossen und nicht so sehr mit dem Ballast des Kommunismus belastet sind.

Er freute sich sehr darüber und plante im Stillen, Ihre Wege zu ebnen. Er fuhr nach Kiel, um mit ihr zu sprechen. Sie bewohnte mit ihrer mongolischen Freundin eine Zwei-Zimmer-Wohnung in Bahnhofsnähe. Dort holte er sie mit seinem Auto ab.

Nach einer fröhlichen Begrüßung fuhren sie zum Olympia Zentrum.

„Geht es dir gut?", fragte er.

„Ja, ganz prima", sagte sie.

Sie war abgemagert und ein wenig blass, aber ihre jugendliche Schönheit war dadurch eigentlich noch größer geworden.

Er fragte:

„Darf ich ganz direkt fragen, weil wir uns gut kennen? Ich mache mir etwas Sorgen ... du bist eine schöne junge Frau ... hier in einem fremden Land ... Wenn ich dein Vater wäre, hätte ich keine Ruhe ... darf ich also fragen? ... Wenn du nicht willst, brauchst du nicht zu antworten."

Sie nickte mit dem Kopf, als ob sie die Frage schon kannte, und er wusste, dass eine Frage nach den persönlichen Schwierigkeiten so gut wie eine Beleidigung war.

Itgel stimmte zu:

„Ich habe mich schon an eure direkte Art gewöhnt und wir sind Freunde ... also sag, was willst du wissen."

Er fragte unsicher:

„Wie kommst du zurecht, bekommst du vom Vater Unterstützung?"

Er war so informiert: in der Mongolei zählten damals Töchter weniger als Söhne. Er vermutete, Söhne werden gefördert, Mädchen nur in wenigen seltenen Fällen. So hatte er von anderen Dolmetschern erfahren. (Bem.: Heute ist es eher umgekehrt.)

Ihre Eltern waren geschieden und sie hatte bereits in der Mongolei nur ganz geringen Kontakt zum Vater. Sie hatte deshalb bei der Mutter gelebt. Die Mutter war Buchhalterin und verdiente nicht viel, war zeitweise arbeitslos und arbeitete nun bei ihrem Onkel.

„Mir geht es ganz gut … Ich habe nebenbei einen Job und verdiene ein wenig … Auch deine Hilfe war bisher großartig und ich möchte mich sehr bedanken … das werde ich dir nie vergessen …", sagte Itgel.

„Itgel, danach habe ich nicht gefragt. Das hast du mit deinen Übersetzungen redlich verdient … Ich denke nur an deinen Vater …", versuchte er, genauer seine Frage zu stellen.

„Du weißt doch, wie es in der Mongolei ist. So ist es auch bei mir … Muss ich noch mehr sagen?", fragte sie.

„Entschuldigung, Itgel …" Waren seine Sorgen um Itgel berechtigt? Er wusste es auch nach dieser Antwort nicht genau.

Ihr Bruder hatte sein Medizin-Studium beendet und eine gute Stelle als Arzt in einem Krankenhaus in UB bekommen. Der Sohn war wohl sicherlich der Stolz seines Vaters. Die mongolische Jugend besitzt eine sehr gute Schulbildung und der Druck, aus dem Elend herauszukommen, war enorm.

Nicht nur Itgel, er kannte viele solcher jugendlichen Mongolen, die nach Amerika, Korea, China, Australien, Japan, nach dem Westen wie Tschechien, Holland, Polen, England, Belgien gingen, um ihren Weg zu suchen. In diesen Ländern verbündeten sich die mongolischen Jugendlichen, um sich gegenseitig zu helfen. Sie feierten zusammen ihre mongolischen Feste, Naadam Fest und Tsagaan Sar, in dem fremden Land und pflegten einen guten Kontakt zueinander. Auch hier fand er, was er suchte, und freute sich sehr darüber.

Deutschland war ein bevorzugtes Land.

Die jungen Mongolen nahmen ungewöhnlich hohe Risiken und Strapazen auf sich, um ihre Ziele zu erreichen. Sie scheuten nicht davor zurück, die Unwahrheit zu sagen, um ihre Ziele zu erreichen. Es waren aus der Not geborene Unwahrheiten. Dadurch war das Vertrauen in den Behörden, besonders in der deutschen Botschaft in UB, bei der Beantragung des Visums auf ein Minimum gesunken.

Zweckgebundene Lügen waren keine Lügen, so die gängige Meinung unter ihnen.

Es war ein schwieriges Thema, das er mit ihr besprechen wollte. Langfristige Planungen waren nicht gerade die Stärke der Mongolen. Die Gegenwart war ihnen viel wichtiger als die ferne Zukunft.

Wie hatte Seneca an Lucilius geschrieben? „Viele vergeuden den Tag mit den Erinnerungen an die Probleme der Vergangenheit. Viele vergeuden den Tag mit ängstlichen Fragen an die Zukunft und planen den weit entfernten Tag. Sie alle versäumen dabei die Gegenwart."

„Akzeptiere das Vergangene, du kannst es nicht ändern, setze dir ein fernes Ziel und entscheide in der Gegenwart den Weg." Er hätte Seneca nicht lesen müssen, wenn er früher in die Mongolei gekommen wäre.

Und Aristoteles führte den bekannten Beweis in seiner Nikomachischen Ethik: „Der Weg ist das Ziel."

War dieser, sein Weg, das Ziel? Zunehmend hatte er diesen Eindruck!

Er sagte:

„Das, was ich dir gab, war für die Übersetzung all der vielen Mails, die ich schrieb, das hast du verdient. Dafür brauchst du dich nicht zu bedanken und diese Arbeit könnte in Zukunft immer mehr werden. Darüber möchte ich mit dir reden, bei einem Kaffee, mit Blick auf den Segelhafen im Olympia Zentrum."

„Ich bin hier in der Nähe von Kiel als Kind aufgewachsen", setzte er die Unterhaltung fort, „deshalb bin ich in den Wassersport verliebt. Es gibt nichts Schöneres für mich als Kajakfahren und Segeln. Wenn ich im Winter in den Bergen Ski laufe, ersticke ich nach 14 Tagen zwischen den hohen Bergen. Ich muss die unendliche Weite um mich haben. Hier das Meer", und er zeigte auf die Förde, schaute dann zur Seite und lachte ihr zu, „oder in der Mongolei die unendlich weite einsame Steppe."

Er wechselte das Thema und erzählte ein wenig von seiner Jugend. Erinnerungen wurden wach, Regatten auf der Kieler Förde, Kajak-Wandertouren auf der Schwentine in die Holsteinische Schweiz oder an der Ostsee-Küste entlang bis nach Eckernförde. Viele Wasser-Wandertouren immer im Kajak. Seine sonst so große Schweigsamkeit war dahin.

Plötzlich unterbrach er sich: „Weißt du, ich rede und rede, als ob ich kein Holsteiner wäre."

„Wie meinst du das?", fragte sie erstaunt, „ich höre dir gerne zu."

„Ja, danke. Aber entschuldige bitte, das ist nicht meine Art, nur über mich zu reden." Er schämte sich plötzlich, weil er so ungehemmt von sich erzählte, und suchte nach einer Erklärung:

„Ich erzähle dir vom Holsteiner Bauern etwas, dann verstehst du mich. Also, treffen sich vier Holsteiner Bauern jeden Freitagabend in der Kneipe und schweigen sich an, sagen keinen Ton und gehen dann nach drei Stunden wortlos wieder nach Hause. Eines Tages bringt der eine Bauer einen Gast mit. Der Gast sagt ‚Guten Abend', setzt sich zur Runde, schweigt mit, und als sie gehen, sagt der Gast: ‚Auf Wiedersehen'. Daraufhin sagt der eine Bauer zu seinem Freund: ‚Hör zu, den Quatschkopf bringst du nicht wieder mit'." Er machte eine kleine Pause und fuhr dann fort: „... So sind wir hier im Norden, bloß kein Wort zu viel. Wenn hier einer über den anderen sagt: ‚der redet so viel', ist das ein vernichtendes Urteil. Das heißt so viel: ‚der redet nur und tut nichts'. Nur Taten zählen hier im Norden, Worte nicht. Worte zählen hier nicht ... Viele Worte, da sagt man: ‚das ist ein Huhn, das gackert und gackert ... nicht nur über die eigenen, sondern auch über ungelegte und insbesondere fremde Eier ... als wären es die eigenen.' Deshalb bat ich um Entschuldigung", und etwas verträumt fügte er hinzu, „aber die Erinnerungen an die schöne Kindheit und wunderbare Jugend, die ich hier erleben durfte, ... die haben meine Zunge ganz locker gemacht."

Und er dachte, gleich musst du über ungelegte Eier reden.

Sie waren angekommen und spazierten auf der Terrasse mit einem wunderbaren Blick über den Segelhafen und die Förde. Das Wetter war wunderschön. Sie setzten sich auf die Terrasse vor einem Café, redeten über die großen Schiffe und bestellten sich Tee, Kaffee und je ein Eis.

„Ja, Itgel", begann er wieder das Gespräch, „nehmen wir mal an, es gelingt mir, das, was wir zusammen in der Mongolei im Khands HW begonnen haben, weiterzuentwickeln. Ich will keine großen Worte machen, aber nur mal so rein theoretisch. Lass uns beide einmal träumen …" und dann ganz unverblümt die Aufforderung: „Träumst du bitte mal mit mir?"

Itgel lachte:

„Ja, lass uns mal träumen", sagte sie begeistert.

„Ja", lachte er, „ich beginne mit dem Träumen. Wir gründen in UB eine Firma. Wir führen das CDM-Verfahren durch … Ja, weißt du … wenn alles ganz gut läuft … gründen wir eine mongolische Stiftung, eine Selbsthilfegruppe der mongolischen Jugend. Eine Selbsthilfegruppe, in der jeder den anderen hilft … so, wie ihr es jetzt schon macht, nur intensiver. Den Gewinn der Firma geben wir dieser Stiftung, um junge mongolische Menschen auszubilden, ihnen Arbeit zu geben. Mit der TU arbeiten wir zusammen. Die mongolische Stiftung wird der mongolischen Jugend helfen, sich nach dem Studium selbstständig zu machen. Kleine Firmen gründen …"

„Das wäre zu schön. Unser Traum ist wirklich zu schön", schwärmte sie. Und ihre Augen leuchteten.

Er hatte wohl den richtigen Ton gefunden. Er brauchte nicht über ungelegte Eier zu reden. Er redete ja nur über einen Traum.

„Wir bilden die Jugend mit der Unterstützung der GtZ aus. Die GtZ errichtet am Kraftwerk Nr. 4 ein ausgezeichnetes Ausbildungszentrum. Herr Helbig leistet dort eine hervorragende Arbeit. Den ersten Kessel bauen wir hier in Deutschland … auch den Schaltschrank dazu … damit wir ein Muster haben … Nach diesem Muster bauen wir die anderen Kessel … und Schaltschränke … Solche Muster sind besser als Zeichnungen … Und aufwärts kompatibel muss er sein … Billig muss er sein, aber Möglichkeiten in Richtung einer späteren Automatisation enthalten ... leicht und mit ganz einfachen und billigen Mitteln zu reparieren ...

Natürlich ist der erste Kessel noch nicht so gut. Deshalb verbessern wir ihn ... Nach den Erfahrungen, die wir machen ... Immer besser und besser ... Wir müssen uns immer wieder selber infrage stellen ... Nie stehen bleiben und uns einbilden, dass wir gut sind. Stolz ist Stillstand und deshalb Dummheit, weil Stillstand Rückschritt ist. Immer und immer wieder müssen wir uns fragen, kann das oder jenes nicht noch besser gemacht werden? Wenn wir das nicht selber tun, dann zeigen es uns die Anderen.

Zeichnungsgleich bauen ohne diese Maxime ist ganz gefährlich ... So geht die Arbeit in UB ganz gut voran. Und hier in Deutschland? Da befassen wir uns mit dem CDM-Verfahren. Wir sprechen mit dem TÜV Nord in Hamburg und Hannover ... Da sind ganz gute Fachleute ... Oder wir werden ein Institut, das sich mit diesem CDM-Spezialgebiet befasst, suchen und finden, das uns hilft. Wir müssen eine Baseline schreiben ... Auch eine Projekt Idee Note (PID), ein Projekt Design Dokument (PDD) und noch so einiges ... Dazu in der Mongolei Messungen machen ... Das Verfahren ist Neuland ... da brauchen wir Hilfe ..."

Er machte eine Pause und schaute sie hilflos an:

„Ja ... ich brauche Hilfe, Itgel, wenn der Traum Wirklichkeit werden soll. Alleine schaffe ich das nicht ... unmöglich. Unmöglich ... Ich träume schon davon ab dem 03. Dezember 1998 ... bald 3 Jahre ... und der Traum wird immer deutlicher ... immer konkreter ... als ob der Traum nun bald reif wird und geboren werden will."

Sie hatte anfangs noch gelacht und wurde dann immer ernster:

„Du bist kein Träumer, ich kenne dich nun gut genug. Du hast einen gut durchgedachten Plan in deinem Kopf ... und du erzählst mir etwas von einem Traum."

Er versuchte, sie wieder zum Träumen zu bewegen:

„Doch, Itgel, noch träume ich. Aber ich glaube an den starken Funken, der in uns lebt ... in dir genauso wie in mir ... in allen Menschen lebt dieser Funke. Der hilft, dass der Traum eines Tages geboren wird ..."

Er machte eine Pause, schaute auf die Förde hinaus und sagte mehr zu sich als zu Itgel:

„... Der Funke lebt in einem anderen Zeitablauf ... Das ist das Problem ... Oder bin ich zu ungeduldig? Aber ohne ein solches Feuer in der Brust kann ich nicht leben. Ohne dieses Feuer ist Tod und Langeweile."

Dann schaute er Itgel wieder an:

„Sorry, manchmal spinne ich etwas. Ich wollte nur sagen ... es ist die hilfreiche Kraft, die in jedem Menschen lebt ... Wenn diese helfende Kraft das will, geht alles von selber. Wir müssen aber Geduld haben, ganz viel Geduld und daran arbeiten und glauben. Meine Pläne sind noch ganz unvollkommen, wie in einem Nebel. Aber eines weiß ich schon ganz genau ... ich brauche deine Hilfe." Er schaute sie an und fragte vorsichtig:

„... Wirst du mir helfen?"

Itgel war verunsichert und sagte: „Das Studium ist sehr schwer. Ich brauche viel Zeit ... Ich weiß nicht, ob ich dir helfen kann ... Ich habe Angst, dass ich das nicht schaffe."

War er zu forsch vorangegangen? Er versuchte, das Niveau herunterzuschrauben:

„Ich werde dich nicht überfordern. Ich habe nur gefragt, ob du den Willen hast, mir zu helfen. Das andere ergibt sich dann. Ich habe nicht nach deinen Fähigkeiten gefragt, die werden sich von Null auf ein bestimmtes Niveau entwickeln und natürlich geht dein Studium vor. Das ist nicht nur eine Selbstverständlichkeit, sondern ein Muss. Die Firma braucht später eine gute Juristin, so denke ich."

„Was muss ich denn tun?", fragte sie ängstlich.

Seine Hoffnung auf Hilfe stieg wieder und er sagte:

„Zunächst möchte ich nicht mehr, als dass du das tust, was du schon getan hast, für mich als Dolmetscherin zu arbeiten. Dann kann es sein, dass ich dich bitte, an CDM-Gesprächen teilzunehmen. Ich werde die Termine so legen, dass dein Studium nicht leidet. Aber ich habe den Eindruck, beim CDM-Verfahren sind sehr viele Vorschriften, Gesetze, Verordnungen zu beachten. Wenn du an den Gesprächen teilnimmst, lernst du das alles kennen. Es wäre so eine Ergänzung zu deinem Studium. Das könnte also zum Vorteil für dich und unser Projekt sein. Dann, viel, viel später, musst du eine mongolische Stiftung gründen, eine NGO mit deinen mongolischen Kommilitonen. Aber wir wollen nur mal so einen Überblick schaffen ... Ich kann dir das alles heute nicht genau sagen, was du tun sollst. Aber ich brauche eben deine Hilfe und du wirst dafür bezahlt. Ganz wichtig ist im Moment nur dein Wille, ein ganz starker Wille muss es sein."

„Das alles traust du mir zu?", fragte sie ungläubig.

Er versuchte zu überzeugen:

„Wenn man will, schafft man vieles. Das muss ich dir doch nicht erzählen, Itgel. Blicke zurück, was du bis jetzt geschafft hast. Deine Leistung ist enorm. Ich bewundere dich.

Also wie ist das mit deinem Willen?", fragte er, „willst du, dass der Traum geboren wird?", und dann ganz unverblümt: „Willst du mit mir zusammen in diesem Sinne einmal Hebamme sein?"

Itgel lachte herzlich:

„O.k., dann bin ich einmal eine Hebamme. Dein Traum ist wirklich zu schön, als dass er ein Traum bleibt. Ich will es wenigstens versuchen. Aber du wirst sehen, ich bin keine gute Hebamme für so etwas."

Und er bestätigte nochmals:

„Dein Wille ist entscheidend, alles andere kommt von selber, Itgel. Danke, nun stehe ich nicht mehr allein davor, wir brauchen noch viele Verbündete."

Es wurde sehr spät und sie bummelten noch an der Hafen-Mole an den Jachten vorbei. Seine Sehnsucht, einmal wieder mit der Segeljacht aufs Meer hinauszufahren, wurde dabei immer stärker. Aber er hatte seine Jacht verkauft, um mehr Zeit zu haben für das Projekt.

Er atmete tief durch, alles hat seine Zeit ...

Ein paar Tage später gingen anonyme Anrufe bei der Verwandtschaft ein. Irgendein Bekannter hatte ihn in Kiel mit Itgel gesehen. Schmutzige Gedanken wurden als Wahrheiten verbreitet.

Ja, er hatte es von Anfang an geahnt, nur nicht hier in Deutschland.

Wie hatte Christus gesagt?

„Die rechte Hand soll nicht wissen, was die linke tut!"

Eine kluge Lebensregel, um den Neid und die Missgunst zu vermeiden.

Wer einem anderen hilft, muss wissen, dass ein anderer Bedürftiger unbeachtet daneben steht. Aus der anfänglichen Traurigkeit darüber entsteht der Neid. Aus Neid entsteht der Hass. Aus Hass entstehen dann Mordgedanken und andere Übel. Auch hat Hilfe oft etwas Demütigendes für den Hilfsbedürftigen, mit der Reaktion, dass dieser Hilfsbedürftige sich groß tut und damit prahlt, den Helfenden „ausgenommen" zu haben.

Viele solche und andere Reaktionen hatte er bedacht und versuchte sensibel, solche Reaktionen zu vermeiden. Christus' Lebensregel schien ein guter Leitfaden zu sein.

Ja, das alles hatte er in der Mongolei im Umfeld der erbarmungslosen Armut erwartet und war deshalb sehr vorsichtig. Deshalb plante er keine deutsche, sondern eine mongolische Stiftung, ohne seinen Namen. Damit hatte er also gerechnet.

Diejenigen, die sich größer machen wollen, indem sie andere in den Dreck werfen, diese Menschen hatte er zwar in seine Gedanken zeitweise mit einbezogen und darüber nachgedacht, aber nicht mit der notwendigen Intensität. Das war ein Fehler, ein ganz großer Fehler.

Der anonyme Anrufer hatte auch die Telefonnummer von Itgel herausgefunden. Hatte jemand die Beiden verfolgt ... die Festnetznummer ermittelt und sie dann angerufen?

Sie war zutiefst beleidigt und in ihrem jugendlichen Stolz verletzt. Sie hatte allen Grund dazu.

Aber der Dreck in den Köpfen solcher Menschen weckt wohl das unwiderstehliche Bedürfnis, andere Menschen in den Schmutz zu ziehen, um den eigenen Dreck zu verbergen. Um als Moralapostel, als Wächter der selbst gebastelten Moralvorstellungen auftreten zu können.

Es gibt nichts Schöneres als die Empörung ...:
‚Ein alter Mann mit einem jungen Mädchen ... Widerlich ... Abscheulich ... Könnte seine Enkelin sein ... und diese jungen Flittchen, die die alten Männer aus nehmen ...'

Er hatte danach sehr viel mit Itgel geredet, um das wieder gerade zu biegen, aber es gab nun eine Verletzung in der Beziehung. Er machte sich große Vorwürfe. Wie naiv war er gewesen? Hätte er damit nicht rechnen müssen?

Er wurde nun sehr viel vorsichtiger und zog sich noch mehr zurück.

Auf Itgels Hilfe wollte und konnte er aber nicht verzichten. Es war auch zu ihrem Wohlergehen, zum Wohle der gut ausgebildeten mongolischen Jugend. Nun schlich sich die Angst in sein Herz. Diese Sorge entsprang einem ehrlichen Gefühl.

Für das Projekt war es unumgänglich die mongolische Jugend mit einzubeziehen. Nur diese Menschen sollten einmal alles übernehmen, in einer Stiftung, an deren Satzungen gebunden und in der Gerechtigkeit leben, von der er träumte.

Im Kern war es sein „Platon Experiment".

Er hatte bereits vielen geholfen und deshalb war er voller Hoffnung, noch mehr Verbündete zu gewinnen. Sein ganzes Geld, das er bei PNE verdiente, war dabei draufgegangen. Wenn die jungen Menschen dann beschämt sagten: „Das kann ich nicht wieder zurückgeben, was ich von dir erhielt", dann sagte er beschwichtigend, und das war sein Programm: „Du sollt mir nichts zurückgeben. Nur eines verlange ich von dir: Wenn du eines Tages etwas übrig hast, gib das, was ich dir gab, an den ärmeren Menschen weiter als Hilfe zur Selbsthilfe. Was du diesem Menschen gabst, das hast du dann mir zurückgegeben, und bitte, sage ihm, er möge bitte das Gleiche tun mit dem, was er bekam ..."

Jeder braucht „genug"... um so stark zu sein, um der Gesundheit einer Gemeinschaft dienen zu können. „Mehr als genug" tötet die Gesundheit, die des Anderen und die eigene geistige Hygiene sofort ... Die eigene körperliche Gesundheit dann etwas später ..."

Wie groß war der Wirkungsgrad eines solchen Programms? Er wusste es nicht. Viele hielten ihn sicherlich für einen dummen alten Mann, der Sympathien suchte. Viele stimmten zu, um ihn, nach ihrem Verständnis, ausnehmen oder in seinem Beruf ganz besonders „abschöpfen" zu können, und fühlten sich dabei als sehr schlau.

Eines wusste er aber. Ein geringer Wirkungsgrad von 5 % bis 10 % würde reichen, eine Kette der Gerechtigkeit nach seiner Definition mit ausreichender Geschwindigkeit in Gang zu setzen. Das hatte er versucht zu berechnen und das war seine Hoffnung.

Aber dieser Wirkungsgrad war nur möglich, wenn er mit einer Jugend begann, die intelligent, strebsam und zielorientiert die formulierten Aufgaben verfolgten und systematisch abarbeiteten. Einer Jugend, die nicht schlau, sondern klug war.

Die mongolische Familienkultur, die mongolische Jugend – das war der richtige Nährboden, aus dem die Gerechtigkeit nach der Definition des Platons wachsen konnte, davon war er absolut überzeugt.

Intelligenz und Klugheit waren für ihn zweierlei.

Dafür hatte er ein scharfes Auge entwickelt. Das, so hoffte er, war die Sicherheit, einen Wirkungsgrad von mindestens 5 % zu erreichen.

95 % Verluste kalkulierte er auf diesem Tätigkeitsfeld ganz nüchtern ein, weil so viele Menschen noch nicht wussten, warum die Natur ihnen einen Verstand gegeben hat. Das war das eigentliche Kernproblem.

Und er setzte dabei möglichst nur auf Frauen. Mongolische Frauen, so hatte er beobachtet, waren die Leistungsträger der mongolischen Gesellschaft. Und Frauen waren nach seiner Überzeugung friedensfähiger als Männer, nicht so aggressiv und kampfbetont.

Er war absolut davon überzeugt: „Eine Mutter hat größere Hemmungen, ihre Kinder in den Krieg zu senden, als Väter. Väter wollen mutige Söhne. Mütter lieber lebende Kinder."

Und dieses ungeschriebene Gesetz galt für ihn auf der ganzen Welt.

Der Beginn

De Buhr war nicht nur ein sehr guter Ingenieur und Kaufmann, er besaß auch das, was einen Unternehmer groß macht, die richtige Intuition, das richtige Gespür zur rechten Zeit die richtige Beurteilung, die richtige Bewertung eines Vorhabens als Entscheidungsbasis zu finden und vor allem aufrechtes, ehrliches Handeln.

Ingo hatte sich im Bereich der Windenergie bereits mit China befasst und besaß wohl dadurch gute Kenntnisse über Asiengeschäfte.

So stand er sehr skeptisch dem Vorhaben in der Mongolei gegenüber.

Aber Ingo ahnte von der Motivation, die ihn vorantrieb in der Mongolei zu helfen.

Er hatte es bereits beim ersten Zusammentreffen in Hamburg nicht verschwiegen. Aber Ingo war wohl der Einzige, der die Ernsthaftigkeit und den zwingenden Willen, der dahinterstand, richtig bewertete. Er wusste, dass sein Schicksal ihn mit Ingo zusammenführte.

Er hatte ohne Einschränkung alle seine Kenntnisse, Beziehungen und Erfahrungen ohne viele Worte eingesetzt, um ein beispielhaftes Biomasse-Kraftwerk zu kreieren. Bei vergleichbaren Projekten waren einige große Hersteller bereits gescheitert, weil die Besonderheiten der Biomasse falsch bewertet wurden.

Falsche Konzepte führten dabei zu großen Verlusten, das wäre für de Buhrs junges Unternehmen eine tödliche Katastrophe gewesen.

So stand für ihn fest, etwas ganz Solides zu planen, solide auch im Sinne einer hohen Volllastverfügbarkeit. Er kannte die Gegenläufigkeit der Volllastverfügbarkeit und den Wirkungsgrad aller Anlagen-Konzepte aus langjähriger Erfahrung und er bemühte sich um ein gesundes Verhältnis dieser Parameter. Und er wusste, die beste Technik macht nur 50 % des Erfolges aus.

Die anderen 50 % des Erfolges basieren auf dem menschlichen Geist, der dahintersteht; ein Geist, der die Sache in den Vordergrund stellt, nicht das eigene Image, nicht das Geld. Nur allein die Sache, alles andere, das war seine Erfahrung, kommt dann von selber, auch der Gewinn.

In Sachen Mongolei vereinbarten sie, schrittweise voranzugehen. Alle Vorsorgemaßnahmen sollten getroffen werden, bis der „Point of never return" erreicht war. Erst dann sollte endgültig die Entscheidung für oder gegen das Projekt getroffen werden.

Deshalb plante er einen Flug nach Ulaanbaatar, um endgültig einen zuverlässigen Boden für das Projekt vorzubereiten. Zwischenzeitlich hatte Nergui mitgeteilt, dass das Ministerium den Bau von 40.000 Wohnungen in UB plante, und bat um eine Beratung.

Er sprach mit Udo Mönkemeier (Ing.-Büro Mönkemeier).

Udo hatte mit seinem Ing.-Büro für Bauwesen in Hannover oft geholfen und sie kannten sich schon viele Jahre. Udo hatte mit seinem Team auch bei dem Bau des Biomasse-Heizkraftwerks wieder eine hervorragende Arbeit geleistet.

Ja, Udo war bereit, sich über das Bauvorhaben in UB näher zu informieren. Aber es war Vorsicht geboten. In UB wurden schnell große Worte gesprochen ohne eine finanzielle Basis.

Um innerhalb von 14 Tagen in UB den Boden für das eigentliche Projekt zu ebnen, waren eine Strategie und viele Vertragsentwürfe vorzubereiten. Itgels Hilfe war großartig und eine große Erleichterung, die Vorbereitungen dieser Reise gut und vollständig abzuschließen.

PNE und Mosa Co. Ltd. sollten zunächst eine Arbeitsgemeinschaft, eine ARGE, bilden. Diese ARGE sollte BOT-Verträge mit den Interessenten, den Heizwerkbetreibern als LOI (Absichtserklärungen) abschließen.

Darüber hinaus war das Einverständnis des zuständigen Ministeriums einzuholen, im Gastland der Mongolei CDM-Projekte durchführen zu dürfen.

Eine beim United Nations Framework Convention on Climate Change (UNFCCC) international anerkannte mongolische CDM-

Behörde gab es zu diesem Zeitpunkt noch nicht in der Mongolei. Deshalb plante er, eine entsprechende schriftliche Vereinbarung mit dem Umwelt- und Infrastruktur-Ministerium der Mongolei einzuholen.

Um einen Eindruck der Vorarbeit zu vermitteln soll nur ein kurzer Auszug aus einem einzigen Tagebuch angeführt werden.

Tagebuch
Mongolei – vom 24. 11. 2002 Anreise bis 01. 12. 2002 Abreise

Montag d. 25. 11. 2002
Ca. 07:00 Ankunft Flughafen Ulaanbaatar
Dolmetscherin: Gerel
09:00 bis 12:00 Uhr
Gespräch mit einem Banker und Mitarbeiter von Nergui.
Feststellung der interessierten Heizwerkbetreiber – Liste lag vor:
Infrage kommende Heizwerkbetreiber
Liste: HW-Private Betreiber für öffentliche Gebäude (bestätigt) allerdings gibt es außerhalb der Interessenvereinigung der 7 Heizwerke mit 6 Betreibern noch eine Vielzahl anderer Heizwerkbetreiber, deren Vergütung durch die Stadtverwaltung Ulaanbaatar erfolgt.
Liste: Ministerium zuständig für HW (bestätigt): diese Heizwerke werden von einer Agentur, die dem Infrastrukturministerium angeschlossen ist, verwaltet. Die Heizwerkverwaltung erstreckt sich auch über Heizwerke der Aimaks (Länder) und Sums (Gemeinden). Es sind große Entfernungen und schlechte Straßen zu berücksichtigen.
Liste: HW-Eisenbahn (bestätigt): die Heizwerke sind landesweit auf die einzelnen Bahnstationen verteilt. Auch hier ist ein hoher Bedarf der infrage kommenden Heizwerkgrößen vorhanden. Allerdings liegen diese HW direkt an der Bahnlinie.
Aimaks: siehe oben Pos. 2) In den größeren Städten befinden sich zum Teil auch größere Heizwerke und Heizkraftwerke mit zum Teil 20 MW Wanderrostkessel (ähnlich wie Nalaikh).

Stadtverwaltung UB: *ca. 21 Heizwerke. Es wurde auf die Rationierung der Brennstoffmengen und die daraus resultierenden Schwierigkeiten der Ermittlung des Einsparpotenzials hingewiesen. Wir werden Wirkungsgradbestimmungen als Abrechnungsbasis wählen müssen.*

Im Übrigen wurde die geplante Finanzierung über PCF und BOT erläutert. Nergui bestätigte die Kalkulation, wobei der Kessel etwas billiger ist, aber weitere Komponenten jedoch berücksichtigt werden müssen.

14:00 bis 16:00 Uhr
Gespräch mit:
Frau Khand   Khands HW
Herr Nyamsuren   HW Chinesischer Kesseltyp
                    MDT Eigenbau mehrere Kessel
HW Dusal 2 x 1.500 KW
Der Vertrag und der Finanzierungsplan wurden erläutert. Frau Khand wird in ihrer Eigenschaft als Vorsitzende ein internes Gespräch mit allen Beteiligten der Interessengemeinschaft führen und das Ergebnis am Donnerstag mitteilen. Die Aussichten auf Erfolg können als positiv bewertet werden.

16:00–17:30 Uhr
Gespräch mit der Energie-Agentur (EA – M) des Infrastruktur-Ministeriums
Herr Tseden Abteilungsleiter
Eine Mitarbeiterin und ein Mitarbeiter
Auch hier wurde der Vertrag erläutert. Es besteht großes Interesse. Damba erläuterte die Heizwerke der Aimaks und Sums und deren große Probleme. Wir erhalten eine detaillierte Aufstellung der HWs. Ein weiteres Gespräch ist für Donnerstag vereinbart.

18:00 bis 19:00 Uhr
Gespräch Mongolian Builders assocation
(Vereinigung der mongolischen Bauindustrie – VdmB)
Herr Galt – Infrastruktur Ministerium
Frau Onon – VdmB.
Herr Buyan – VdmB

Es wurden Probleme der Baustoffe im Wohnungsbau und der Heizwärmeversorgung mit Flüssiggas besprochen.
Baustoffe:
Udo machte den Vorschlag, über eine energiearme Herstellung von Hohlblocksteinen nachzudenken. Nach dem Zweiten Weltkrieg war es in Deutschland das beste Material für den Wiederaufbau
* *energiearme Herstellung*
* *schnelle Bauweisen*
ein sehr interessanter Vorschlag, den es zu konkretisieren gilt.
Wir haben versprochen zu senden:
Unterlagen über Baudetails – Abdichtungselement bei Fenster und Türen usw. –
Unterlagen über die Nutzung der Erdwärme.
Wirtschaftlichkeitsberechnungen der Flüssiggas-Wärmeversorgung

Dienstag, d. 26. 11. 2002 (Feiertag)
Besprechung mit Frau Khand und Herr Nergui
Gesprächsvorbereitungen (Abstimmungsgespräch) für das Gespräch mit den Vertretern der Weltbank
Ausbildung: Nergui sprach die Ausbildung der Mitarbeiter an. Hierzu ist zu unterscheiden:
Ausbildung der Mitarbeiter in der Produktion
Vorrangiges Ziel ist die Ausbildung in Zusammenarbeit mit der GtZ im Ausbildungs-Zentrum der GtZ am Kraftwerk Nr. 4
CIM-Experten: Dieses Thema ist neu und muss geprüft werden. In allen Fällen sind die Sprachbarrieren zu berücksichtigen und ein Dolmetscher mit einzukalkulieren. Sofern noch Zeit ist, werden wir ein Gespräch mit Herrn Dr. Sawitzki – GtZ – führen müssen.
Alternativen: Duale Ausbildung bei deutschen oder mongolischen Firmen mit Unterstützung des SES

Insgesamt erscheint eine Ausbildung im Ausbildungszentrum der GtZ am Kraftwerk Nr. 4 die sinnvollste Lösung zu sein. Entsprechende Vorgespräche wurden bereits mit Herrn Helbig geführt. Das wäre das Hauptthema im Gespräch mit Herrn Dr. Sawitzki und Herrn Helbig.

Besuch bei Herrn Battumur (Kesselhersteller):
Uns wurde eine Fertigungshalle gezeigt, in der bisher Quersieder produziert wurden. In der Fertigungshalle stehen:
2 Blechwalzen
1 Schlagschere mit pneumatischem Antrieb
1 Rohrbiegemaschine mit E-Antrieb
1 Schweißmaschine
Nergui beabsichtigt, die Fertigung in dieser Werkstatt einzurichten. In diesem Fall muss noch einiges investiert werden.
Vor der Werkstatt befindet sich eine Zementmischmaschine für die Fertigung von Leichtbausteinen. Udo wird zu Hause prüfen, ob gebrauchte Maschinen zu bekommen sind. Wenn ja, wird ein Transport nach Ulaanbaatar in Erwägung gezogen.

Besuch im Khands HW:
Der neue Kessel war in Betrieb. Er war im April undicht gewesen, lief aber seit der Reparatur wieder gut. Die Asche ist hell und zeugt von wenig Unverbranntem. Frau Khand berichtete dass:
Die Aschetransportkosten erheblich zurückgegangen sind.
Die Asche sich zur Produktion von Steinen eignet. Einige Steine zum Hausbau wurden uns gezeigt.
Es wird Kohle der Zeche Baganuur verfeuert. Je eine Probe der Kohle und der Asche wurde mitgenommen.
Unter anderem wurden weitere Unterlagen ausgetauscht. Diese Unterlagen enthalten auch Elementaranalysen über die Kohlen aller Zechen in der Mongolei. Die Agentur (s.o.) hatte uns ebenfalls eine Elementar-Analyse zugesagt, sodass ein Vergleich zur Datenabsicherung möglich wird.

Entwurf für einen Brief an das Umwelt- und Infrastruktur-Ministerium:
Nergui fragte nach dem Inhalt eines möglichen LOI von den o.g. Ministerien. Ad hoc wurde ihm ein Brief-Entwurf vorgeschlagen. Dieser Brief sollte das Einverständnis der mongolischen Regierung enthalten, dass PNE als Hauptinvestor berechtigt ist, in der Mongolei CDM-Projekte durchzuführen, um über den Zertifikathandel die Investitionen finanzieren zu können. Ohne eine solche Sicherheit seitens der mongolischen Regierung/

Ministerien wird die Investition von PNE als zu risikoreich bewertet. Für das Projekt ist die administrative Unterstützung der mongolischen Regierung bzw. der zuständigen Ministerien unerlässlich.
Fa. Mosa/Nergui sichert PNE schriftlich zu, dass ausschließlich PNE das Verfügungsrecht über die CO_2-Zertifikate zur Finanzierung besitzt. Zusätzlich wird für das Gespräch mit beiden Ministerien eine Kurzfassung des Projektes als Informationsblatt und eine Präsentation vorbereitet.

Mittwoch, d. 27. 11. 2002
Gespräch mit Herrn Tsedev – Infrastruktur Ministerium:
Tsedev spricht Deutsch. Die Erläuterungen bezüglich PCF und die Vorstellung des Unternehmens PNE erfolgte in deutscher Sprache mit ergänzenden Erläuterungen der Dolmetscherin. Die Projektidee wurde Tsedev in schriftlicher Form übergeben.
Tsedev war daraufhin bei dem Herrn Minister und hat die Idee vorgestellt. Am Nachmittag kam er wieder und berichtete von einem sehr großen Interesse des Herrn Minister, zuständig für das Infrastrukturministerium. Ein gleich großes Interesse für diese Idee sollte er auch vom Umweltminister ausrichten.
Das Ministerium machte den Terminvorschlag, morgen, Do, d. 28. 11. 2002 um 10:30 im Umweltministerium.
Zunächst soll ein Gespräch mit dem Abteilungsleiter, Herrn Enkhbat, stattfinden, danach mit Herrn Minister und Herrn Vice-Minister im Umweltministerium

Es wurden gleichlautende Schreiben an nachstehende Unternehmen fertiggestellt:
- Eisenbahn
- Energieagentur der Ministerien (Umwelt und Infrastruktur)
- Umweltminister
- Infrastruktur Minister
- HW des Militärs (unterstehen ebenfalls der Agentur)

Nerguis ehemalige Sekretärin ist heute bei der Weltbankvertretung in Ulaanbaatar beschäftigt. Sie berichtete, dass Herr Rivera von der Welt-

bank New York am 06. 12. 2002 nach Ulaanbaatar kommen wird, um über die Idee zu reden.

An das Umwelt-Ministerium wurde ein Genehmigungsantrag zur Durchführung des CDM-Verfahrens in der Mongolei geschrieben. Dieser Antrag soll dem Minister mit der Bitte um eine zeitnahe Genehmigung übergeben werden.

Alle die auf Mongolisch und auf Deutsch verfassten wichtigen Schriftstücke (vorgenannte Briefe, Vertragsentwürfe und Verträge, Berichte und Erläuterungen zu den Verträgen usw.) sollen von einem neutralen und anerkannten Dolmetscher-Büro übersetzt werden. Leider stand der vom Ministerium anerkannte Dolmetscher nicht so kurzfristig zur Verfügung. Daher wird nach einer gleichwertigen Lösung gesucht – ggf. Dolmetscher der deutschen Botschaft in Ulaanbaatar.

In Regierungskreisen finden Überlegungen statt, die HW mit Flüssiggas zu versorgen. Das Gas muss aus China bezogen werden.
Allerdings ist die derzeitige Regierung gegen eine solche Abhängigkeit, sowohl von China als auch von Russland.
Nachstehend ein Vergleich der Wärmepreise:
Wärmepreis:
Flüssiggas: 17,30 USD/MWh
Braunkohle: 9,50 USD/MWh
Der Braunkohlepreis liegt derzeit bei etwa 10 USD/t. Es sind Preissteigerungen von bis zu 17 % p.a. zu erwarten.
Die Grenzkostenrechnung beinhaltet zurzeit also noch einen zweifachen Wärme-Preis-Abstand, Braunkohle zum Flüssiggas.

Gleichzeitig wurde eine Wärmeversorgung mit elektrischem Strom diskutiert. Eine sehr fragwürdige Idee!
Der Strom wird mit sehr viel Aufwand und einem Wirkungsgrad zwischen 25 % bis maximal 30 % mit Kohle in den Kraftwerken produziert.
Die direkte Wärmeproduktion kann mit einem Wirkungsgrad von mindestens 90 % zur Verfügung gestellt werden; also mit einem Drittel des Kohleverbrauchs für Wärme aus Strom.
Eine Kraft-Wärme-Kopplung, also Wärmeabgabe bei gleichzeitiger Stromerzeugung, so wie es bereits in den Kraftwerken praktiziert wird,

wäre die beste Lösung. Hierbei müssten natürlich die Leitungskosten nebst Leitungs-Wärme-Verlusten beachtet werden.
Solche Überlegungen führen dann zu kleinen dezentralen BHKW.

Das Ministerium erwartet eine CO2-Reduktions-Prognose von uns. Aus bestimmten Gründen wurde daraufhin hingewiesen, dass nur die spezifische Reduktion genau bekannt war und eine solche Zukunftsprognose viel zu früh und zu unsicher sei. Eine sichere Prognose kann erst abgegeben werden, wenn alle Verträge abgesichert sind.
Anhand der Tabelle mit den Elementar-Analysen der Kohlen aus den verschiedenen Zechen wurde Baganuur als „ortsansässige" Zeche mit C = 41 % (Kohlenstoffgehalt) zugrunde gelegt. Die Umrechnung über die Mol-Gewichte unter Berücksichtigung des Ballastanteils ergibt einen Faktor von 1,50 to CO2 pro to Braunkohle.
Dieser Wert und die gewählte mathematische Form wurden schriftlich genannt.

Donnerstag, d. 28. 11. 2002
09:00 Uhr Fa. Mosa:
Briefe und Verträge für das Umweltministerium und Amt für Eisenbahnangelegenheiten fertiggestellt.

10:45 Termin mit dem zuständigen Abteilungsleiter im Umweltministerium. Die Spezialistin für Umweltschutz nahm ebenfalls teil. Die Projektidee wurde mit einer Präsentation vorgestellt. Fragen über die deutschen Standards im Umweltschutz beantwortet. Soweit es in der Kürze der Zeit möglich war, wurde das BImSchG mit den VO erklärt und die übergeordneten EG Richtlinien hierzu im System des Umweltschutzes in Europa erläutert. Die Grenzwerte für die einzelnen Anlagen gemäß TA Luft, 13. BimSchV und 17. BimSchV wurden genannt. Wir haben, wie auch im Vertrag formuliert, unsere Unterstützung bei der Festlegung von Umweltstandards in der Mongolei angeboten.
Die Unterlagen wurden übergeben. Er sagte eine schnelle Prüfung zu und strebt für morgen einen Termin mit dem Herrn Minister an.

14:00 Uhr Termin im Amt für Eisenbahnangelegenheiten.
Teilnehmer: Stellvertretender Direktor Herr Dagva
Je ein Teilnehmer aus der Technischen- und Wirtschafts-Abteilung
Herr Tsedev – Infrastruktur Ministerium
Herr Nergui – Fa. Mosa
Die Projektidee wurde erläutert und einzelne technische Fragen besprochen.

Zusammenarbeit mit Russland als Mitinhaber der mongolischen Eisenbahn.
Herr Dagva wies auf die Privatisierungsbestrebungen der Heizwerke durch das Amt hin.
Auf eine Vorfinanzierung durch PNE legte Dagva offensichtlich keinen großen Wert.

16:00 Uhr Termin im Umwelt-Ministerium
Teilnehmer:
Herr Minister
Herr Tsedev
Herr Galt – Zuständig für die Energieversorgung im Infrastruktur-Ministerium für Kraftwerke, Heizkraftwerke und Heizwerke
Herr Nergui – Fa. Mosa
Der Minister war sichtlich von der Projektidee und der geleisteten Vorarbeit im HW Khands HW beeindruckt und sagte spontan seine Unterstützung zu. Er hoffe auf eine zügige Abwicklung. Herrn Galt gab er Anweisung, alles Mögliche zu unserer Unterstützung zu tun.
Verbleib: Die Projektidee soll dem Herrn Minister des Infrastruktur-Ministeriums vorgestellt und ein weiterer Gesprächstermin für morgen vereinbart werden.

18:00 Uhr Termin bei der Weltbank:
Bemerkungen hierzu:
Der PCF wurde von einer Partnerschaft zwischen siebzehn Unternehmen und sechs Regierungen ins Leben gerufen und wird von der Weltbank verwaltet. Der PCF sollte ein geförderter Vorreiter bei der Förderung der nachhaltigen Entwicklung sein und Interessengruppen die Gelegenheit im Rahmen eines learning-by-doing-Projektes den Markt für projektbezogene Treibhausgas-Emissions-Reduktion öffnen. PCF-Gesamt-Kapital 150 Millionen Dollar

Frau Bat-Ochir Oprerations Officer – World Bank
Herr Dorjnamjim – IFC (World Bank)
Herr Nergui – Fa. Mosa
Thema: Prototype Carbon Fund (PCF)
Das CDM-Projekt wurde vorgestellt, im Detail erläutert und die Fragen beantwortet. Dann wurde die eigentlich wesentliche Frage nach den Möglichkeiten der Teilnahme am PCF, Antragstellung und Genehmigungsverfahren gestellt.
Die Antworten waren ausweichend und sehr unbefriedigend. Auch unsere Erläuterungen über den ab 2005 beabsichtigten CO_2-Zertifikathandel und das der Weltbank zur Verfügung gestellte Kapital für den PCF stießen offensichtlich auf Unverständnis.
Schließlich nannten die Teilnehmer der Weltbank Konditionen der mongolischen Banken, mit denen sie zusammenarbeiten mit einem Zinssatz von etwa 23 % p.a.
Persönlich entstand der Eindruck: Die Weltbank erhielt von den Industrienationen und Firmen sehr billiges Geld, um einen Prototyp (Prototyp – Carbon Fond) eines Zertifizierungsverfahrens zu finanzieren, um Erfahrungen zu sammeln. Nun entstand der Eindruck, dass die Weltbank dieses billige Geld zu sehr viel teureren Kredit-Konditionen mit Hilfe der mongolischen Banken nutzte, um zunächst große Gewinne zu erwirtschaften, bevor die eigentliche Aufgabe mit diesem Geld erfüllt wurde.
Am 08. 12. 2002 kommt Herr Rivera von der Zentrale nach Ulaanbaatar. Dem wollten sie nun berichten. Auf die Frage, wer denn eigentlich zuständig für PCF sei, nannten sie Herrn Whittin. Wir haben darauf hingewiesen, dass ausschließlich PNE für den PCF-Antrag zuständig ist und die Zustimmung der mongolischen Regierung für das CDM-Projekt vorliegt.

In Ulaanbaatar wird von der Weltbank ein Ofen-Projekt für kleine Jurten gefördert. Auf die Frage, ob wir uns daran beteiligen wollen, haben wir gesagt, dass wir diese Frage prüfen müssen. Es ist aber darauf hinzuweisen, dass viele öffentliche Gebäude wie Krankenhäuser, Schulen etc. von unserem Projekt profitieren und wir uns die Frage stellen, warum nicht auch unser Projekt förderungswürdig ist und in das Programm mit einbezogen werden kann. Diese Frage wollte man mit Rivera besprechen und uns benachrichtigen.

Freitag, d. 29. 11. 2002
Vormittags wurden gemeinsam mit den Verantwortlichen die besprochenen Verträge und LOI-Schreiben (Letter of intend) mit der Ausschließlichkeitserklärung zur Durchführung von Zertifizierungsverfahren in der Mongolei, das das Umwelt- und Infrastrukturministerium an die Firmen Mosa und PNE zu richten hat, vorbereitet:
Am Nachmittag wurden die Unterschriften eingeholt:
Vertrag mit der Interessengemeinschaft der Heizwerkbetreiber
Vertrag mit der Baugesellschaft
Vertrag mit der Energie Agentur/Infrastruktur Ministerium
LOI des Umweltministeriums
LOI des Infrastrukturministeriums
Natürlich waren einige unbedeutende Korrekturen nötig, die aber problemlos und schnell erledigt wurden.
Der Vertrag mit dem Amt für Eisenbahnangelegenheiten war noch nicht abschließend von den zuständigen Abteilungen geprüft worden. Nergui wies darauf hin, dass auch die Russen ein Wort mitzureden haben und dass wir etwas Geduld haben müssen. Er zeigte uns das Schreiben der Bahn mit der Absichtserklärung, etwa 40 Kessel dieses Typs zu kaufen. Es ist üblich, dass man die deutsche Botschaft über die Aktivitäten in den Ministerien informiert. Leider war Herr Pilz nicht mehr in Ulaanbaatar stationiert.

Ulaanbaatar, d. 28. 11. 2002
Project Idea Note (PIN):
Erneuerung der dezentralen Heizwerke in der Mongolei

I.) Allgemeine Informationen:
Vom Juli bis November 2000 wurden vom Senior Experten (SES-Bonn) mit Unterstützung der mongolischen Firma Mosa Grundlagen folgender Art zur Erneuerung der dezentralen Heizwerke durchgeführt:

Bestandsaufnahme für eine Studie zur Verbesserung des Heizwerkbetriebes im Hinblick auf:
Höhere Effizienz und Kesselwirkungsgrad
Reduzierung der Rauchgas-Emissionen
Höhere Betriebssicherheit
Bessere Wärmeversorgung
Auf Basis dieser Bestandsaufnahme wurde danach die Machbarkeits-Studie erstellt.
Mit finanzieller Unterstützung der deutschen Botschaft in Ulaanbaatar wurde dann ein Pilotprojekt im Heizwerk Khands HW durchgeführt.
Dieses Pilotprojekt bestand im Wesentlichen darin, dass der russische Kessel Typ BZUI 100 umkonstruiert wurde mit dem nachweisbaren Ergebnis: Geringere Staubemission: Dieses wurde durch eine Staub-Schwerkraftabscheidung erreicht (sehr geringe Rauchgasgeschwindigkeit und mehrere Umlenkungen).
Gute Reinigungsmöglichkeit der Kesselzüge in den kritischen Zonen.
Optimale Einbindung des Rauchgaskanals in den Kamin.
Guter Ausbrand der Kohle:
Dieses wurde erreicht durch die Optimierung des Feuerraumes,
gute Luftführung,
ausreichend dimensioniertes Luftgebläse.
Steigerung des Kesselwirkungsgrades:
Dieses wurde erreicht durch ausreichend dimensionierte Nachschaltheizflächen,
Vermeidung der Heizflächenverschmutzung.
Der deutlich geringere Kohleverbrauch wurde durch Aufschreibungen und Bilanzen nachgewiesen. Auch dieses ist ein wesentlicher Beitrag zu einer deutlichen Reduzierung der Emissionen.
In der Mongolei kann eine Serienfertigung zur Arbeitsplatzsicherung und Stärkung der heimischen Industrie erfolgen.
Die Feuerungswärmeleistung wurde mit 1.500 KW festgelegt und passt sehr gut in das Versorgungsprogramm.
Weitere Effekte:
Der Kohleausbrand ist so gut, dass die helle, vollkommen ausgebrannte Asche sich als Zuschlagstoff für die Produktion von Beton und Mauersteinen eignet. Entsprechende Vorversuche sind abgeschlossen. Die Steine

können ohne zusätzlichen Energieaufwand für Trocknung, Härten usw. hergestellt werden.
Die Kosten für den Aschetransport wurden aufgrund des guten Ausbrandes und des geringeren Kohleverbrauches ebenfalls deutlich gesenkt.

II.) Project Idea Note (PIN):
Nach nunmehr zweijähriger Bestätigung der vorgenannten Betriebsergebnisse beabsichtigen die Firmen Mosa mit Sitz in Ulaanbaatar/Mongolei und PNE mit Sitz in Deutschland als Arbeitsgemeinschaft (ARGE) im Rahmen des Umweltschutzabkommens, Kyoto Protokoll, ein Zertifizierungsverfahren durchzuführen. Hierzu wird der Protyp Carbon Fund (PCF) mit den erforderlichen Konditionen und Verfahrensabläufen als geeignetes Instrument zur Realisierung angesehen. Aus diesem Grund beabsichtigt die ARGE, eine Projekt Idea Note (PIN) bei der Weltbank bereits im Dezember 2002 einzureichen. Nach Erhalt der Zustimmung (nach etwa 3 Monaten im März 2003) soll der PCF von der ARGE unverzüglich mit den benannten Verfahrensschritten in zunächst 40 mongolischen Heizwerken der oben genannten Klasse konkret umgesetzt und durchgeführt werden. Nach erfolgreichem Abschluss dieses Projektes sind dann weitere Zertifizierungsverfahren für andere Heizwerke, Heizkraftwerke und Kraftwerke in der Mongolei beabsichtigt.

III.) Erfolgsaussichten der Projekt Idee:
Die oben genannte solide Vorgehensweise zur Erneuerung der dezentralen Heizwerke in der Mongolei mit dem Prototyp im Heizwerk Khands HW und dem damit verbundenen konkreten Erfolgsnachweis sowie das vorhandene Know-how beider Firmen und nicht zuletzt die Solvenz von PNE gewährleisten eine erfolgreiche Durchführung des Zertifizierungsverfahrens mit einem ebenso erfolgreichen Abschluss des Vorhabens.

Ulaanbaatar, d. 26. 11. 2002
(Unterschrift)
PNE

Er flog mit Udo nach Deutschland zurück und war sehr erleichtert über diese erfolgreiche Basisarbeit.

Für Udo war es kein geschäftlicher Erfolg.

Wie erwartet, war das Finanzierungsmodell des zuständigen Ministeriums für das 40.000-Wohnungsbau-Programm nicht vorhanden.

Udo hatte die sehr primitive Unterkunft, das spartanische Essen und die eisige Kälte wortlos ertragen. Er war Eisenbahn-Fan und sie hatten sich die alten russischen Lokomotiven in der Nähe des Bahnhofes angesehen, eine Art Eisenbahnmuseum mit äußerlich gut gepflegten Maschinen. Sie hatten beide ganz locker gescherzt:

„Nächstes Mal fahren wir mit der Trans-Sibirischen-Eisenbahn von UB nach St. Katharinenburg und fliegen dann weiter."

Ob es ernst gemeint war?

Udo hatte stets mit Rat und Tat uneigennützig geholfen.

Was brachte er mit …?

Verbindliche Absichtserklärungen mit dem Einverständnis, auf der Basis der BOT-Verträge in der vereinbarten Form die zukünftige Zusammenarbeit zur Sanierung der dezentralen Heizwerke zu gestalten, mit Fortsetzung und Ablösung der BOT-Verträge durch das Zertifizierungsverfahren und dem Zertifikathandel ab 2005 … zur Finanzierung …

Insgesamt beinhalteten diese Verträge bereits über 50 Kessel mit einer Feuerungs-Wärme Leistung von je > 1.500 KW in rd. 30 Heizwerken. Hiervon 16 Heizwerke der Stadtverwaltung. Dazu 40 Kessel des 1.500 KW-Typs für die mongolische Eisenbahn, deren Verhandlung sich allerdings schwierig gestaltete und Nachverhandlungen erforderlich machte. Verbindliche Zusagen des Umwelt- und Infrastruktur-Ministerium und der Energieagentur dieser Ministerien. Genehmigung dieser Ministerien für die CO_2-Zertifizierungsverfahren in der Mongolei. Insgesamt eine gute Basis für andere vielleicht kommende Genehmigungsanforderungen, die zu diesem Zeitpunkt noch nicht bekannt waren. Die Unterstützung der Administration war damit gesichert, davon ging er nun aus.

Ohne die noch etwas unsichere Zusage der 40 Kessel der Mongol-Eisenbahn waren es rd. 50 Kessel mit einem CO2-Einsparpotenzial pro Kessel von 2.000 t/a x 50 Kessel = 100.000 t CO2 jährlich bei 10 Euro/t also rd. 1 Mio. Euro pro Jahr, bei einer small scale Laufzeit von 10 Jahren, also 10 Millionen Euro.

Die Kosten-Reduktion der eingesparten Kohle lag in gleicher Größenordnung:

Bei einem Kohlepreis von 15 Euro/t und einem CO2-Faktor von 1,5 t CO2/t

Eingesparte Kohle-Kosten: 100.000 x 15/1,50 = 1.000.000 Euro p.a.

Die BOT-Verträge bezogen sich auf das Kohle-Einsparpotenzial. Die Vorfinanzierung sollte durch einen PNE-Firmenkredit mit einem Zinssatz von 7 % p.a. erfolgen. Der HW-Betreiber konnte mit dem eingesparten Geld der Kohle in monatlichen Raten das Kapital innerhalb von vier (maximal fünf) Jahren zurückbezahlen. Nach der Übergabe des sanierten Heizwerkes in maximal 5 Jahren hatte der HW Betreiber damit ein modernes Heizwerk mit geringen Emissionen und einen Gewinnzuwachs, der den gezahlten Raten entsprach. Die zu gründende Kesselfirma konnte mit den Ratenzahlungen und den späteren CO2-Zertifikaten die von PNE finanzierten Werkstatt-Maschinen und Gebäude innerhalb von 5 Jahren zurückbezahlen. Die Werkstatt gehörte dann den mongolischen Partnern.

Mit zunehmender Einnahme aus dem Zertifizierungsverfahren, so hatte er es vertraglich mit PNE vereinbart, sollten 30 % des Gewinns in die mongolische Stiftung fließen, um in Zusammenarbeit mit dem Ausbildungszentrum der GtZ der mongolischen Jugend eine duale Ausbildung zu ermöglichen und den Weg in die Selbstständigkeit zu ebnen. Das Ziel lag in greifbarer Nähe.

Was wollte er mehr? Das musste genügen, um die nächsten Schritte dieses Programms einzuleiten. Die nächsten Schritte kosteten bereits mehr Geld als bisher.

Die Gespräche mit der Weltbank in UB blieben weit hinter den Erwartungen zurück. Auch die Konditionen, die Zusammenarbeit der Weltbank mit den mongolischen Banken und einiges mehr, gefielen ihm überhaupt nicht. Er wusste, die Weltbank verwaltete Geld in dem Fond zur Förderung solcher Entwicklungen. Nach seinen Informationen war der Protype Carbon Fond (PCF) das Geld der westlichen Industrieländer zur Förderung der CDM-Entwicklung. Aber er hörte kein Wort davon.

Dafür so ein Angebot mit den horrenden Wucherzinsen. Das hatte er nicht erwartet und ihn sehr misstrauisch gemacht.

Er musste eine Alternative zur Weltbank finden.

Aber auch das Unverständnis für die CO_2-Zertifizierung, die Fragezeichen in den Gesichtern der Weltbankvertreter, wenn er über den zukünftigen CO_2-Handel sprach. Das Unverständnis, das nicht nur in der Weltbank-Filiale zu spüren war, irritierte ihn. War er der Zeit etwas zu weit voraus? Manchmal hatte er den Eindruck.

Immerhin sprach er über etwas, das erst in drei Jahren kommen sollte. Konnten z. B. die Ministerien überhaupt das Ausmaß der erteilten Genehmigungen beurteilen? Wussten die Gesprächspartner überhaupt, über welche Geldmenge er sprach? Spätestens im PIN, der Projekt Idee Note, musste er über das prognostizierte CO_2-Einsparpotenzial Farbe bekennen.

Welche Geschäftemacher würde er damit hinterm Ofen hervorlocken …? Welche Habgier wecken …?

Würde sein eigentliches Ziel, „das Platon Experiment", dadurch in Gefahr geraten?

Immerhin sah die theoretische Gesamtbilanz aller dezentralen Heizwerke in der Mongolei (nur Einnahmeseite vor Steuern) wie folgt aus.

Er verdrängte diese Gedanken. Von einem Umweltminister musste man erwarten, dass das Wort und die schriftliche Absichtserklärung etwas gelten. Man musste die Kenntnisse voraussetzen können, um welche Größenordnung es ging. War es nicht auch ein Vorteil der Politiker, mit den umweltpolitischen Maßnahmen glänzen zu können?

Kohleverbrauch aller dezentralen Heizwerke in der Mongolei	750.000	t / a
Einsparpotenzial	50%	
	375.000	t / a
Kohlepreis	15,00	€ / t
Gesamt Ersparnis für die Betreiber	5.625.000	€ / a
CO2-Faktor	1,50	tCO2/ t Kohle
CO2-Reduktion	562.500	t CO2 / a
CO2-Zertifikatpreis	10,00	€ / t CO2
CDM Einnahmen	5.625.000	€ / a
Laufzeit	10	Jahre
CDM Einnahmen Insgesamt	56.250.000	€ / a
Mongolische Stiftung	30%	p.a.
CDM Abgabe an die Stiftung	1.687.500	€ / a
Insgesamt in 10 Jahren	16.875.000	€

Er zerstreute die aufkommenden grauen Gedanken und wandte sich den konkreten weiteren Schritten zu, die notwendig waren, das Projekt nun zügig voranzutreiben.

Die nächsten Schritte

De Buhr blieb sehr skeptisch, war aber angesichts der in der Mongolei herrschenden menschlichen Armuts-Probleme bereit, nach bestem Vermögen zu helfen. Das zeichnete de Buhrs menschliche Größe aus, dass er nicht nur an die Weiterentwicklung seines jungen Unternehmens und den Umweltschutz, sondern auch an Menschen in der größten Not dachte. Seine finanzielle Zusage über die Projekt-Beteiligung, die beabsichtigte Gewinnbeteiligung für eine dann noch zu gründende mongolische Stiftung war eine Bestätigung für das eigentliche Ziel des Projektes und für ihn der sichere Beweis.

Er verspürte in seinem Herzen einen großen Dank gegenüber seinem Schicksal für diese wunderbare Begegnung.

Er vereinbarte mit de Buhr folgende Schritte:
1. Verhandlungen mit der DEG (Deutsche-Entwicklung-Gesellschaft)
2. Eine weitergehende Untersuchung der dezentralen Heizwerke in der Mongolei durch ein unabhängiges Institut. Dieses neutrale Gutachten sollte Basis sein für eine verlässliche Kalkulation, aber insbesondere auch für die erforderliche Baseline und den PIN als Grundlage für weitere Anträge beim UNFCCC.
3. Informationen und Detailplanung über eine Firmengründung in Ulaanbaatar.
4. Weitergehende Informationen und ggf. Studie eines Wirtschaftsunternehmen über mögliche Varianten des CDM-Verfahren.
5. Gesamtkalkulation, Wirtschaftlichkeitsberechnungen, Bewertung der Erfolgsaussichten u.dgl.

Die vielen Telefonate und die persönlichen Besuche bei Frau Wink im Hause der DEG erleichterten nun das erforderliche Telefongespräch. Nun konnte er Frau Wink mitteilen, dass er einen Unternehmer gefunden hatte, der bereit war, sich unter bestimmten Voraussetzungen an dem Projekt zu beteiligen. Er konnte seine Freude darüber kaum unterdrücken und Frau Wink war ebenfalls begeistert. Sie kannte das Projekt bereits sehr gut und stand der Projektidee sehr positiv gegenüber.

„Senden Sie mir bitte die schriftliche Ausarbeitung, besser noch einen Antrag. Ich sende Ihnen die Fragen, die Sie in dem Antrag beantworten müssen nochmals zu. Sie wissen ja bereits, dass eine partnerschaftliche Zusammenarbeit mit Firmen in einem Entwicklungsland über das PPP-Programm gefördert werden kann, wenn die Voraussetzungen vorhanden sind", sagte sie dann nüchtern.

„Besten Dank, Frau Wink, können wir so vorgehen", antwortete er fragend, „ich erstelle einen Antragsentwurf und sende Ihnen diesen umgehend zu. Danach stimmen wir einen Termin ab und bei dieser Besprechung können wir dann gemeinsam mit Herrn de Buhr alle Einzelheiten auf der Basis des Entwurfes besprechen. Danach stellen wir dann, sofern Herr de Buhr zustimmt, den endgültigen offiziellen Antrag."

„Ja, das wäre ein guter Weg. Also Sie erhalten per Mail die Unterlagen. Viel Erfolg. Sofern Sie Fragen haben, rufen Sie mich einfach an", ermuntere sie ihn.

Gerne nahm er das Angebot an.

Kurze Zeit später hatte er die Unterlagen in seiner Mailbox und er begann sofort mit der Arbeit.

Er holte Angebote ein. Der TÜV Nord in Hannover bekam den Auftrag, im März 2003 die 20 Heizwerke zu untersuchen, die er bereits im Jahr 2000 als SES-Experte untersucht hatte. Er hatte viele Jahre während seiner aktiven Zeit mit verschiedenen Abteilungen des TÜV Nord zusammengearbeitet und er konnte sich auf die vorzügliche Beratung des Abteilungsleiters, Herrn Dr. Rieskamp, absolut verlassen.

Dr. Rieskamp informierte ihn sehr intensiv über die Entwicklung und Entwürfe der Vorschriften für das Zertifizierungsverfahren, das immer komplizierter wurde.

Es machte ihn traurig, dass die vielen unterschiedlichsten Interessengruppen immer größere und unverständlichere Hürden aufbauten. Es schien, dass der CDM-Grundgedanke stark darunter litt.

Die Diskussion über die Begrenzung der CDM-Projekte war ein typisches Beispiel dafür.

Die Diskussionen, ob die CO_2-Emissionen verantwortlich für den Klimawandel waren, erschienen ihm im Grunde genommen als zweitrangig. Es gab viele Wissenschaftler, die der zwischenzeitlich zur „Volksmeinung hochstilisierten Auffassung: CO_2-Emissionen = Einzige Ursache des Klimawandels" widersprachen – deren Worte aber nicht mehr gehört wurden.

Waren die weltweiten Wärme-Emissionen so unbedeutend, dass man diesen Einfluss vernachlässigen konnte?

Mit zunehmender Welt-Bevölkerung bei gleichzeitig steigendem Wohlstand steigt der Primär-Energieverbrauch. Welchen Weg man auch betrachtet, der Primär-Energieverbrauch wandelt sich zum überwiegenden Teil in Wärme und heizt direkt und/oder über den Luftpfad die Weltmeere auf. Das gilt auch für den Strom, der aus Windenergie gewonnen wird. Also auch die CO_2-neutrale Energie-Gewinnung endet letztendlich überwiegend als Wärmeemission im Wasser. Während die Abwärme eines Kraftwerkes etwa 70 % der Stromerzeugung ausmacht und das Wasser direkt erwärmt, ist es aber bei der Stromerzeugung durch Windenergie nur der erzeugte Strom, der sich letztendlich beim Verbrauch in Wärme wandelt.

Also auch in diesem Zusammenhang war man mit der Weiterentwicklung der regenerativen Energieerzeugung auf dem richtigen Weg.

Im Vordergrund standen für ihn die Einsparungen im Primär-Energie-Bereich sowie die zur Neige gehenden Ressourcen. Die Minderung der Luftverschmutzung, verbunden mit der Entwicklungshilfe, war eine sehr gute Idee.

Selbst wenn es keinen menschlich verursachten CO_2-Einfluss auf das Klima gäbe oder nicht relevant wäre, wären die Umweltschutzmaßnahmen und Primär-Energie-Einsparungen ohnehin zwingend notwendig und das CDM-Verfahren die goldrichtige und nachhaltigste Lösung.

Gleichzeitig mit CDM-Maßnahmen so weit zu helfen, dass die Ärmsten der Armen das Leben in Ihrer Heimat selber lebenswert machen können und damit der Exodus in die reichen Industrieländer nicht mehr nötig war. Es gab so viele gute Argumente, die die obige Frage übertönten.

Wenn man versucht, die CDM-Maßnahmen in Kurzfassung verständlich machen zu wollen, dann vielleicht so:

Die Energieversorgungsunternehmen (EVU) sollten bis 2005 eine Genehmigung und eine Berechtigung für den CO_2-Ausstoß bekommen, bezogen auf ein Basisjahr. Von diesem Niveau aus sollten dann die CO_2-Emissionen stetig reduziert werden. Wer den genehmigten CO_2-Ausstoß überschritt, hatte eine Strafe zu bezahlen. In der Diskussion standen 40 Euro pro Tonne CO_2. Wer zu wenige Zertifikate/Genehmigungen hatte, konnte diese CO_2-Zertifikate kaufen oder durch Anlagenverbesserungen, Steigerung des Wirkungsgrades oder ähnliche Maßnahmen den Ausstoß reduzieren.

Dabei musste es nicht die eigene Anlage sein, um CO_2 zu reduzieren. Es konnte auch der Wirkungsgrad einer maroden Anlage in einem Entwicklungsland verbessert werden, um so CO_2-Zertifikate zu generieren. Die CDM-Maßnahmen (Clean Development Mechanismen) waren damit der Hebel, mit geringem finanziellem Aufwand große CO_2-Reduktionen zu erreichen.

Das aktuelle Beispiel: Ein deutsches Unternehmen modernisiert die Heizwerke in einem Entwicklungsland wie der Mongolei und reduziert dabei die CO_2-Emissionen.

Im Rahmen eines Zertifizierungs-Verfahrens erwirbt dieses Unternehmen dann die äquivalente Menge an CO_2-Zertifikaten und kann diese Zertifikate dann an ein EVU in Deutschland verkaufen, z. B. für 10 Euro pro Tonne CO_2 bzw. zu einem Preis, der niedriger war als die Strafe bei Überschreitung der genehmigten Menge.

Small scale, also kleinere Verfahren, wurden thermisch begrenzt. Hierbei konnte man Laufzeiten wählen. Eine einmalige

Laufzeit von 10 Jahren oder 3 Laufzeiten von jeweils 7 Jahren, wobei jeweils nach 7 Jahren eine neue Baseline geschrieben werden musste.

Beide Verfahren beinhalteten eine jährliche Validierung.

Professor Chuluun hatte ihm per Mail mitgeteilt, dass der Bruder von Shirnen, der als Nomade in der Steppe lebte, an Krebs erkrankt sei. Er benötigte ein bestimmtes Medikament, Interferon.

Professor Chuluun war mit Shirnen verwandt, lehrte an der Medizinischen Universität in UB, war oft in der Charité in Berlin und sprach perfekt Deutsch. Über Chuluun kommunizierte er häufig mit Shirnen.

Shirnen, Firma Modul, baute mit seinem Sohn Nyamsuren den chinesischen Kesseltyp und sie betrieben selber einige Heizwerke. Die Verbindung zu den anderen Heizwerkbetreibern und zur Administration war hervorragend und interessant.

Shirnen war mit Nergui gut befreundet und er war an einer Beteiligung an dem Vorhaben interessiert.

Nyamsuren, sein Sohn, war nebenbei Goldgräber und mit seiner Mannschaft, etwa 50 Mann mit einer abenteuerlichen Ausrüstung im Sommer oft monatelang draußen in der Steppe. Die Goldgräber verseuchten die Flüsse, eine beginnende Katastrophe für die Nomaden.

Über gute Kontakte gelang es ihm, Interferon für 800 Euro zu kaufen. Auch hier zeigte sich in Deutschland die große Bereitschaft zu helfen.

Anfang März 2003 war es so weit. Er flog mit Herrn Erik Schäfer vom TÜV Nord nach Ulaanbaatar. Er hatte ein kleines Emissionsmessgerät gekauft, so wie die Schornsteinfeger es benutzen. Mit einem solchen kleinen unkomplizierten, aber offiziell zugelassenen Messgerät für Hausheizungen hatte er auch damals die Untersuchungen an den Kesseln der mongolischen Heizwerke vorgenommen.

Erik hatte seine vielen Geräte in mehreren Kisten verpackt.
Bei der Ankunft wurden sie von Nergui und Gerel freundlich begrüßt. Nergui lud sie in sein Büro ein. Dort warteten bereits Shirnen, Nyamsuren, Chuluun, Munkhbat, Sonor, Tuguldur und Professor Dr. Oidov von der Technischen Universität.

Nach der freundlichen Begrüßung nahm er Chuluun beiseite, gab ihm die Medizin, Interferon gegen Krebs, und wünschte gute Besserung für den Verwandten. Dann fragte er, warum so viele Beteiligte da waren.

„Wir haben ein sehr strammes Programm und nur sehr wenig Zeit mitgebracht", sagte er.

„Shirnen und Nyamsuren würden sich gerne beteiligen", sagte Chuluun, „aber sie möchten die Meinung von Professor Dr. Oidov hören. Nergui ist gegen eine Beteiligung von Shirnen. Professor Oidov ist Vorsitzender der von der UB Stadtverwaltung einberufenen Kommission der Technisch Wissenschaftlichen Universität. Er soll die Entwicklung der Heizkessel beurteilen und für saubere Luft sorgen …"

„Wir haben uns die Aufgabe gestellt, die Untersuchungen der dezentralen Heizwerke von einem neutralen Institut, dem TÜV Nord, durchführen zu lassen, um die wirtschaftlichen Daten prüfen zu lassen. Aber im Wesentlichen auch, um eine Baseline mit gesicherten neutral ermittelten Daten schreiben zu können. Das kann nur ein unabhängiges neutrales international anerkanntes Institut machen. Nach dieser Arbeit, also wenn wir in ein paar Wochen das vorläufige Ergebnis haben, können wir uns dann mit den Fragen ganz konkret beschäftigen, die die Herren heute schon stellen wollen. Vorher ist das nur alles graue Theorie und, wenn das Gutachten negativ ausfällt, vergebliche Mühe. Ist es nicht besser, wenn Professor Oidov die TÜV Untersuchungen abwartet, um auf dieser Basis ein Urteil abzugeben?", versuchte er zu überzeugen.

Er wusste, dass er den einen oder anderen enttäuschte. Aber im Hinblick auf die Kosten musste er auf eine schnelle Durchführung der Untersuchung bestehen.

„Wir müssen die Vorlaufkosten so gering wie möglich halten. Ich bitte sehr um Verständnis, würdest du das den Teilnehmern schonend erläutern?", ergänzte er, „heute möchten wir mindestens noch zwei HW untersuchen."

Chuluun bemühte sich nach Kräften, um Verständnis zu werben. Trotzdem dauerte das Gespräch noch bis 11:30 Uhr. Erst dann konnten sie ihre Sachen in das Hotel bringen und sich auf die Fahrt in das erste HW begeben.

Bereits bei den ersten Besuchen im Jahr 2000 hatte er Sattler kennengelernt. Sattler hatte ein kleines Unternehmen und installierte Heizungsanlagen. Damals baute Kurt Bartel das Brauhaus und ein SES-Experte installierte für Kurt die elektrotechnischen Anlagen. Sattler demontierte für Kurt die technischen Anlagen in der alten Brauerei und baute diese im neuen Brauhaus mit Verbesserungen wieder ein.

Nergui hatte den Geländewagen von Sattler geliehen, in dem die Messgeräte nun verpackt wurden. Es war noch empfindlich kalt in der Mongolei und die Heizwerke liefen auf Hochtouren. Die Luft in UB war in den Wintermonaten mit dem Londoner Nebel vergleichbar. Der Smog war zeitweise unerträglich.

„Ich bin gespannt, welche Differenz wir zwischen deinen und meinen Messungen feststellen", sagte Erik.

„Ja, ich auch, das Messgerät wurde neu kalibriert", antwortete er.

In zehn Tagen wollten sie zwanzig Heizwerke untersuchen, also mindestens zwei Heizwerke am Tag. Erik hatte alles außergewöhnlich gut vorbereitet und so kamen sie gut voran. Die Messergerbnisse stimmten hervorragend überein, das war für ihn eine beruhigende Bestätigung seiner Vorarbeit.

Gerel übernahm die Übersetzungsarbeit. Sie hatte einen Visumantrag bei der deutschen Botschaft gestellt. Sie wollte in Deutschland studieren. Sie hoffte, ihr Visum spätestens in 14 Tagen zu bekommen, und stand nur noch für diese Zeit zur Verfügung.

Nergui hatte das Programm ausgearbeitet und mit den Heizwerk-Betreibern vor Ort die Termine abgestimmt.

Gerel übersetzte, wohin die Reise ging, wer der HW-Besitzer war, nannte die Verbrauchsdaten.

Nach zwei Tagen sagte er: „Gerel, hast du alles richtig übersetzt?"

„Selbstverständlich", sagte sie überrascht, „warum fragst du?"

„Ich kenne diese Heizwerke alle, weil ich im Jahr 2000 schon einmal diese Untersuchungen machte, aber damals waren es andere Besitzer. Nun sagt Nergui, dass die Heizwerke der VdmB gehören. Bitte frage noch einmal nach und gehe mit Nergui die Liste durch, wem die Heizwerke nun wirklich gehören!"

Sie sprach mit Nergui und bestätigte seine Angaben:

„Ja, Nergui sagt, die VdmB ist Eigentümerin aller Heizwerke, bei denen er der Vorsitzende ist. Die VdmB möchte alle Verträge mit der neuen Firma, die wir gründen wollen, abschließen."

Er war irritiert. Stimmte das, was Nergui da sagte? Er konnte sich nicht vorstellen, dass die VdmB zwischenzeitlich sämtliche Heizwerke erworbet hatte. Langsam durchschaute er den Schachzug von Nergui. Er wusste, dass es zu einer harten Auseinandersetzung kommen würde.

Er rief Tulgaa an. Für harte Auseinandersetzungen brauchte er einen Dolmetscher, der von Nergui anerkannt wurde. Tulgaa war so eine Persönlichkeit.

Er erinnerte sich an Itgels Worte:

„Nergui fragt jeden mongolischen Dolmetscher ‚bist Du ein Deutscher oder ein Mongole?', was so viel bedeutete, zu wem der Dolmetscher hält."

Sie trafen sich abends in Nerguis Büro.

„Wir haben schon sehr viele Vorverträge mit den Heizwerk Eigentümern", begann er das Gespräch und kam gleich auf den Punkt, „nun hat Gerel übersetzt, dass eine Vielzahl der städtischen Heizwerke in den Besitz der VdmB gewechselt habe. Dann wären alle Verträge fragwürdig. Habe ich das richtig verstanden?"

„Ja, aber das ist doch nur ein Vorteil für die neue Firma", versuchte Nergui zu begründen.

„Die verbindlichen Verträge werden wir mit den Eigentümern der Heizwerke abschließen", bestätigte er und sah das Leuchten in den Augen von Nergui, „aber nur auf der Basis der Eigentumsnachweise oder Betreiber-Verträge …", ergänzte er und das Leuchten in Nerguis Augen erlosch. „Können Sie diese Nachweise beibringen? Möglichst sofort."

„Viele Heizwerke werden stillgelegt und an die großen Kraftwerke angeschlossen", Nergui versuchte auszuweichen.

„Dieses ist neu für mich", antwortete er, „diese Entwicklung müssen wir ebenfalls besprechen. In welchem Umfang, welche HW es betrifft, den Zeitplan, wann es geschehen soll usw., usw. Aber zunächst müssen wir die Frage des Eigentumsnachweises oder die Betreiberverträge besprechen. Es ist auch unverständlich, wenn die VdmB die Heizwerke in ihr Eigentum übernimmt, die durch Fernwärmeanschlüsse an die großen Kraftwerke ersetzt werden sollen. Also bitte, zeigen Sie mir die Eigentumsnachweise."

Nergui lächelte verlegen: „Die Eigentumsnachweise sind nicht hier ... sondern in meinem anderen Büro."

„Ok", sagte er, stand auf und ergänzte unmissverständlich, „wir fahren dort hin!"

Nergui blieb sitzen und sagte etwas zu Tulgaa.

„Nergui fragte mich nach einem Rat", übersetzte Tulgaa unbeeindruckt, „Nergui hat gelogen ... Kein einziges Heizwerk gehört der VdmB. Wir müssen die Liste ändern. Auch die neue Entwicklung war nur ein Vorwand ...!"

Er schaute Nergui traurig an: „Wollen wir auf dieser Basis zusammenarbeiten?", fragte er, „Lügen sind ein sehr schlechtes Fundament für eine Zusammenarbeit", und zu Erik und Tulgaa gewandt, „kommt, wir gehen, der Tag war lang und anstrengend genug. Die Eigentümer-Liste ändern wir morgen. Und noch etwas, wir müssen mit einem GPS die Standorte der untersuchten Heizwerke fixieren und in die Karte eintragen."

Insbesondere in den Ger-Vierteln war die Standortfrage eine sehr schwierige Aufgabe. Und zu Nergui gewandt:

„Bitte, können Sie eine Karte von UB besorgen?"

„Selbstverständlich, morgen früh steht die Karte zur Verfügung", übersetzte Tulgaa.

Wenn auf Basis dieser Lügen die Verträge auf die VdmB umgeschrieben würden, wären diese Verträge keinen Pfifferling wert gewesen. Hatte Nergui sich einen Zwischenhandel mit den Eigentümern erhofft oder versuchte er, auf eine andere Art an die Zertifikate heranzukommen? Er war sehr verunsichert. Sollte er mit

Nergui weiterarbeiten? Mosa Co. Ltd. war keineswegs in der Lage, sich an den relativ hohen Vorlaufkosten finanziell zu beteiligen.

Die DEG würde auch nie mit Mosa, sondern nur mit PNE einen PPP-Vertrag abschließen und so die partnerschaftliche Zusammenarbeit fördern. Wenn aber die finanzielle Last bei PNE lag, dann mussten die Zertifikate ausschließlich PNE gehören. In diesem Punkt musste ohnehin eine eindeutige Trennung erfolgen. CDM-Verfahren und PPP konnten und durften nicht zusammengehören. PNE hätte auch eine andere mongolische Firma mit dem Kesselbau beauftragen und mit den Kesseln das CDM-Verfahren durchführen können. Und dabei dachte er an die Werkstatt im Kraftwerk Nr. 4. Das wäre eine Alternative mit geringeren Vorlaufkosten gewesen. Aber es war dafür zu spät. Ein Japaner sollte angeblich den Zuschlag bekommen.

Itgel hatte ihn schon damals gewarnt. Er erinnerte sich an ihre Worte:

„Mit Nergui zusammen kannst du so ein Projekt nicht durchführen", hatte sie ohne weitere Begründung gesagt. Ohne dass negative Worte über Nergui über ihre Lippen kamen. Nein, negative Äußerungen über andere? Das ließ ihre Ehre nicht zu, da schwieg sie lieber und gab nur das Ergebnis ihrer Überlegungen bekannt. Hatte Itgel also doch recht? Noch war es Zeit, einen anderen Weg einzuschlagen.

Er versuchte abzuwägen:

Einerseits: gab es Vorteile, das PPP Programm, die jüngeren Mitarbeiter, die in der Techniker Schule und der Universität ihren Abschluss gemacht hatten und die im Kesselbau bereits tätig waren, ggf. eine Werkhalle, die man mieten konnte, die Beziehungen, die Nergui hatte zu allen Ministerien, Behörden, Heizwerkbetreiber, Stadtverwaltung usw., usw. Gerade diese Beziehungen hatten die schnellen Vorverträge ermöglicht.

Andererseits: diese unehrlichen Versuche ihn auszutricksen. Aber überall in der Geschäftswelt gab es solche und solche. Man musste sowieso aufpassen und wachsam sein. Wozu gab es Verträge, an die sich jeder zu halten hatte? Er musste eine andere Bindung organisieren und aufbauen.

Nergui hatte einen Sohn, der hieß Batzorig.

Batzorig stand kurz vor dem Abschluss seines Studiums an der Technischen Hochschule.

Wäre es nicht sinnvoll, ihn zu einem Praktikum mit nach Deutschland zu nehmen? Wollte er nicht junge Menschen in die Selbstständigkeit führen? Je länger er darüber nachdachte, umso sympathischer wurde dieser Gedanke. Wäre Nergui so dumm, eine solche Entwicklung durch Lug und Trug zu gefährden? Das konnte er nicht glauben. Sein Plan stand fest. Er wollte baldmöglichst mit de Buhr darüber reden. Batzorig konnte für PNE bei der Inbetriebsetzung des Kraftwerkes mithelfen und, sofern die endgültige Entscheidung für das CDM-Projekt gefallen war, an den Vorbereitungen für das Mongolei Projekt in Deutschland mitwirken.

Er war erleichtert. Hatte er doch nun auch ein Konzept, um solches Ungemach von Nerguis Seite zu vermeiden.

Er lud Erik und Tulgaa zum Essen ein. Gerel gab jeden Abend bei der Privatschule, ein Sprachzentrum, Deutschunterricht und konnte deshalb nicht kommen.

„Tulgaa, ich bin dir sehr dankbar für die gute Übersetzung", begann er das Gespräch im Chinggis Restaurant, „ohne dein Eingreifen hätte ich Schwierigkeiten gehabt."

Und dann unterhielten sie sich über die Zukunftspläne, die sie beide hatten.

Tulgaa begann über seine Zukunftspläne zu erzählen und sagte mit festem Willen: „Ich möchte ein Brillengeschäft aufmachen!"

Verblüfft fragte er: „Wie willst du das denn machen? Wie kann ich dabei helfen? Ich bin kein Optiker!"

Er traute seinen Ohren nicht. Tulgaa hatte in Jena noch zu DDR-Zeiten Optiker studiert, war aber immer noch arbeitslos, hatte kein Geld und wohnte mit seiner Familie in seinem Ger vor der Stadt.

„Hast du keinen SES-Kollegen, der Optiker ist?", fragte Tulgaa zurück.

„Das ist eine gute Idee, Tulgaa, ich rufe Frau Schmidt vom SES gleich morgen an und frage sie", versprach er.

Dann fingen sie beide an, Pläne zu schmieden für das Brillengeschäft und es stellte sich heraus, dass Tulgaa bereits nach China und Deutschland mit möglichen Lieferanten für Brillengläser und Gestelle Kontakte geknüpft hatte. Für ein kleines Geschäft mit Werkstatt hatte Tulgaa bereits eine kleine ebenerdige Wohnung ins Auge gefasst, etwas abseits der Hauptstraße. Ein neues Brillengeschäft in sehr guter Lage, im Zentrum der Stadt, nicht weit vom großen Kaufhaus. Das war eine sehr gute Ausgangsbasis.

So begannen sie mit den Kostenrechnungen, Finanzierungsmöglichkeiten und Plänen auf den Bierdeckeln und um Mitternacht war er davon überzeugt, dass die Idee ganz gut und die Realisierung möglich war. Sicherlich hatte das Bier zu diesem Optimismus etwas beigetragen, aber auf Bierdeckeln waren schon die besten Kesselkonstruktionen entstanden. Warum nun nicht auch ein Brillengeschäft?

Am anderen Tag rief er Frau Schmidt (SES) in Bonn an. Sein Optimismus wurde etwas gedämpft. Ad hoc wusste Frau Schmidt auch nicht weiter, versprach aber, sich darum zu kümmern.

Das war mehr, als zu erwarten war. Wenn Frau Schmidt etwas in die Hand nahm, konnte man bald mit einem konkreten Ergebnis rechnen.

Er benachrichtigte Tulgaa:

„Du musst noch etwas Geduld haben. Der SES kümmert sich darum …" Er nannte Tulgaa die Telefonnummer von Frau Schmidt und fügte dann hinzu: „Wenn wir einen SES-Kollegen finden, der dir ein paar gebrauchte Geräte vermitteln kann und dir beim Aufbau des Geschäftes hilft, bin ich bereit, privat etwas Startkapital beizutragen. Mehr kann ich im Moment nicht tun. Aber ich melde mich, sobald Frau Schmidt einen SES-Kollegen gefunden hat."

Es hatte etwas länger gedauert, aber die Zeit erscheint so lang, wenn man ungeduldig wartet. Auf Frau Schmidt konnte man sich aber verlassen, sie versprach nichts und ließ lieber Tatsachen sprechen. Frau Schmidt hatte einen pensionierten Optiker gefunden, der bereit war, Tulgaa zu helfen seinen Traum zu realisieren.

Mit dem pensionierten Optiker konnte Tulgaa ein kleines Optikergeschäft einrichten. Möbel, alles hatten Tulgaa und der SES-Kollege selber gemacht.

So wurde Tulgaas Traum eine Realität. Mit der versprochenen Anschubfinanzierung war auch der Start gesichert.

Etwa ein dreiviertel Jahr später konnte Tulgaa schon eine Filiale in der Stadt eröffnen.

Ähnlich war es mit Munkh, dem Elektro-Ingenieur. Munkh hatte zwei Mitarbeiter und baute die Schaltschränke für die Kessel zusammen. Die gesamte E-Installation in den sanierungsbedürftigen Heizwerken gehörte zu seinen Aufgaben.

Munkh wollte eine kleine Werkstatt einrichten. Auch in diesem Fall half er Munkh mit einer finanziellen Starthilfe. Mit verhältnismäßig geringem Startkapital hatte Munkh bald eine kleine Werkstatt und danach eine größere Mannschaft eingestellt, etwa 15 Mitarbeiter. Danach hatte Munkh kaum noch Zeit für den Schaltschrankbau und für die Heizwerke.

Es war fantastisch, wie die Jugend sich selber half, wenn man nur ein klein wenig Starthilfe leistete.

Mit den Messungen ging es nun gut voran. Erik Schäfer schaffte 4 bis 5 Heizwerke pro Tag. Sie waren am Montag, d. 16. März 2003 um 07:00 Uhr in UB angekommen. Nun zeichnete sich ab, dass Erik mit dem nächsten Flug am Sonntag, d. 22. 03. 03. den Rückflug antreten konnte. Also buchten sie den Flug um. Er selber wollte noch eine Woche länger bleiben, um restliche Verhandlungen durchzuführen und alles für eine Firmengründung vorzubereiten.

Gerel hatte bereits einige Monate auf ihr Visum gewartet:

„… kannst du helfen? Ich möchte in Deutschland studieren. Meine Freundin ist in Stuttgart, dort kann ich bei ihr wohnen." Gerel war verheiratet, hatte eine kleine Tochter und lebte mit ihrer Familie bei ihrer Mutter.

Wie viele andere Frauen hatte sie mehrere Jobs, um ihrer Familie ein erträgliches Leben gestalten zu können. Neben der

Tätigkeit als Dolmetscherin war sie als Deutschlehrerin täglich ab 19:00 Uhr im Sprachzentrum „Monreise" tätig und arbeitete bis tief in die Nacht. Sie hatte ihn einmal eingeladen, weil die Studenten bei Monreise unbedingt mit einem Deutschen sprechen und direkte Informationen aus Deutschland haben wollten. So bekam er auch langsam Kontakt zu den Studenten, nicht nur bei „Monreise", sondern auch an der TU.

Sein Eindruck, dass die Frauen die Leistungsträger der mongolischen Gesellschaft waren, wurde immer wieder bestätigt.

„Woran liegt es denn, dass du so lange auf dein Visum warten musst?", fragte er.

„Ich weiß nicht genau, aber es kann sein, dass mein Nachweis der wirtschaftlichen Unabhängigkeit nicht so gut ist. Ich habe kein Stipendium …"

Er rief in der deutschen Botschaft an und ließ sich erklären, welche Hindernisse im Wege waren. Sicherlich, die Botschaft musste vorsichtig und genau sein bei der Visa-Erteilung. Dafür hatte er großes Verständnis und war deshalb sehr dankbar, eine so offene Auskunft zu bekommen.

Für den Lebensunterhalt in Deutschland mussten die Studenten einen finanziellen Nachweis der Unabhängigkeit vorlegen. Hierzu nahmen die Studenten meistens Geld von der Bank auf, hinterlegten es in einem Sparbuch, legten dann dieses Sparbuch in der Botschaft vor, und wenn sie ein Visum bekommen hatten, bezahlten sie das Geld der Bank wieder zurück. So kostete dieser „Nachweis" nur die Zinsen für 1 bis 2 Monate.

Natürlich kannte die Botschaft solche und viele andere Tricks und erteilte die Visa nur nach einer eingehenden Prüfung.

Er vereinbarte einen Termin in der deutschen Botschaft, hinterlegte eine Verpflichtungserklärung und hatte die verbindliche Zusage, dass Gerel ihr Visum am Freitag der gleichen Woche abholen konnte.

Er hatte ihr nichts davon gesagt, dass er einen Termin in der Botschaft vereinbarte, und war unter einem anderen Vorwand den Messungen ferngeblieben. Nun kam er zurück und mit einer stillen Freude im Herzen.

„Du kannst am Freitag um 10:00 Uhr dein Visum abholen und am Sonntag mit Erik nach Berlin und dann weiter nach Stuttgart fliegen. Komm, wir müssen dir die Flugtickets kaufen", sagte er zu Gerel und zu Erik gewandt: „Nimmst du Gerel am Sonntag mit nach Deutschland?"

Erik lachte: „Selbstverständlich. Ich sorge dafür, dass sie den richtigen Anschluss nach Stuttgart bekommt."

„Sonntag schon?", Gerel staunte, „wie hast du das gemacht?"

„Gerel, ich habe mich verpflichtet, für dich in Deutschland zu sorgen. Das nehme ich sehr ernst. Du musst mir versprechen, dass du mir immer offen und ehrlich mitteilst, wenn irgendetwas passiert, was ich wissen muss, damit ich meine Pflichten gewissenhaft erfüllen kann."

Auf dem Weg zum MIAT Büro erklärte er ihr dann, was zu tun sei. Krankenversicherung, Immatrikulationsbescheinigung der Uni, Meldung in der Ausländerbehörde usw., usw.

„In der Botschaft wird man dir noch alles genauer erklären", ergänzte er.

Am Samstag, gegen Mittag, waren die Messungen abgeschlossen.

Erik hatte schon vor Beginn der Reise ein Excel-Programm erstellt und täglich die Messergebnisse eingetragen. So hatten sie bereits am Samstag die vorläufigen Ergebnisse.

Der mittlere Wirkungsgrad aller gemessenen Kessel lag etwa zwischen 35 % und 45 %. Hierbei fehlte noch die Bestimmung des Herdverlustes, also das Unverbrannte in der Asche, weil die chemischen Analysen erst in Deutschland durchgeführt werden mussten.

Damit lagen die Ergebnisse der Wirkungsgradbestimmungen im Mittel kleiner 45 %, vermutlich bei 40 %.

Diese erste überschlägige Bestimmung bestätigte eigentlich schon die Untersuchungsergebnisse, die er im Jahr 2000 durchgeführt hatte.

Wenn die neuen Kessel einen Wirkungsgrad über 80 % erreichten, und das konnte mit Sicherheit angenommen werden, konnten mindestens 50 % des Kohleverbrauches eingespart werden.

Und wenn in Deutschland die mongolischen Zechenanalysen der Kohle sich ebenfalls bestätigten, und davon konnte man ebenfalls ausgehen, war auch der CO2-Faktor bestätigt. Im Großen und Ganzen konnte er mit dem vorläufigen Ergebnis zufrieden sein. Umso wichtiger war es jetzt, konkrete Gespräche zu führen, und er bereitete das Besprechungsprogramm für die kommende Woche vor.

Kurt Bartel hatte angerufen. Ein SES-Kollege, der für Kurt gearbeitet hatte, wollte vorzeitig nach Deutschland fliegen, etwa 14 Tage früher als geplant.

„Der SES-Kollege und ich können die Flüge tauschen", hatte er angeboten und mit Kurt am Freitag ein Treffen im MIAT Büro vereinbart.

Vorher brachte er Gerel zur deutschen Botschaft. Nachdem sie ihr Visum abgeholt hatte, trafen sie sich mit Kurt im MIAT Büro, um für Gerel die bereits bestellten Flugtickets abzuholen und mit Kurt die Flugtickets für den SES-Kollegen zu tauschen.

Gerel hatte noch ein Problem.

Ihre jüngere Schwester war in die Stadt gekommen und suchte Arbeit. So hatte sie denn gefragt, ob er helfen könne.

„Ich könnte Kurt mal fragen. Hat deine Schwester einen Beruf gelernt?", fragte er.

„Nein, sie hat einen guten Schulabschluss", war die Antwort, „aber, wenn sie für Kurt arbeiten könnte, wäre das ganz gut."

Also fragte er Kurt.

Kurt sah Gerel prüfend an.

„Was kann deine Schwester denn?", wollte Kurt wissen.

„Meine Schwester kann gar nichts." Gerels Ehrlichkeit war verblüffend, beinahe selbstzerstörend.

„Dann wird das wohl nichts", bemerkte Kurt ganz trocken.

„Aber Gerel", versuchte er die verunglückte Argumentation etwas zu korrigieren, „deine Schwester kann doch in der Küche helfen und so anfangen zu lernen. Kochen und vielleicht sogar später bedienen, im Khan Bräu oder sogar im Brauhaus."

Gerel sah ihn mit ihren offenen und ehrlichen Augen und treu an.

„Du, sie kann wirklich nichts", wiederholte sie.

Sonntag früh checkten Erik und Gerel den Flug ein.

Erik hatte die Messgeräte-Koffer über das Waageband laufen lassen.

„1.280 USD soll ich bezahlen", sagte Erik erschrocken, „beim Einchecken in Berlin nach UB habe ich nur 320 USD bezahlt. Das Übergewicht hat sich nicht geändert. Das ist nun der vierfache Preis für das Übergewicht."

Zuerst wurde auf Englisch verhandelt, dann versuchte Gerel auf Mongolisch ihr Glück. Aber vergeblich und keiner hatte so viel Bargeld bei sich.

Der Flugtermin schien gescheitert zu sein. Oder er musste die Koffer im Verlauf der nächsten Woche aufgeben und am nächsten Sonntag mitnehmen.

Er bat Gerel, Herrn Nergui anzurufen, vielleicht konnte Nergui aushelfen und kommen.

Nergui kam, brachte aber kein Geld mit. Stattdessen verhandelte Nergui und nach 10 Minuten übersetzte Gerel:

„320 USD sind o.k. Man hat sich vertan und bittet euch um Entschuldigung …!"

Am Montag früh hatte er einen Termin mit Herrn Ammon im GtZ-Büro vereinbart, um sich über die Firmengründung beraten zu lassen.

Ammon erläuterte die erforderlichen Vorgaben der Firmengründung und die Aufgaben der FIFTA.

Die GtZ hatte die FIFTA ins Leben gerufen, damit dieses Institut den interessierten Unternehmern den Weg ebnen sollte. So kam es, dass er auch den Chef der FIFTA kennenlernte.

Nachdem alles mit der FIFTA so weit besprochen war und beide wieder alleine in Ammons Büro waren, sagte Ammon:

„So, so, Mosa Co Ltd. und Modul Co. Ltd. sollen die Partner werden? Das sind zwei Mongolen gegen eine Langnase", schmunzelte Ammon und wiegte bedenklich den Kopf.

Er wunderte sich:

„PNE hält 60 % des Gesellschaftskapitals. Die anderen beiden nur je 20 %. Was soll da schiefgehen? Im Übrigen wird die neue Firma nur eine gemietete Halle haben und die Maschineneinrichtung wird PNE-Eigentum bleiben. Die neue Firma kann mit der Maschinen-Miete die Maschinen als Eigentum mit einer Laufzeit von etwa 5 bis 6 Jahren erwerben. Die Miete wird also angerechnet, also ein Mietkauf. Was ist daran falsch? Habe ich etwas vergessen?", fragte er.

„Ja, Sie haben das mongolische Denken vergessen. Das können Sie ja auch noch nicht wissen. Wenn zwei Mongolen und nur eine Langnase eine Partnerschaft bilden, dann bleibt es dabei ‚zwei Mongolen und eine Langnase'. Da zählt der Anteil am Gesellschaftskapital nicht. Da zählen die Köpfe", erklärte Ammon.

Erstaunt antworte er:

„Die Mongolei hat das deutsche Bürgerliche Gesetzbuch (BGB) wörtlich abgeschrieben. Eine Leistung Ihrer Arbeit und Ihrer Kollegen von der GtZ … Die Mongolei ist nun seit 13 Jahren eine Demokratie. Wie groß ist die Rechtsicherheit für Investoren? Nach Ihren Worten bekomme ich Bedenken."

Herr Ammon versuchte, die Realität nüchtern darzustellen:

„Ich will Sie nicht verunsichern, muss Ihnen aber deutlich sagen: Solange Sie hier vor Ort sind und die Zügel fest im Griff behalten, besteht keine Gefahr. Denken Sie immer daran. Kehren Sie ihren mongolischen Partnern nie den Rücken und wählen Sie die besprochene Formulierung im Firmenzertifikat. Andernfalls bezahlen Sie 21 % beim Zoll, auch auf Maschinen, die nur vermietet oder mit deutscher Entwicklungshilfe mitfinanziert wurden …

Beachten Sie also den derzeit gültigen Regierungsbeschluss Nr. 140 vom Jahr 2001, wonach Sie Steuern für die Sanierung der Heizwerke und die Maschineneinrichtungen sparen können. Die gewählte Formulierung im Firmenzertifikat, die wir ja auch mit dem FIFTA-Chef soeben abgesprochen haben, ist die Grundvoraussetzung dazu."

Er antwortete verunsichert:

„Ihre Hinweise werde ich natürlich befolgen, aber was Sie über das mongolische Denken sagen ... Das mag ja alles richtig sein", erwiderte er, „aber stellen Sie sich einmal vor, PNE eröffnet hier alleine eine eigene Kessel-Produktion mit moderner Technik, mit Konditionen einer Vorfinanzierung, von der man hier in UB nur träumen kann. Welche Chance hätten die beiden mongolischen Partner mit ihren uralten Kessel-Konstruktionen? Der eine mit der russischen und der andere mit der chinesischen Konstruktion? Mit ihren steinzeitlichen Fertigungsmöglichkeiten ...? Mit Konditionen der heimischen Banken, die geradezu verhindern, dass sich ein Mittelstand bildet? ... Mit diesen verrückten Zinsen und kurzen Laufzeiten muss doch jeder, der den Mut hat, wirtschaftlich etwas aufzubauen, sofort wieder pleitegehen ... Also welche Chance hätten die beiden mongolischen Unternehmen?", fragte er und gab die Antwort gleich selber, „absolut keine Chance ... Wenn hier mit fairen Mitteln Wettbewerb stattfindet ... absolut keine Chance ...

Innerhalb kurzer Zeit wären beide mongolischen Unternehmen am Boden mit ihrer Produktion ... und das wissen die beiden ganz genau ... Deshalb ist es sinnvoll und eine Chance für die mongolischen Partner, die Kräfte zu bündeln, um etwas ganz Neues zu kreieren ... Und die beiden wissen noch etwas ... ich bin nicht gekommen, um als Businessmann viel Geld zu machen und andere in die Pleite zu treiben. Ich bin gekommen, etwas aufzubauen, um zu beweisen, dass man nicht mit dem Hut in der Hand in der Welt herumlaufen muss, um Geld einzusammeln, um mit diesem Geld Armut zu beseitigen ... Das funktioniert sowieso nicht ... Ich will, darf und kann mir kein Urteil über die Hilfsorganisationen erlauben, von denen einige als Wirtschafts-Unternehmen fungieren ... aber ... wenn man Brot kostenlos verteilt und damit den nächsten Bäcker, der sich mühevoll einen Laden aufbaute, mit den Spendengeldern so in die Pleite treibt ... ist das nicht ein wirtschaftlicher Unsinn?"

Er machte eine kleine Pause, um einen neuen Gedanken zu formulieren:

„Ich bin von der mongolischen Jugend und ihrer theoretischen Ausbildung so sehr begeistert. Die Schulbildung ist beispielhaft. Die Sprachbegabung manchmal unvorstellbar groß und ich habe von Ihrem GtZ-Ausbildungszentrum am Kraftwerk Nr. 4 gehört … in der Schweißer, Elektriker, Schlosser … nach deutschem Standard ausgebildet werden … und ich habe mit Herrn Helbig gesprochen … Was soll ich erzählen … Sie wissen, welche hervorragende Ausbildungsstätte Herr Helbig im Auftrag der GtZ und der deutschen DECON auf die Beine gestellt hat … Davon bin ich mehr als begeistert … Der Boden ist hier sehr gut bestellt für ein Entwicklungs-Hilfeprojekt dieser Art:

… Ein Sanierungsprogramm der dezentralen Heizwerke …

Das ist nicht nur dafür, damit die Menschen nicht frieren müssen bei der unbarmherzigen Kälte … obwohl das schon genug wäre … Aber es ist mehr als das. Es ist Umweltschutz … Wenn statt 250.000 t Kohle im Jahr in diesen Heizwerken hier in UB nur noch rd. 125.000 t pro Jahr in diesen Heizwerken verbrannt werden, bedeutet das bereits die Hälfte der Emissionen, und wenn die emittierten Rauchgase dieser Menge nur noch ein Bruchteil der Schadstoffe beinhalten, also ich schätze mal, dass nur 10 bis 20 % dieser derzeitigen Emissionen übrig bleiben. Das bedeutet weniger Belastung der Atemwege, Verringerung der Atemwegserkrankungen. Sie kennen und leiden selber an dem Smog dieser Stadt, wenn Sie im Winter wie im Londoner Nebel durch die rauchgasgeschwängerten Straßen gehen. Es ist die dreckigste Hauptstadt, die ich je gesehen habe. Aber noch etwas. Wenn über 100.000 t Kohle eingespart werden, sind das weniger Ausgaben der Betreiber. Hier in UB etwa 1.200.000 US Dollar pro Jahr, landesweit 3- bis 4-mal so viel.

Ein Bürgermeister gibt 80 % seines Budgets für die Wärmeversorgung aus, für Schulen, Kindergärten, Krankenhäuser, öffentliche Gebäude usw. … Wenn er hiervon die Hälfte der gesamten Brennstoffkosten spart, bleibt die andere Hälfte für andere soziale Zwecke übrig.

Und ich habe bereits gesagt: in Zusammenarbeit mit Herrn Helbig können wir Fachleute ausbilden, die die modernere Technik beherrschen. Sowohl bei der Herstellung als auch beim Betrieb.

Das bedeutet Arbeitsplätze. Das bedeutet, dass die Väter und Mütter ehrenvoll ihre Familie selber ernähren können und nicht von Almosen abhängig sind.

Das bedeutet Fortschritt und, auch das wissen die beiden zukünftigen Partner, … wenn ich dieses Projekt nebst CDM-Verfahren zum Selbstläufer gebracht haben werde … wenn das geliehene Geld mit Zinsen und Zinseszinsen zurückbezahlt wurde, dann ist meine Aufgabe hier getan … Dann wird der Sohn von Nergui Geschäftsführer des Unternehmens … Dann könnte ich mir vorstellen, dass die Geschäftsführung komplett langsam in mongolische Hände übergeht … Dann gehe ich … Warum sollten die beiden mir vorher Böses wollen? Sie würden sich selber schaden …"

Er machte eine Pause, langes Reden war nicht seine Sache. Die Begeisterung hatte ihn dazu getrieben. Dann fuhr er nachdenklich fort: „Aber stellen wir uns vor, dass Sie recht haben mit Ihren großen Erfahrungen hier vor Ort …

Nur mal so theoretisch … O.k. … Wenn es dann so sein soll … Wenn es so kommt, wie Sie vermuten … Dann werde ich sagen ‚Ich habe es versucht …' Aber mit einer Überzeugung im Kopf herumlaufen, ohne es zu tun, ohne es versucht zu haben, würde ich viel unglücklicher sein … Keine ruhige Minute würde ich mehr haben", und er dachte an die Worte der Direktorin im Kinderkrankenhaus, „sehr viel unglücklicher", und nach einer kurzen Pause, „ich glaube, das kann ich gar nicht. Von einer guten Sache überzeugt sein und nicht handeln. Das ist für mich unmöglich, daran gehe ich kaputt. O.k., dann ist besser, ich bin ein Verlierer … Das ist besser, als es nicht versucht zu haben."

Die letzten Worte sagte er immer leiser, als würde er zu sich selber sprechen und dabei dachte er an die Worte seines Vaters, von Goldklumpen, die die Menschen manchmal wegwerfen … Einfach in den Dreck werfen … Weil sie von ihrer Gier und Habsucht oft blind geworden sind.

Und deshalb schloss er mit den Worten seine Rede:
„Als ein solcher Verlierer würde ich nur traurig sein und „die Gewinner", und dabei zeichnete er mit dem Zeige- und Mittelfinger der rechten und linken Hand zwei Gänsefüßchen in die Luft, „… die dann keine sind, weil sie dann mehr verloren haben, als sie wissen, sehr, sehr bedauern …"

Und bei diesen letzten Worten musste er an de Buhr denken. Auch de Buhr hatte ihn gewarnt und würde einen erheblichen finanziellen Verlust erleiden. Das bedrückte und verunsicherte ihn am meisten.

Aber alles wurde deutlich davon übertönt, dass er sein Schicksal um all dieses hier gebeten hatte.

Wie sagte sein Vater immer: „Wer vom Schicksal geliebt wird, der wird vom Schicksal geprüft."

Er hatte sein zweites Leben für alles hier eingetauscht. Keinem konnte er das je erklären. Und er musste an einen Filmausschnitt denken. Als Albert Schweizer in Lambarene durch den Urwald ging und ein geistiges Oberhaupt des Schwarzen-Stammes hinter ihm, mit der Axt in der Hand, mit großem Zweifel im Herzen, ob er dem weißen Arzt den Schädel spalten sollte, um die Macht und Anerkennung seines Stammes nicht zu verlieren.

Es war nicht seine Art, sich so ganz einfach von seiner Überzeugung zu verabschieden. Er kannte sich gut genug. Eher würde er alles riskieren als aufzugeben, solange er die Hoffnung auf den Erfolg hatte, und er vertraute seinem Schicksal. Er bat sein Schicksal um viele Jahre Gesundheit, alles andere würde er dann schon schaffen.

Ammon schaute ihn sehr lange ernst und schweigsam an, dann sagte er: „Machen Sie das, wovon Sie überzeugt sind. Ich kann Sie ohnehin nicht davon abbringen, aber ich möchte Ihnen eine Geschichte erzählen, die man über zwei Mongolen berichtet …", Ammon lächelte: „Also, da sitzen zwei Mongolen, Nomaden, auf einem Berg. Der eine dort, der andere auf dem anderen Berg und sie schauen herab auf ihre Viehherde, von der sie gut leben können. Sie sehen auf ihr Camp, auf ihre Familienmitglieder, die glücklich sind. Sie sehen die grüne Steppe, die ihre Viehherde ernährt. Sie schauen auf den Fluss, der sauberes Wasser zum Trinken für alle anbietet …

Und sie sind glücklich, dankbar und sehr stolz und freuen sich sehr darüber, dass es ihnen allen sehr gut geht …

Auf einmal zieht eine dunkle Wolke auf, bleibt über dem einen Camp, das ganze Glück des einen Nomaden, stehen und es fauchen Blitze und Donner, Hagel und Feuer aus der Wolke herab und zerstören das ganze Glück des einen Nomaden.

Das Glück des anderen Nomaden bleibt bestehen und unversehrt, bleibt unberührt.

Dann verzieht sich die Wolke und der unglückliche Nomade schaut neidisch auf das Glück des anderen Nomaden hinüber. Und als sein Herz so voller Trauer war, aus der Trauer wurde Neid und aus dem Neid wurde Hass auf das Glück des anderen Nomaden. In dem Moment erscheint eine Fee und sagt, dass der unglückliche Nomade in seinem so großen Unglück einen einzigen Wunsch frei hat und sie würde diesen Wunsch sofort erfüllen."

Ammon machte eine lange Pause und fragte dann:

„Was meinen Sie, was der unglückliche Nomade sich gewünscht hat …?"

„Na ja, das alles so wird wie früher", antwortete er, „was soll er sich sonst noch wünschen?"

„Nein", sagte Ammon, „das wäre europäisches Denken. Der unglückliche Nomade hat der guten Fee gesagt: „Sorge sofort dafür, dass es dem da drüben genau so dreckig geht wie mir."

Und nach einer weiteren Pause sagte Ammon:

„Denken Sie immer daran, ich wünsche Ihnen viel Glück."

Mit den letzten Worten war Ammon aufgestanden. Damit war das Gespräch beendet und sie nahmen Abschied voneinander.

Vieles, was Ammon sagte, war für ihn sehr, sehr fremdartig. Was sollte er von allem halten? Er hatte nicht den Eindruck gewonnen, dass die Nomaden so denken. Mag sein, überall gibt es solche und solche, aber er hatte insbesondere die Nomaden, aber auch andere Mongolen ganz anders kennengelernt, offen, ehrlich, hilfsbereit und außerordentlich gastfreundschaftlich. Der Gast war bei ihnen der König.

Allerdings, der aufkommende Kapitalismus war dabei, die wunderbare Familienkultur zu zerstören. Aber das geschah in den Städten, zum Teil mit unsagbarer Habgier. In den Städten, in denen sich zunehmend der Raubtierkapitalismus breitmachte, konnte er sich solche Verhaltensweise sehr gut vorstellen.

Bei den Nomaden? Eine solche Verhaltensweise erschien ihm unmöglich zu sein. Das widersprach seinen Menschenkenntnissen.

Bei den Habgierigen in der Stadt? Dort war er von dieser Verhaltensweise auch überzeugt.

Bolormaa hatte über diese Geschichte gelacht und ihm recht gegeben. „Du musst hier in der Stadt aufpassen", hatte sie gesagt, „hier in der Stadt, da hat Herr Ammon richtig gesagt. Bei den Nomaden bist du immer ein gern gesehener Gast, auch wenn diese manchmal ganz arm sind. Warum sollten sie sich gegenüber einem ärmeren mongolischen Nachbarn anders verhalten?"

Die Russen hatten versucht, die Nomaden zur Sesshaftigkeit zu zwingen. Man erließ daher einen Beschluss, dass eine Nomadenfamilie nur 200 Stück Vieh haben durfte. Eine Nomadenfamilie benötigt aber über 300 Stück Vieh, um in der Steppe zu überleben. Aus diesem Grund vermehrten sich auf wundersame Weise die Familien. Aus ein paar großen Familien wurden plötzlich mehrere kleine Familien mit der gleichen Zahl ihrer Herde. Die Russen blieben gegen diesen passiven Widerstand erfolglos.

Eine Langnase hatte die Nomaden als arme Menschen bedauert, weil die Nomaden kein Geld hatten und die Nomaden hatten geschmunzelt und leise getuschelt:

Wozu brauchen wir hier so viel Geld? Ob die Langnase das verstehen würde, wenn wir es ihm sagen? Wir haben die Steppe, die uns Mongolen gehört, und wir können reiten und jagen, wo wir wollen. Wir haben gehört, dass die Menschen in Deutschland nur auf öffentlichen Plätzen und Straßen gehen dürfen, also ausgesperrt sind, weil neben den Straßen alles privates Gelände ist! Sollen wir ihnen sagen, dass sie ausgesperrt sind? Lieber nicht, wir würden ihr Freiheitsgefühl verletzen!

So schweigen die Nomaden, wenn sie bedauert werden wegen ihrer „Armut".

Als ein paar Mongolen in Deutschland sich auf eine große Wiese setzen wollten, kam gleich der Eigentümer und jagte sie davon. Das spricht sich in der Mongolei schnell herum. Die Mongolische Steppe gehört allen Mongolen.

„Es wird sehr lange dauern, bis ich das alles verstanden habe", sagte er zu sich, als er das Gebäude der Industrie- und Handelskammer verunsichert verließ und das Restaurant Khan Bräu ansteuerte.

Aber eigentlich lag in Ammons Rede eine Bestätigung der Gefahr seiner Analyse zu Beginn seines Vorhabens. Neid, Habgier und Missgunst derer, die danebenstehen, die Eigenschaften, mit denen sich die Menschen immer und immer wieder im Kapitalismus gegenseitig ganz klein halten.

Im Khan Bräu traf er sich mit Kurt Bartel.

Kurt war mit einer in der Mongolei sehr bekannten und beliebten Schauspielerin verheiratet, eine wunderschöne Frau. In Gedanken an das Gespräch mit Ammon sagte Kurt nur: „Du brauchst hier in der Stadt absolut zuverlässige Mongolen als Insider."

„Ich denke, die habe ich", meinte er, „zweieinhalb Jahre kenne ich die beiden nun, habe für sie alles getan und ihnen geholfen, wo ich konnte. Ich denke, von denen droht keine Gefahr."

Kurt lächelte nachdenklich: „Deine Projektidee scheint ja gut zu sein. Versuche es. Aber ich sage nochmals: sei wachsam!"

Trotzdem, er wollte es nicht glauben. Nicht mit den beabsichtigten Partnern. Nicht mit so einem nachhaltigen Konzept. Die Partner würden sich selber keinen Gefallen tun, sich selber die Zukunft verbauen, sich selber einen großen Schaden zufügen.

Er rief Suren an. Gerel hatte ihm die Telefonnummer gegeben und sie als Dolmetscherin nach ihrer Abreise empfohlen. Er traf sich mit Suren im Café beim Belgier.

Suren hatte mit ihrem Mann, der nun als Dozent an der TU in UB arbeitete, in Freiberg studiert und beherrschte die deutsche Sprache perfekt.

Sie selber war als Dozentin der deutschen Sprache an der Uni beschäftigt.

Nachdem sie beide die allgemeinen Dinge besprochen und er ihr sein Vorhaben kurz erläutert hatte, stellte er ihr sein Wochenprogramm vor, um mit ihr die Termine abzustimmen.

„Mir fehlt noch eine Terminvereinbarung mit dem GtZ-Hauptbüro im Sukhbaatar Distrikt. Bei Herrn Ammon und beim Direktor der FIFTA im Haus der Industrie- und Handelskammer war ich schon", setzte er seine Erläuterungen fort, „im GtZ-Hauptbüro möchte ich gerne die Möglichkeiten der technischen Ausbildung der zukünftigen Mitarbeiter im GtZ Ausbildungszentrum ausloten."

„Meine Mutter ist Direktorin der Technischen Hochschule. Sie kann helfen, gute Studienabgänger zu vermitteln. Auch könnten die Besten, die infrage kommen, schon vorher ein Praktikum bei dir machen", sagte Suren.

„Das ist sehr gut", er war erfreut über diese Nachricht, „aber bitte, wir müssen unterscheiden, wir gehen schrittweise vor. Da gibt es den nächsten ganz konkreten Schritt, und während wir diesen gehen, bereiten wir die anderen Schritte vor.

Wenn der nächste konkrete Schritt scheitert oder sich die Situation ändert, kann sich natürlich auch alles andere ändern. Wir dürfen also keine vorzeitigen Hoffnungen wecken. Ein Praktikum, das ist sehr gut, kann aber erst ernsthaft ins Auge gefasst werden, wenn wir die Werkstatt eingerichtet und in Betrieb genommen haben. Das dauert noch mindestens ein ¾ Jahr. Wenn alles ganz gut läuft. Ich könnte mir aber vorstellen, dass im Ausbildungszentrum einige zukünftige Mitarbeiter eine gute Schweißer-Ausbildung nach deutschem Standard bekommen, um schon bei Inbetriebnahme der Werkstatt ausgebildete Schweißer zu haben. Deshalb also das vorbereitende Gespräch mit dem GtZ-Hauptbüro. Deinen Vorschlag werden wir aber auf jeden Fall rechtzeitig einleiten. Aber ich denke, dafür haben wir genügend Zeit. Wenn wir im Januar diesen Gedanken neu aufgreifen, ist das wohl früh genug."

Am Nebentisch nahmen drei jüngere Damen Platz. Suren schaute sich um, lachte, stand auf und ging auf die Damen zu. Ein längeres Gespräch auf Mongolisch folgte.

Dann kamen alle an seinen Tisch. „Stell' dir vor", begann Suren lachend, „wir reden hier über die möglichen Kontakte mit der GtZ-Hauptzentrale und wer kommt herein? Na, was glaubst du? Meine Freundin ist Sekretärin von Herrn Dr. Sawitzki in der GtZ. Sie macht sofort einen Termin, wenn du möchtest. Sage mal, wann du Termine frei hast. Dann versucht sie, das zu organisieren. Weißt du, UB ist ein Dorf mit den 800.000 Einwohnern. Hier kennen wir uns alle."

Alle sprachen deutsch und so konnte er zur Gesprächsvorbereitung sein Anliegen vortragen, um so Herrn Dr. Sawitzki auf das Gespräch über die Sekretärin einzustimmen.

Nach einem kurzen Telefonat sagte Surens Freundin: „Du hast Glück, morgen, Dienstag um 15:00 Uhr, hat er Zeit für dich."

„Danke", sagte er, „das ging alles viel schneller und besser, als ich erwartet habe", und zu Suren gewandt, „sorry, aber ich sagte schon … wir haben heute noch einen strammen Terminplan. Wirst du mir helfen?"

„Ja, selbstverständlich", antwortete Suren und sie verabschiedeten sich von den anderen.

Es folgten Besprechungen mit Professor Oidov in der TU.

Oidov hatte selber einen Kessel entworfen und mit seinen Studenten gebaut. Es war sinnvoll, den Kontakt mit der TU zu pflegen.

Anschließend fuhren sie zum Umwelt-Ministerium. Auch hier waren die Kontaktpflege und der Gedankenaustausch sehr wichtig. Es wäre fahrlässig gewesen, ohne Kontaktaufnahme wieder nach Hause zu fliegen. Im Ministerium beschäftigte man sich mit der Umweltschutz-Gesetzgebung.

Dann fuhren sie in das Büro von Nergui. Hier bereiteten sie die Verträge vor, den GmbH-Vertragsentwurf, den er mit Nergui noch abstimmen wollte, und die noch ausstehenden BOT-Verträge mit der Stadtverwaltung, dem Militär, dem Grenzsoldatenamt und der Eisenbahngesellschaft als Entwurf und Gesprächsbasis mit den zukünftigen Vertragspartnern.

Es wurde sehr spät. Suren nahm die Verträge mit nach Hause, um an der Übersetzung zu arbeiten. Die normale Arbeitszeit beginnt in der Mongolei um 09:00 Uhr, spätestens um 10:00 Uhr.

Am folgenden Tag hatte er zunächst einen Termin mit Enkhtaivan, dem Leiter der städtischen Heizwerkbetriebe, und mit Chinbat, Stadtverwaltung.

Sie hatten sich schon im Jahr 2000 kennengelernt. Es wurde ein Vorgespräch, die eigentliche Verhandlung sollte am nächsten Tag mit dem Generalmanager der Stadt, Herrn Namsrai, an dem auch Enkhtaivan teilnehmen wollte, stattfinden.

Beim Militär ging es zunächst um das Heizwerk der Kaserne für Strategie und Logistik. Das Interesse war sehr groß und das Gespräch sehr offen. Man gab freimütig zu, dass in dem Jahresbudget kein Geld mehr frei sei für neue Kessel. Im nächsten Wirtschaftsjahr, 2004, wollte man aber die erforderlichen Investitions-Kosten für zwei Kessel im Wirtschaftsplan berücksichtigen. Die Vertragsverhandlungen liefen problemlos.

Im GtZ Büro wurde er freundlich begrüßt.

Er erläuterte das gesamte Vorhaben und die bereits erledigten Schritte. Hier erfuhr er nun ausführlich die Möglichkeiten der Ausbildung nebst Ausbildungskosten. Die Fördermittel für das Ausbildungsprojekt liefen aus und man musste zunehmend das Projekt auf privatwirtschaftliche Beine stellen, die Kosten also durch die Ausbildungsbeiträge decken.

Die DECON-MVV-Gruppe mit Herrn Helbig als Projektleiter hatte das gesamte Projekt ausgeführt.

Helbig bot einen Besichtigungstermin des Ausbildungszentrums an. Neben der Schweißerausbildung nach deutschem Standard waren die Ausbildungen zum Schlosser und Elektriker möglich. Die Einrichtungen waren perfekt, eine hervorragende Arbeit, die Helbig hier geleistet hatte. Genau das Richtige für diese Region, in der der Mittelstand so gut wie nicht vorhanden war. Er war sehr positiv vom Ausbildungszentrum beeindruckt und freute sich auf diese zukünftige Zusammenarbeit.

Früh am anderen Tag fand die Verhandlung mit Namsrai und Enkhtaivan statt.

Er freute sich über den Erfolg, die Nachrüstung und Modernisierung von 16 Heizwerken wurden schriftlich bestätigt und weitere Einzelheiten vereinbart.

Und so ging es weiter.

Auch im Infrastruktur-Ministerium wurden die früheren Aussagen und Absichtserklärungen bestätigt.

Bei der Verhandlung im Amt für Eisenbahngelegenheiten nahm Nergui teil.

Die Verhandlungen gestalteten sich schwierig. Das CDM-Verfahren war angeblich uninteressant, aber er benötigte deren Zustimmung.

Er schlug vor, dass sich beide Seiten Zeit nehmen und die Entwicklung zur Privatisierung der Heizwerke bis Jahresende abwarten sollten.

Die Russen waren mit einem erheblichen Anteil an der Mongol-Eisenbahn beteiligt und hatten daher ein wichtiges Wort mitzureden. Die Gesprächspartner konnten nicht eigenständig entscheiden. Warum sollte er sie in Verlegenheit bringen, um das zuzugeben? Er musste das alles berücksichtigen und es bestand auch keine Notwendigkeit, ad hoc einen Vertrag abzuschließen.

Er merkte die Erleichterung und der Vorschlag wurde gerne angenommen.

So verabschiedeten sie sich freundlich im gegenseitigen Einverständnis.

Am anderen Tag zeigte Nergui ganz stolz einen Vertrag mit der Eisenbahn, den Nergui bereits unterschrieben hatte.

Nergui war ohne sein Wissen abends nochmals zum Direktor der Eisenbahn gefahren, hatte nachverhandelt und nicht zu akzeptierenden Vertragsänderungen zugestimmt. Solche nicht abgestimmten Alleingänge konnte er nicht durchgehen lassen, zumal unmittelbar vorher eine einvernehmliche Regelung getroffen wurde.

So kam es wieder zu einer Auseinandersetzung. Suren wurde hierbei von Nergui scharf angegriffen und ebenfalls gefragt, ob sie Mongolin oder eine Deutsche sei.

Er verweigerte seine Zweitunterschrift und bestand auf der Bedenkzeit, die man mit der Geschäftsleitung der Eisenbahn vereinbart hatte.

Was sollte dieser Unsinn? Hatte Nergui mit dem Eisenbahn-Direktor unter vier Augen einen Deal vereinbart, den PNE später zu bezahlen hatte und von dem er nichts wusste?

Er legte den GmbH-Vertragsentwurf vor, der von einem vereidigten Dolmetscher dann noch überarbeitet werden sollte. Zunächst ging es um das einvernehmliche Verständnis.

Nergui und Shirnen waren damit einverstanden.

Etwas verunsichert flog er zurück.

Sofern Batzorig die Techniker-Abschlussprüfung im April bestand, so war vereinbart worden, sollte Batzorig nachkommen und bei PNE ein Praktikum absolvieren. So hatte er es mit de Buhr abgestimmt.

Die Inbetriebsetzungsarbeiten im PNE-Biomasse-Kraftwerk waren angelaufen. Eine gute Gelegenheit für Batzorig, seine Kenntnisse zu erweitern.

Vorbereitungen zur Firmengründung

Zwischenzeitlich hatte das Gespräch mit der DEG in Köln auf der Basis eines PPP-Antrags-Entwurfes stattgefunden. Der Businessplan wurde gemäß dem Besprechungsergebnis angepasst. Insgesamt wurde ein Gesamt-Limit des Startkapitals festgesetzt. Der DEG Anteil betrug etwa 40 %. Den anderen Anteil übernahm de Buhr.

Danach wurde der überarbeitete Antrag bei der DEG offiziell gestellt.

Der DEG Anteil diente ausschließlich der Zusammenarbeit im Sinne des PPP-Programms mit den mongolischen Partnern. Lange Diskussionen, ob man diesen Weg gehen sollte, waren vorausgegangen. Die Verunsicherung aufgrund der vorhergehenden Informationen und dem eigenen Erleben war sehr groß.

Für die Realisierung des Vorhabens gab es drei Möglichkeiten:
1. Vertrag mit der Werkstatt im Kraftwerk Nr. 4 über die Fertigung und Lieferung auf der Basis der PNE-Zeichnungen (Kessel- und Rostzeichnungen). Bauaufsicht PNE ohne das PPP-Programm oder
2. Errichtung einer Werkstatt und Fertigung ohne mongolische Partner, ohne PPP-Programm oder
3. Errichtung einer Werkstatt und Fertigung mit den mongolischen Partnern, mit dem PPP-Programm.

Schließlich fiel dann doch die Entscheidung für die partnerschaftliche Zusammenarbeit (3).

Damit war nun der Weg frei für die konkrete Planung und Realisierung des CDM-Projektes.

Firma Luehr hatte den Wanderbodenrost fertiggestellt und die Feuerungsversuche waren nach ein paar Nachbesserungen erfolgreich abgeschlossen.

Am 01. Mai 2003 holte er dann Batzorig, Nerguis Sohn, vom Flughafen Frankfurt ab. Er hoffte, dass Batzorig ein halbes Jahr Praktikum bei PNE guttun würde. Außerdem war er daran interessiert, dass Batzorig an der Fachhochschule in Bremen seine Techniker-Ausbildung durch ein Ingenieurstudium ergänzte, damit Batzorig später den Betrieb übernehmen könnte. Batzorig und Nergui waren darüber sehr froh und er meldete Batzorig in der Fachhochschule in Bremen an. Batzorig musste bis zum Herbst die deutsche Sprache besser beherrschen und die Test DaF (Deutsch als Fremdsprache) Prüfung mit mindestens 12 Punkten bestehen.

Leo half, die Maschineneinrichtungen für die neue Werkstatt auszusuchen. Es wurden gebrauchte Maschinen für den Kleinkesselbau ausgesucht. Eine Messer-Griesheim-Brennschneidanlage, Schweißmaschinen, eine Rohr-Biegemaschine, eine Abkantbank usw. Gute solide Maschinen waren das und Leos fachkundiger Rat war sehr wertvoll.

Udo Mönkemeier hatte aufgrund der Wohnsituation am Stadtrand von UB die Idee, Bodenfertiger zur Produktion von Hohlblocksteinen zu kaufen.

Ein Vollautomat mit einer Kapazität von 5.000 Steinen in einer 8-Stundenschicht und ein Halbautomat mit etwas geringerer Kapazität wurden gekauft.

Eine Prüfmaschine zur Selbstüberwachung und Qualitätssicherung der Hohlblocksteine war ebenfalls Bestandteil dieser Ausrüstung.

So wurde neben dem Kesselbau auch eine Steinproduktion für den Häuserbau langsam Realität.

Firmengründung

Im Juni 2003 flog er nochmals nach UB, um letzte Vorbereitungen für die Firmengründung zu treffen. Neben der Organisation der Firmengründung versuchte er, den Weg für das Personal vorzubereiten. Itgel war in UB und bot sich als Dolmetscherin an. Alle erforderlichen Verträge mussten vorbereitet werden.

Der Gesellschafter-Vertrag der neuen Firma PMM GmbH mit den Gesellschaftern und ihren Gesellschaftsanteilen
- PNE GmbH mit einem Anteil von 60 %,
- Modul Co. Ltd. mit einem Anteil von 20 % und
- Mosa Co. Ltd. mit einem Anteil von 20 %

und die Satzungen dieser neuen Gesellschaft.

Die Mietverträge für die Modul-Werkstatt und die Mietverträge der PNE-Maschinen wurden mit den zukünftigen Vertragspartnern verhandelt.

Die Maschinen blieben im Eigentum von PNE und konnten mit der geplanten Mietzahlung in der Höhe des Kapitaldienstes mit linearer Abschreibung innerhalb von fünf Jahren abbezahlt werden und in das Eigentum von PMM übergehen.

Nachdem die Abstimmungsgespräche und das Einverständnis der Beteiligten vorlagen, bat er Gerd, in seiner Eigenschaft als vereidigter Dolmetscher die Übersetzungen zu prüfen und zu korrigieren. Gerd wohnte in Berlin und erhielt von PNE den offiziellen Auftrag.

Am 06. Juli 2003 flog er zurück und organisierte in Deutschland die restlichen Vorbereitungen für die endgültige Vertragsunterzeichnung und Firmengründung in Ulaanbaatar. Als Sekretärin hatte sich Zoloo, eine junge Sekretärin von Nergui, beworben. Zoloo sprach Englisch und etwas Französisch und wollte gerne die deutsche Sprache lernen.

Er meldete Zoloo in der Volkshochschule (VHS) Oldenburg zu einem Sprachkursus an, damit sie die deutsche Sprache lernte.

So nahm auch dieser Terminplan Gestalt an.

Am 18. September 2003 wollte er Zoloo in Frankfurt vom Flughafen abholen. Die Anmeldung und der Visumantrag wurden darauf abgestimmt. Auch ein günstiges Zimmer bei einer Studentin hatte er über die VHS für Zoloo gefunden und gemietet. Er wollte Zoloo überraschen, wenn er wieder in UB war. Vorher sagte er nichts darüber, wie weit sein Versprechen Gestalt angenommen hatte.

Batzorig absolvierte sein Praktikum bei PNE und half bei der Inbetriebsetzung des PNE-Biomasse-Kraftwerkes.

Er wünschte sich, dass Batzorig eines Tages seinen Vater, Nergui, als Geschäftsführer von PMM ablösen würde, und er hatte geraten, dass Batzorig noch ein Studium an der Fachhochschule in Bremen absolvierte.

Eine Fachhochschule ist mehr darauf bedacht, praktisches Wissen neben dem reinen theoretischen Wissen zu vermitteln.

Also fuhren sie nach Bremen zu einem Beratungsgespräch. Batzorig musste die Test DaF-Prüfung mit mindestens 12 Punkten bestehen, das war die Voraussetzung. Seine eigentliche Schulbildung und das Studium in der Mongolei, seine Zeugnisse, die vorher durch einen vereidigten Dolmetscher übersetzt werden mussten, reichten zur Aufnahme. Also wurde ein ergänzendes Studium der deutschen Sprache in UB vorbereitet, damit Batzorig zum nächsten Semesterbeginn in 2004 alle Voraussetzungen für das Studium erfüllte.

So, meinte er, wuchs der Kreis jugendlicher Verbündeter, die eines Tages im Geist einer Definition der Gerechtigkeit, die Basis des glückhaften Lebens, der Gesundheit im direkten und übertragenen Sinne dienen konnten. Das waren seine Hoffnung und der Antrieb seines Handelns.

Der Businessplan wurde nochmals im Detail überprüft, nachdem der Aufwand für die Renovierungsarbeiten der Werkstatt und die erforderlichen Werkstatteinrichtungen neu zusammengestellt waren.

Die Werkstatt von Modul war eine mittlere Katastrophe und musste hergerichtet werden. Er hatte mit Nyamsuren, Shirnen und Nergui die erforderlichen Maßnahmen abgestimmt.

Für den Betrieb der Hohlblockstein-Fabrikation mussten für eine Kapazität von zunächst 5.000 Steinen pro Tag eine 2.000 m² große Fläche betoniert werden. Alle diese technischen Einzelheiten wurden detailliert besprochen und vereinbart.

Die 10 Mitarbeiter von Fa. Mosa sollten alle übernommen werden.

Die Buchhaltung sollte zunächst von der Mosa Co. Ltd.-Buchhalterin erledigt werden.

Sattler war in Deutschland. Er bat Sattler um die Bauaufsicht für die Herrichtung der Werkstatt und die Betonfläche etwa ab September 2003.

Sattler schloss daher mit PNE einen Vertrag über die Bauaufsicht ab und erhielt zusätzlich einen schriftlichen Auftrag für die Installation der Heizungsanlage.

Gerd war inzwischen in Berlin und als vereidigter Dolmetscher tätig. Er bat Gerd, an der Firmengründung im Juli teilzunehmen.

Auch Itgel sollte im Juli bei der Firmengründung mit ihren Sprachkenntnissen helfen.

Am 25. Juli 2003 flog er dann gemeinsam mit de Buhr und Gerd von Amsterdam nach UB.

Die Formalitäten, deren Erledigung die Anwesenheit aller Gesellschafter erforderte, waren aufgrund der sorgfältigen Vorbereitung schnell erledigt. So wurde zur Feier der Firmengründung eine Fahrt in die Steppe geplant.

Man sagt, wenn ein Mongole dich einlädt, in der Steppe in einem Jurten-Camp zu feiern, dann hast du die erste Stufe der Freundschaft erreicht.

Eine Einladung zum Fischen ist die zweite Stufe und die Einladung zur Jagd die dritte und höchste Stufe der Freundschaft.

Nergui hatte eine Fahrt in die Steppe vorbereitet, zum Fischen. Sie fuhren mit drei Wagen in die Steppe.

In der Steppe gibt es keine Straßen, aber man erkennt an den Spuren die Routen, die oft benutzt werden. Ohne solche Spuren würde man sehr häufig aussteigen und nachsehen, was hinter dem Hügel ist oder wie tief der Fluss ist, den man durchqueren muss. Mit den Spuren, so sagt man sich: „Die anderen, die vor dir hier waren, haben es ja auch geschafft" und vertraut darauf. So ging es also in zügiger Fahrt über Hügel und durch Flüsse voran. Ein Hügel verändert sich nicht, die Flusstiefe sehr häufig. Aber wenn es immer gut geht, dann wächst aber auch das Vertrauen in die Flüsse, die man durchfährt.

So war es nur eine Frage der Fluss-Durchquerungs-Häufigkeit, dass ein Fluss kam, der das große in ihn gesetzte Vertrauen missbrauchte.

De Buhr und Nergui saßen bis zum Hals im Wasser und der Motor ihres Wagens verlor durch zu viel Feuchtigkeit, welches über seinen Auspuff in sein Zylinder-Herz drang, sein Interesse an der Arbeit.

Damit war die Fahrt zunächst zu Ende.

Sonor, der Schwager von Nergui, zog den Wagen mit seinem Jeep wieder heraus. Es wurde das Zelt aufgeschlagen und ein Lagerfeuer vorbereitet.

Gerd kümmerte sich um den abgesoffenen Motor und ließ das Öl ab, es war wirklich nicht mehr zu gebrauchen. Deshalb fuhr Sonor wieder nach UB zurück, um frisches Motorenöl zu holen.

Nergui hatte einen großen Fisch gekauft und eine Angel mitgenommen. Der Fisch wurde am Haken befestigt und mit der Angel in den Fluss getaucht. Dann wurde jeder mit der Angel in der Hand so fotografiert, als ob er soeben den sehr großen Fisch aus dem Wasser zieht. Eine gute Täuschung, man musste nur darauf achten, dass nicht alle Bilder gleichzeitig gezeigt wurden.

Nach dieser Prozedur wurde der Fisch gegrillt und gegessen.

„Khorkhog" nennen die Mongolen ein Fleischgericht in der Milchkanne. Nachdem ein gewaltiges Lagerfeuer entzündet wurde, werden zunächst Kieselsteine aus dem Fluss in das Lagerfeuer geworfen und erhitzt. Mit zwei Stöcken, die man wie Ess-Stäbchen benutzt, werden die sehr heißen Steine dann aus dem

Lagerfeuer gefischt und in eine große stählerne Milchkanne getan. Immer eine Schicht heiße Steine, dann eine Schicht Lammfleisch, dann wieder eine Lage Steine, Lammfleisch, Steine usw. – bis die Kanne ganz voll ist. Danach wird die Kanne verschlossen und das Fleisch gart wie in einem Druckkochtopf.

Nach etwa zwanzig Minuten wird der Druck abgelassen und die Kanne wieder verschlossen. Es rauscht und faucht dabei wie das Sicherheitsventil eines 20 bar Dampf-Kessels beim Abblasen.

Nach etwa einer dreiviertel Stunde wird entschieden, das Fleisch ist ok.

Dann wird das Fleisch der Kanne entnommen und die heißen Steine an die Gäste verteilt. Jeder bekommt einen heißen Stein in die Hand, den man rhythmisch von der einen in die andere Hand wirft. Die Wechselhäufigkeit pro Zeiteinheit wird dabei von der Schmerzempfindlichkeit bestimmt. „Damit die Bakterien in der Hand verbrennen", erklären die Mongolen.

Und obwohl die Alternative, sich im Fluss die Hände zu waschen, verlockender, weil schmerzloser ist, widerspricht keiner. Mag auch sein, dass der zwischenzeitlich verkonsumierte Alkohol den Mut zum Widerspruch sinken lässt.

Er hatte von Chuluun gelernt, was man zuvor essen muss, um den Alkohol zu vertragen.

Der älteste Mongole schneidet von der Lamm-Schulter das beste Stück und gibt es dem ältesten Gast, eine übliche Zeremonie.

Ein großer Becher mit Schnaps wird herumgereicht, jeder nimmt einen Schluck und es wird sofort wieder nachgefüllt.

Beim Geben nimmt man die Gabe in die rechte Hand und unterstützt den rechten Unterarm mit der linken Hand, genauso empfängt man die Gabe. Die europäische Sitte, mit einer Hand zu geben und zu empfangen wird als „nur geliehen" definiert.

Auch die Natur-Götter werden nicht vergessen.

Zu Beginn des Gelages, bevor man zu trinken beginnt, wird der linke Mittelfinger in den Schnaps getaucht und der Schnaps in jede Himmelsrichtung geschnipst. Man erzählt sich mit erklärenden Worten: ‚Früher trug man einen Fingerring aus Silber am Mittelfinger und wenn man diesen beringten Finger in den

Schnaps tauchte und den Finger senkrecht in die Luft hob, liefen Tropfen über den Silberring. Wenn der Schnaps vergiftet war, wurde der Ring schwarz und das war eine Warnung für den Gast. So hatte die naturverehrende Geste einen sehr praktischen Hintergrund.'

Es werden große Reden gehalten. Jeder, der meint, etwas zu sagen zu haben, hält eine wichtige Rede und es gebietet die Höflichkeit, sich unaufgefordert daran zu beteiligen. Andernfalls wird man aufgefordert, etwas zu sagen.

Genauso verhält es sich mit dem Gesang. Bei dem Rundgesang ist jeder einmal dran, etwas zum Besten zu geben.

Die Mongolen verstehen es ganz gut, und fröhlich zu feiern. Sonor hatte spät abends das Motor-Öl gebracht und Gerd erwies sich als Auto-Experte. So wurde noch am gleichen Tag der Wagen wieder flott gemacht.

Um Mitternacht erreichten sie dann UB.

Nergui und Shirnen machten sich am anderen Tag auf den Behördengang und im Vertrauen, dass alles seinen korrekten Weg ging, fuhren de Buhr, Gerd und er an den Stadtrand von UB.

Überall das gleiche Bild. Überall Jurten und Holzhütten, aus denen die Armut hervorschaute. Es blieb ein Rätsel, wie der Fahrer sich in diesem unüberschaubaren Wirrwarr von unbefestigten Wegstrecken und Hütten orientierte.

Die Stadt wuchs mit dieser ungeplanten Struktur von Jahr zu Jahr und wurde mit zunehmender Armut immer größer. Neubaugebiete am Stadtrand mit ordentlichen Häusern wurden bereits mit Mauern umgeben und Wachleute an den Gebietseingängen postiert zum Schutz vor Dieben und Gaunern.

Wenn er zurückschaute auf den ersten Besuch im Jahr 2000 war der sehr langsame Untergang der so sympathischen mongolischen Kultur, des täglichen Umgangs miteinander, unverkennbar.

Der Kampf um das nackte Überleben in den Armutsvierteln der Stadt wurde durch den zunehmenden Raubtierkapitalismus in der Geschäftswelt scheinbar noch verstärkt.

Nun, wo er kurz vor dem Ziel stand, die Armut vor seinen Augen, stellte er sich die Frage, ob ein Rettungsschwimmer, der mutig ins Meer in einen Pulk von ertrinkenden Mensch springt, überhaupt alleine helfen kann oder ob die Hilfe hier nicht viel, viel größer angelegt werden musste.

Er brauchte die Hilfe der Administration, der mongolischen Ministerien, das wurde immer deutlicher. Ohne diese Hilfe, das wurde immer klarer, war es eine unlösbare Aufgabe. Im Stillen war er froh, dass er einen guten Kontakt mit dem Infrastruktur- und Umweltministerium aufgebaut hatte.

De Buhr und Gerd flogen nach ein paar Tagen, nachdem das Wichtigste erledigt war, nach Amsterdam, um von dort den Heimweg anzutreten.

Er blieb noch eine Woche, um bereits geknüpfte Kontakte in den Ministerien, der GtZ bei Herrn Ammon und der FIFTA zu pflegen und über den Fortschritt des Projektes zu berichten.

Eine solche Kontaktpflege, der Versuch, die Administration und andere wichtige Entscheidungsträger in das Projekt mit einzubeziehen, und dazu gehörte die laufende unaufgeforderte Information, erschienen ihm ungeheuer wichtig. Die Ansprechpartner in den Ministerien und auch die anderen Gesprächspartner zeigten sich sehr erfreut über den Fortschritt des Projektes. Beruhigt flog er danach am 06. August 2003 über Amsterdam wieder zurück nach Deutschland.

Letzte Vorbereitungen vor Produktionsbeginn

Folgende Aufgaben waren nun schnell zu erledigen:

1. Klärung der offenen Fragen für das CDM-Projekt ab 2005
2. Vorfertigung des ersten Kessels in Deutschland
3. Kauf und Versand der letzten Werkstatteinrichtungen in Deutschland

Das bevorstehende CDM-Projekt warf viele Detailfragen auf, zumal hier absolutes Neuland mit zum Teil noch unsicheren Verordnungen zu betreten war.

Welche Möglichkeiten boten die bis zu diesem Zeitpunkt formulierten Vorschriften und Entwürfe? Und welche dieser Möglichkeiten waren für dieses Projekt zu bevorzugen?

Auf Empfehlung des TÜV Nord wurde eine Zusammenarbeit mit dem Hamburgische-Welt-Wirtschafts-Archiv (HWWA) vereinbart und die HWWA mit den Untersuchungen beauftragt.

Das HWWA hat den Zweck, auf wissenschaftlicher Grundlage Informationen über wirtschaftliche Entwicklungen für Wissenschaft, Wirtschaft und Politik zu sammeln, aufzubereiten und zugänglich zu machen und weltwirtschaftliche Fragestellungen wissenschaftlich zu analysieren und zu veröffentlichen. Das HWWA soll der Gewinnung und Verbreitung wirtschaftswissenschaftlicher Erkenntnisse sowie der politischen und wirtschaftlichen Entscheidungsfindung durch wissenschaftliche Aufbereitung und Bewertung von Informationen und durch eigene Forschung dienen. Hierzu arbeitet das HWWA mit Informations-, Lehr- und Forschungseinrichtungen im In- und Ausland zusammen. Das HWWA dient ausschließlich und unmittelbar gemeinnützigen, insbesondere wissenschaftlichen Zwecken.

Die Beraterdienstleistungen sollten folgenden Sachverhalt klären:
- Festlegung der Kategorie des Projektes
- Entscheidung, ob small-scale oder reguläres CDM-Projekt
- Betrachtung der Additionality bzw. Zusätzlichkeit eines Projektes
- Festlegung der Baseline
- Auswahl einer passenden Methodologie ggf. Beantragung einer neuen Methodologie
- Informationen über Änderungen im CDM-Verfahren.

Für die Ausarbeitung des Gutachtens waren viele Detailfragen zu bearbeiten. Was anfangs so plausibel und einfach aussah, wurde immer komplizierter, und er gewann den Eindruck, dass die mit der Entwicklung eines solchen Systems betrauten Gremien aus eigenen egoistischen Interessen an einer komplizierten Verordnung sehr interessiert waren. Juristen neigen offensichtlich aus Selbsterhaltungsgründen dazu. Aber auch Wissenschaftler lassen stets Fragen offen, um den Anschlussauftrag zur Klärung dieser Fragen zu initiieren.

Sicherlich, man schrieb das Jahr 2003 und bis zum Inkrafttreten solcher Verfahren im Jahr 2005 war noch Zeit genug. Vielleicht war die Ungeduld auch unberechtigt und er der Zeit etwas voraus. Aber er hatte keine Geduld, und als nach einem Jahr immer noch keine konkrete Aussage vorlag und auch nicht möglich erschien, nutzte er die sich zwischenzeitlich entwickelten Kontakte zur Weltbank.

Letztendlich enthielt das HWWA-Gutachten als Kernaussage die Empfehlung, gebündelte Kleinprojekte mit einer Laufzeit je Projekt von 10 Jahren durchzuführen. Die Alternative, eine Laufzeit von 3 x 7 Jahre zu wählen mit der Forderung, alle 7 Jahre eine neue Baseline zu schreiben wurde verworfen.

Der Vorteil eines small-scale CDM-Projektes war u.a., dass die bereits erstellte Baseline weiterhin seine Gültigkeit behielt und verwendet werden konnte. Allerdings war die Begrenzung des Energie-Einsparpotenzials für small-scale Projekte auf maximal 15 GWh/a begrenzt, eine bedenklich niedrige Größenordnung, die die Wirtschaftlichkeit solcher CDM-Projekte infrage stellte.

Im Verlauf dieser Bearbeitung lernte er Herrn Frydenberg aus Kopenhagen kennen. Frydenberg arbeitete für die Weltbank und hatte vorzügliche Insider-Informationen. Mit de Buhr besuchte er Frydenberg in Dänemark und Frydenberg bestätigte den empfohlenen Weg. Frydenberg wagte die Prognose, dass die Begrenzung des Einsparpotenzials von 15 GWh/a pro small-scale Projekt auf einen deutlich höheren Wert angehoben wird. Diese Prognose erleichterte die Entscheidung sehr.

Auch andere Fragen, die die HWWA nicht eindeutig klären konnte, waren für Frydenberg über die enge Verbindung mit der Weltbank in Washington kein Problem. Mit seiner Unterstützung in allen Detailfragen schrieb er gemeinsam mit seinem Kollegen bei PNE das Projekt Design Dokument (PDD).

Darüber hinaus stellte die Weltbank eine weitere kostenlose Unterstützung und Zusammenarbeit für dieses Projekt in Aussicht. Aus diesem Grunde orientierte er sich zunehmend zur Weltbank.

Tatsächlich wurde später die Grenze von 15 GWh/a auf 45 GWh/a angehoben und überschritt damit den unteren wirtschaftlichen Schwellenwert für derartige CDM-Projekte.

Vorfertigung

Um einen schnellen und sicheren Start mit der Werkstatt in Ulaanbaatar (UB) zu erreichen, beabsichtigte er eine weitgehende Vorfertigung des ersten Kessels in Deutschland. Dieser erste Kessel sollte als Modell zum Nachbau in der UB-Werkstatt dienen.

Mit der Fertigung der Rostkonstruktion nebst Schaltschrank hatte Firma Luehr – Stadthagen bereits begonnen.

Der Schaltschrank und der fertige Rost sollten ebenfalls als Muster dienen, an denen sich die mongolischen Mitarbeiter orientieren konnten. Er bestellte zusätzlich sämtliche Einzelteile für 9 weitere Roste und 9 Schaltschränke, die in der UB-Werkstatt nach dem beigestellten Muster zusammengebaut werden sollten. Herr Bartels hatte sich sehr für das Projekt eingesetzt und einen sehr guten preiswerten Rost konstruiert. Firma Lühr spendete zusätzlich eine gebrauchte Drehbank.

Er hatte einen Zwangsdurchlaufkessel konstruiert. Die Außenwände bestanden aus Membranwänden, das sind Rohr-Steg-Rohr-verschweißte Wände. Diese Wände werden mit Heizungswasser durchströmt. Die Außenwände werden also nur so warm wie das Heizungswasser (max. 90 bis 100 °C) obwohl im Feuerraum über 1.000 °C herrschen können. Daher benötigt ein solcher Kessel nur einen geringen Isolier- und Mauerwerks-Material-Bedarf.

Für die Rohrwandfertigung nahm er Kontakt mit der Firma Wessel in Xanten auf. Herr Wessel war von dem Projekt sehr angetan. Wessel hatte selber ein ähnliches Projekt in Bulgarien begonnen, allerdings waren die Erfahrungen wohl nicht so positiv und seine Begeisterung hatte daher verständlicherweise Grenzen, als es um die Frage einer Beteiligung in der Mongolei ging.

Wessel machte aber ein gutes Angebot und so wurden die Rohrwände des ersten Kessels dort gekauft. Die anderen Rohrwände wollte er in der UB-Werkstatt fertigen lassen.

Für den Feuerraum und die Keramik-Stäbe des Rostes wurde schlacke-abweisendes Feuerfest-Material, eine Spezial-FF-Masse, benötigt.

In diesem Punkt wurde er vorzüglich vom Feuerungsbau Möller in Lemgo beraten.

Die Roststäbe unterliegen einem bestimmten Verschleiß und die Herstellung aus dem sonst üblichen Spezial-Guss-Material für solche Projekte ist für mongolische Verhältnisse unbezahlbar.

Keramik-Stäbe konnten von den Mongolen selber vor Ort gefertigt werden, wenn gewisse Vorgaben beim Mischen und Ansetzen mit Wasser beachtet werden. Den FF-Material-Mischer, der mit sehr geringem Wassergehalt arbeitete, bekam er ebenfalls von Möller.

Ein Gespräch mit dem Senior Chef der Firma Reitz, Gebläse-Hersteller in Höxter, führte zu der Vereinbarung, dass er die Fertigungs-Zeichnungen mit der Erlaubnis erhielt, die Gebläse-Gehäuse für die Primär- und Sekundär-Luftgebläse in UB selber zu fertigen. Die Läufer mit anderem Zubehör sollten weiterhin bei Reitz bestellt werden.

Die Kessel benötigten einen etwa dreißig Meter hohen Kamin. Die Schornstein-Berechnungen erhielt er kostenlos von Herrn Hovestädt der Firma Fette, Bad Salzuflen. Hovestädt, ein hervorragender Spezialist in diesen Fragen, entwarf eine sehr preiswerte Schornstein-Kaminkonstruktion, die in der UB-Werkstatt gefertigt werden konnte.

Die Schornstein- und Kessel-Fundament-Berechnungen und Zeichnungen erstellte Udos Team/Ing. Büro Mönkemeier, Hannover.

Es war fantastisch.

Firmen, mit denen er in seiner aktiven Zeit sehr gut zusammengearbeitet hatte, waren nun bereit zu helfen.

Diese mittelständischen Firmen hatten in den 1990er Jahren eine sehr schwere Zeit zu überstehen. Die Verlagerung der Produktion großer Unternehmen in die osteuropäischen Länder hatte nach der Wiedervereinigung einen hohen Preisverfall zur Folge und diese Entwicklung hatte dem Mittelstand in Deutschland das Überleben sehr erschwert.

Diese und andere wirtschaftliche Entwicklungen waren es, dass vor diesem Hintergrund nun eine solche Unterstützung dieser mittelständischen Firmen keineswegs eine Selbstverständlichkeit war, sondern eine große Würdigung verdiente.

Das wusste er und er begann in Fachkreisen über diese Hilfestellungen zu berichten, in der Hoffnung, etwas zur Imagepflege dieser Firmen beitragen zu können. Wie sollte er sonst seine große Dankbarkeit zum Ausdruck bringen als über diesen Weg.

Seine Dankbarkeit basierte auf seiner Überzeugung, dass dieser Mittelstand eine „Gesundheitspflege" der Gemeinschaft trotz aller Schwierigkeiten in seinem Sinne betrieb, ein Management hatte, das dem beginnenden Raubtierkapitalismus in diesem Sinne trotzte und über den Tellerrand der reinen Gewinn-Maximierung hinausschaute.

Maschineneinrichtungen

Leo übernahm die Suche nach gebrauchten Maschineneinrichtungen, die Auswahl der Schweißmaschinen und den anderen Werkzeugen und Werksatteinrichtungen. Aufgrund seiner hervorragenden Kenntnisse wurde genau die richtige Auswahl getroffen und so eine Fehlinvestition vermieden.

Den Heizungskessel mit Zubehör, für die Wärmeversorgung der Werkstatt, bestellte er bei Hans Küßwetter, Firma Huter in Gunzenhausen.

Mit Hans stand er seit dem gemeinsamen Aufenthalt in UB im April 2001 im Kontakt. Hans kannte die Verhältnisse in UB sehr gut und unterstützte auch das Projekt.

Hans hatte in 2000/2001 in UB im Auftrag der DEG/GtZ ein Entwicklungshilfe Projekt realisiert. Ein Muster-Wohn-Haus mit 70%iger Fußbodenheizung und einem Kessel mit Warmwasserspeicher. Der Warmwasserspeicher konnte auch mit Solar-Wärme gefüllt werden. Die Isolierung der Hauswände war vorbildlich gestaltet. Das gesamte Projekt, die gesamte energiesparende Installation nebst Gebäude, waren den klimatischen Bedingungen optimal angepasst.

Als er noch auf der Suche nach einem Investor war, hatte Frau Wink (DEG) ihn damals auf das Projekt hingewiesen und den Kontakt vermittelt.

Anfang September 2003 begann er dann, mit kompetenten Fracht-Transporteuren Kontakt aufzunehmen.

Es gab zwei Wege: entweder bis China mit dem Schiff und von dort mit der Eisenbahn nach Ulaanbaatar oder mit der transsibirischen Eisenbahn über Russland nach UB. Beide Wege waren preisgleich, aber von unterschiedlicher Dauer. Der Schiffsweg war bedeutend langsamer. Deshalb wählte er den Landweg.

Zunächst wurden die Hohlblock-Stein-Maschinen verladen. Vom Personal des PNE-Biomasse-Kraftwerkes bekam er eine hervorragende Unterstützung. Die Verladung der Maschinen in die Container war eine sehr schwierige Arbeit. Die Hohlblock-Stein-Fertigungsmaschinen gehörten nicht zum Regicrungsbeschluss Nr. 140 der Mongolei und musste verzollt werden.

Eine Fläche von 2.000 m² war zwischenzeitlich vor der gemieteten UB-Werkstatt betoniert worden und die Inbetriebnahme dieser Maschinen sollte möglichst schnell die ersten Einnahmen sichern. Er hatte keine Zweifel, dass Nergui als Vorsitzender der Bau-Ingenieur-Gesellschaft die Rohmaterialien, Kies und Zement, für die sehr energiearme Fertigung und den Absatz der Steine bereits organisiert hatte und darauf wartete, mit der Produktion zu beginnen.

Er flog also mit Jacob Schulte nach UB, um dort die Maschinen in Betrieb zu nehmen und die Mitarbeiter einzuweisen.

Aufgrund seiner hervorragenden handwerklichen Fähigkeiten war Jacob sehr schnell eine anerkannte Persönlichkeit bei den Mongolen und in kürzester Zeit ein großes Vorbild geworden.

Die Hohlblockstein-Produktion konnte also anlaufen. Zufrieden kehrten beide wieder nach Deutschland zurück.

Suren hatte die Zertifizierung der Hohlblocksteine übernommen. Suren hatte in Freiberg Keramik studiert und besaß dafür die erforderlichen Kenntnisse.

Der CIM-Experte

Er nahm Kontakt mit Herrn Dr. Köcke, Centrum für internationale Migration und Entwicklung (CIM) in Frankfurt auf.
Die CIM vermittelt Personal für Entwicklungshilfe Projekte und ist bereit, dieses Personal mit zu finanzieren. Die Vertragslaufzeit des CIM-Experten beträgt normalerweise zwei Jahre, kann aber maximal zwei Mal um die gleiche Zeit verlängert werden, maximale Laufzeit also sechs Jahre.
Der CIM-Experte erhält ein Gehalt nach deutschen Maßstäben, muss aber im Entwicklungsland, in diesem Fall in der Mongolei, von der mongolischen Firma eingestellt werden zu den dortigen Konditionen.
Dr. Köcke war von dem Projekt begeistert und stellte nach Prüfung des Antrages eine 50%ige CIM-Beteiligung an den Kosten des CIM-Experten in Aussicht. Die anderen 50 % stellte de Buhr in Aussicht; insgesamt 200.000 Euro.
Aber es war sehr schwer, einen CIM-Experten für die Ausbildung der Mitarbeiter zu finden. Auch die Aussicht, später die Geschäftsführung dort übernehmen zu können, war offensichtlich kein ausreichender Anreiz.
Andererseits wusste er, dass ohne eine solche CIM-Unterstützung die gesamten Vorlaufkosten nur sehr schwer zu finanzieren waren. Selbst wenn er sehr optimistisch die korrekten Zahlungen der HW Betreiber über die BOT-Verträge unterstellte, überstieg die erforderliche Anschub-Finanzierung das PNE-Budget.
Auch eine optimistische Kalkulation über die Einnahmen aus der Hohlblock-Stein-Produktion löste das Problem nicht ganz. Daher hatte er also sein Gehalt bei PNE im Stillen mit einkalkuliert, auch wenn diese Entscheidung das Problem nur im Zusammenhang mit anderen Maßnahmen einer Lösung näher führte.

Diese Entscheidung setzte aber seine Anwesenheit bei PNE voraus und das war der eigentliche Grund, sich an die CIM zuwenden, um eine deutsche Fachkraft vor Ort in UB zu haben.

PNE hatte bereits zwei weitere Kraftwerke nach dem „PNE-Kraftwerks-Konzept" in der Planung, ein weiteres PNE-eigenes Kraftwerk und ein GU Projekt für Vattenfall und er hatte sich voll eingebracht.

PNE hatte vor der Firmengründung in der Mongolei den Vertrag mit der DEG abgeschlossen. Die DEG Zuwendungen waren aber nur für die Werkstatteinrichtungen und den Aufbau der Firma in der Mongolei geplant, so wie es das PPP Programm vorsah. Für das anschließende CDM-Projekt konnten und durften diese Zuwendungen nicht verwendet werden.

Das Gesellschafter-Kapital betrug 100.000 US Dollar und sollte für die ersten Kesselfertigungen eingesetzt werden. De Buhr hatte für die Anschub-Finanzierung des CDM-Projektes zusätzlich der neuen mongolischen Firma PMM GmbH einen über diesen Betrag hinausgehenden Unternehmens-Kredit mit sehr moderaten Konditionen genehmigt.

Um aus dieser Misere herauszukommen, fragte er Dr. Köcke, ob er selber als ein CIM-Experte akzeptiert werden würde.

Herr Dr. Köcke hatte gelacht: „… Das wollen Sie sich antun? Zwei Jahre können eine lange Zeit sein und das ist gesundheitlich nicht gerade gut für Sie."

„Ich habe mir das gründlich überlegt", hatte er zur Antwort gegeben, „es muss ein Fachmann ständig vor Ort sein, um das Unternehmen zu leiten, die Ausbildung zu organisieren, zu improvisieren. Aber warum soll ich Ihnen das alles erklären …? Sie wissen doch ganz genau, wie das ist, Herr Dr. Köcke."

„Nun gut", hatte Dr. Köcke gesagt, „ich muss allerdings auf eine ärztliche Untersuchung bestehen, sonst kann ich Sie nicht einstellen."

Und Dr. Köcke nannte die GtZ Adresse, in der die Untersuchung stattfinden sollte, und meldete ihn dort an.

So war er dann am Vortag spät abends nach Eschborn gefahren und hatte im Hotel übernachtet. Morgens früh um 08:00 stand er vor der Ärztin, die nun mit der Untersuchung begann.

Manchmal hatte er Herzrhythmus-Störungen, und wie es so ist, natürlich zufällig auch an diesem Morgen. Vor dem EKG machte er deshalb darauf aufmerksam und versuchte, die Ärztin auf das Ergebnis vorzubereiten. Aber diese Mühe war vergeblich.

Als die Ärztin das Diagramm sah, wurde sie blass und verschwand mit den Worten „Bleiben Sie ganz still liegen ... ich komme gleich wieder...!"

Kurze Zeit später stand Sie mit zwei Sanitätern vor seiner Liege: „Ich schicke Sie umgehend in das Krankenhaus. Sie haben eine Herzrhythmus-Störung von einer ganz gefährlichen Art. Das Herz kann jeden Moment stillstehen bleiben ..."

„Machen Sie sich keine Sorgen", versuchte er sie zu trösten, „meine Aufgabe ist noch nicht beendet. Erst wenn ich meine letzte Aufgabe beendet habe, hat mir das Schicksal einen schnellen Tod versprochen ...", lachte er und wollte aufstehen.

„Das ist doch unmöglich ..." Sie sah ihn verwundert und verständnislos an, drehte sich um zu den Sanitätern und befahl: „Nehmt ihn sofort mit ins Krankenhaus!"

So landete er also im Krankenhaus. Zwischenzeitlich hatten sich die Herzrhythmusstörungen wieder gelegt und als der Arzt die EKG-Untersuchung durchführte war alles wieder o.k.

Der Arzt betrachtete nun auch die vorhergehenden Untersuchungsergebnisse. Nun versuchte er, den Arzt umfassend zu informieren, über die Herzoperation, deren Folgen und über die Medikamente, die er dagegen einnahm.

„Jetzt ist alles o.k.", bestätigte der Arzt, „ein längerer Aufenthalt im Krankenhaus ist nicht erforderlich, aber achten Sie auf Ihren Blutdruck, der könnte der Auslöser sein."

Er war also in die Hände eines sehr erfahrenen Kardiologen geraten, bedankte sich und ging. Mit einem Taxi fuhr er wieder zur GtZ und stand plötzlich wieder vor der Ärztin.

„Sie sind schon wieder da?", wunderte sie sich, „das ist doch unmöglich!"

Nun versuchte er, die Ärztin zu beruhigen, aber seine Worte hatten keine Wirkung.

„In die Mongolei wollen Sie? Das ist doch verrückt. Sie haben ein ganzes Leben gearbeitet, nun machen Sie sich doch ein schönes Leben …!"

„Was meinen Sie mit einem ‚schönen Leben'?", wollte er wissen.

„Ja, Reisen zum Beispiel", meinte sie mütterlich.

„Reisen? Das will ich doch", sagte er.

„Nein nicht so", wehrte sie ab, „reisen und interessante Dinge erleben."

„Ja, das will ich gerne und das mache ich, wenn Sie mich lassen, dann reise ich und mache interessante Dinge."

„Ist Ihnen überhaupt nicht bewusst, dass Sie krank sind? Dass Sie jeden Moment tot umfallen können?", erwiderte sie mit Nachdruck.

„Doch, das ist mir sehr bewusst", und nach einer Pause verträumt, „ganz bewusst ist mir das. Jedem, auch dem gesunden Menschen, sollte es so ganz bewusst sein. Die Gesundheit und das Leben sind keine Selbstverständlichkeit, dafür sollte man zu jeder Zeit sehr dankbar sein, jeden Tag dankbar begrüßen, das gebe ich gerne zu."

„Dann bleiben Sie bei Ihrer Familie und machen anderen nicht solche Sorgen", sagte sie und fügte hinzu, „deshalb haben Sie bei mir keine Einstellungs-Chance bei der CIM."

Er fuhr etwas deprimiert nach Frankfurt in das GtZ Büro von Dr. Köcke.

Dr. Köcke hörte sich die verunglückte Untersuchung an. „Die Ärztin muss natürlich genau und gewissenhaft handeln", nahm Dr. Köcke die Ärztin in Schutz, „wir werden schon noch eine andere Lösung finden."

Aufbau vor Ort in der Mongolei

Batzorig, Nerguis Sohn, hatte nun ein halbes Jahr bei PNE ein Praktikum gemacht. Seine deutschen Sprachkenntnisse hatten für ein Studium in Bremen nicht ausgereicht. Batzorig musste die Test DaF Prüfung mit mindestens 12 Punkten bestehen, das war die Studium-Voraussetzung.

Er hatte Batzorig zum Studium daher nun im nächsten Jahr in Bremen angemeldet, denn die Test DaF Prüfung konnte Batzorig vorher im Winter auch in UB absolvieren.

Wichtig erschien, dass Batzorig den Gegensatz zur Kommando-Wirtschaft kennenlernte. Die militärische 3-K-Methode (Kommandieren-Kontrollieren-Korrigieren) war für Mitarbeiter demotivierend und für ein Zusammen-Arbeits-System nicht optimal.

Er hatte daher Batzorig verschiedene Möglichkeiten der Zusammenarbeit und deren Vor- und Nachteile erklärt. Dabei stellte er die 3-F-Methode (Fördern durch Fordern mit Feedback) und deren Nachfolge-Methoden-Generationen als vorteilhafter dar.

Jeder Mitarbeiter sollte sich seinen Verantwortungsbereich in freier Entfaltung selber erarbeiten dürfen. „Jeder Mitarbeiter, der gewissenhaft arbeitet, hat einen Fehler frei", hatte er gesagt, „manchmal, wenn man nicht weiß, wie es weitergehen soll, sind Fehler sogar nützlich. Anstatt mit großem Zeitverlust lange zu grübeln, ist es besser, einen Schritt in eine Richtung zu tun. Nur dabei merkt man dann, ob es die falsche oder richtige Richtung ist. Der ‚Fehler' dient dann als ein Wegweiser. Die große Kunst besteht darin, die Fehler immer so klein wie möglich zu halten. Das kann man aber nicht, wenn man sich selber als fehlerlos gegenüber anderen Menschen darstellen will. Man kann das nur, wenn man weiß, wie unvollkommen man ist, und wenn man zu dieser seiner Unvollkommenheit steht und sie akzeptiert ... Wir haben die Natur als großes Vorbild ... Die Natur macht es genauso ... und wir Menschen sind aus dieser Evolutions-Methode entstanden ..."

Ja, diese Dinge und vieles mehr sollte Batzorig lernen, damit er diese Form der Zusammenarbeit später in der Firma anwenden konnte, zum Wohle der Mitarbeiterinnen und Mitarbeiter, damit die wichtigsten acht Stunden eines jeden Tages für jeden mit Selbstbestätigung und Freude erfüllt waren. Damit Batzorig die wertvollen Vor-Ort-Kenntnisse der Mitarbeiter verwerten konnte, damit Batzorig ein „guter Berater" seiner Mitarbeiter wurde ... und noch mehr.

Dazu benötigte Batzorig ein umfassendes fachliches Wissen und menschliche Größe.

Batzorig war deshalb auch eine Zeit lang bei Udo im Ingenieur-Büro in Hannover tätig.

Im Oktober 2003 rief er Batzorig an und vereinbarte die Reise in die Mongolei.

Donnerstag, 23. Oktober 2003

Er hatte den früheren Zug genommen, um mehr Zeit in Hannover zu haben. Batzorig kam mit Udo pünktlich zum Bahnsteig in Hannover. Udo hatte ein Navigationsgerät mitgebracht.

„Hier", übergab Udo in seiner kurzen Art das GPS, „damit du alle Punkte der Heizwerke aufnehmen und dich in dem unendlich weiten Land orientieren kannst."

„Wenn das so weitergeht, habe ich bald dein ganzes Büro, Udo. Danke! Ich freue mich sehr darüber, habe aber nun bald ein schlechtes Gewissen", gab er zu.

„Mache dir keine Gedanken, bei mir liegt das Ding nur herum. Also ihr beiden, macht es gut. Ich muss gehen", und schon verschwand er im Bahnhofs-Getümmel.

Batzorig und er fuhren mit dem Zug nach Frankfurt ohne besondere Vorkommnisse.

Die MIAT hatte mal wieder vier Stunden Verspätung. Wie üblich ging der Flug über Moskau. Den Aufenthalt hatte man auf dreißig Minuten verkürzt, um den Zeitverzug wieder etwas zu kompensieren.

Er lernte eine ältere Dame kennen. Sie war auf dem Weg nach Ulaanbaatar, um die Wohnung aufzulösen. Ihr Mann war bei der Adenauer Stiftung gewesen und gestorben. Er tauschte mit ihr Informationen aus, oftmals sind das lebensnotwendige Kontaktinfos.

Freitag, 24. Oktober

Nach weiteren sechs Stunden Flug und sechs Stunden Zeitverschiebung landeten sie dann um etwa 10 Uhr vormittags, also viel zu spät, in Ulaanbaatar. Er musste noch ein Visum kaufen. Batzorig half dabei und das war gut, denn der Beamte hatte an der Einladung einiges auszusetzen.

Am Gepäckförderband zupfte jemand an seinen Ärmel.

„Hallo Suren", sagte er, „wie kommst du denn durch alle Sperren hierher. Ich bin erleichtert und freue mich riesig, dich zu sehen."

„Ich freue mich auch", sagte sie lachend.

Sie sah übernächtigt und unausgeschlafen aus, als hätte sie soeben eine fast 24 Stunden Reise hinter sich.

Sie sagte:

„Du wirst Probleme mit dem Gepäck bekommen, deshalb bin ich hier, um alles zu erklären. Was du in der Mongolei machst, wo der Zoll den Nachweis deiner Tätigkeit anfordern kann, zum Beispiel telefonisch im Ministerium. Auch deine Materialien. Dass diese Sachen für das Entwicklungshilfe-Projekt sind und du mit dem Ministerium zusammenarbeitest usw. Ich bin schon um fünf Uhr aufgestanden und konnte nicht schlafen. Ich weiß nicht, warum. Ich hatte Angst, dass ich nicht rechtzeitig am Flughafen bin, um dir zu helfen."

Tatsächlich, er hatte zwei große Kisten voller Ersatzteile mitgebracht. Daher war er außerordentlich dankbar für Surens Unterstützung.

Nergui und Sattler mit Batsukh, seinem Dolmetscher, empfingen die beiden sehr herzlich.

„Ich habe dir ein Zimmer besorgt, wollen wir das erst mal ansehen?", sagte Sattler.

„Ich habe auch zwei Zimmer zur Auswahl", Suren schaute ihn ebenfalls an.

„Bevor wir nun den ganzen Tag auf Zimmerbesichtigung gehen, schlage ich vor, wir fahren zum Diplomat Hotel und dann nach Scharhad. Ich bin sehr neugierig, wie weit alles gediehen ist."

So waren alle sehr schnell in Scharhad.

„Du glaubst ja gar nicht, wie die Mitarbeiter in der letzten Zeit geschuftet haben, um etwas vorweisen zu können, wenn du kommst", machte Sattler ihn auf die besondere Situation aufmerksam.

Tatsächlich wurde in jedem Raum gearbeitet. Das Büro war halb fertig und auch in den anderen Räumen alles nur zur Hälfte fertig. Der erste Container war eingelöst, der zweite Container stand noch beim Zoll und in diesem Container befand sich die Heizungsanlage, die so dringend gebraucht wurde.

Er lernte den Elektroingenieur Munkh und die Bauingenieurin Dejid kennen, die in ihrem Bereich die Aufsicht hatten, und den Meister Sambuu und den jungen Maschinenbauingenieur Amraa.

Nerguis Werkstattpersonal, das übernommen wurde, kannte er schon. Sonor – Nerguis Schwager – war auch da.

Er lud alle Führungskräfte zu einem gemeinsamen Mittagessen bei Chinggis in der Stadt ein und achtete darauf, dass er neben Sonor sitzen konnte.

Eigentlich war Alkohol, auch das Bier, für ihn ein absolutes Tabu. Überhaupt, Alkohol konnte er seit der Herzoperation nicht mehr trinken. Trotzdem bestellte er sich ein großes Bier, so wie alle anderen auch.

Er hob sein Glas.

„Ich freue mich, wieder hier bei euch zu sein", sagte er, „und möchte mich bei allen bedanken, denn die Arbeit geht gut voran, so wie ich gesehen habe. Von Jacob soll ich euch schöne Grüße bestellen. Er wäre gerne wieder mitgekommen, aber er hat in unserem

Kraftwerk viel zu tun. So sind wir nun auf uns alleine gestellt. Aber das muss kein Nachteil sein. So haben wir die Möglichkeit zu beweisen, dass wir aus eigener Kraft, ohne fremde Hilfe, unsere gemeinsamen Ziele erreichen. Wenn wir alle an einem Strang ziehen, wird uns das auch gelingen, und auf dieses Gelingen und eine weitere gute Zusammenarbeit möchte ich mit euch anstoßen."

Nachdem alle getrunken hatten und das Essen aufgetischt war, schaute er Sonor und Suren an.

„Wenn wir das wirklich alleine schaffen wollen, brauchen wir Sonors Hilfe, Suren, sage ihm das bitte." Suren übersetzte und Sonor zuckte mit den Schultern und zeigte auf Nergui, als wollte er sagen, der hat mich doch hier ausgeschaltet.

Er tat so, als würde er das nicht verstehen, und wiederholte etwas deutlicher: „Also, Sonor, hast du Lust, uns zu helfen?" Ein eindeutiges Ja war die Antwort und wurde mit Kopfnicken bestätigt. „Also", sagte er, „dann kann nichts mehr schiefgehen."

Nergui schaute süßsauer und Sattler fragte:

„Soll der nun das Sagen haben? Da machst du einen Fehler."

Gott sei Dank konnte Sonor das nicht verstehen.

„Ich mache keinen Fehler, Sattler. Sonor ist ein guter Mann", fügte er bestimmt hinzu. „Warum sollen wir nicht zusammenarbeiten und seine Vorzüge mit einbringen?"

Sonor hatte er als einen sehr guten Ingenieur kennen und schätzen gelernt. Sonor war in der Techniker-Schule Ausbilder gewesen und hatte die Mosa Co. Ltd Schlosser-Werkstatt mit Sambuu geleitet. Große Gebäude hatte Sonor mit seiner zweiten Mannschaft von fünfzig Mitarbeitern gebaut und verstand auch etwas vom Management. Er wollte und konnte nicht auf Sonors Hilfe verzichten. Aufgrund seiner guten Beziehungen war Sonor in einigen Bereichen sogar besser als Sattler. Einen Machtkampf zwischen Sattler und Sonor um eine Führungsposition konnte er absolut nicht gebrauchen.

Nun wusste er aber, woher der Wind wehte und wer Sonor ausgeschaltet hatte.

„Wir brauchen einen Firmenwagen", sagte Sattler provozierend und Batsukh übersetzte laut, damit es alle verstanden.

Sattler musste wissen, dass finanziell eine sehr schwere Vorlaufzeit zu überstehen war. Wollte Sattler ihn zu einem Machtkampf herausfordern? Das war das Letzte, was er hier gebrauchen konnte.

„Zunächst brauchen wir eine Werkstatt und Nebenräume, damit wir mit der Arbeit beginnen können, Sattler", sagte er, um Verständnis werbend, „wir sollten mit einem Kleinbus-Unternehmer verhandeln, der die Mitarbeiter zwischen einem vereinbarten Standort in UB und Scharhad morgens und abends transportiert. Die Firma übernimmt die Kosten. Bis zu dieser Vereinbarung ersetzen wir die Einzel-Fahrtkosten."

In der Stadt fuhren viele private Kleinbus-Unternehmer. Außerdem hatte er bereits zugesagt, dass die Firma die Verpflegung (Mittagessen) trägt. Eine Küche sollte installiert und zwei Köche eingestellt werden.

Aber Sattler wollte sich wohl bei den Mitarbeitern hervortun, indem er Forderungen stellte und sofortige Entscheidungen forderte.

„Aber Scharhad liegt außerhalb, da wissen die Leute nicht, wie sie zur Arbeit kommen sollen." Sattler ließ nicht locker.

Er wurde deutlicher und sagte:

„Ich sage noch einmal die Reihenfolge, zuerst prüfen wir die Möglichkeiten, auch deine, auf Wirtschaftlichkeit. Dann entscheiden wir. Jeder darf Vorschläge machen. Dann müssen wir schnellstens Geld verdienen, dann können wir auch Geld ausgeben. Zurzeit geben wir nur Geld aus und haben keine Einnahmen. Mit der Steinproduktion zum Beispiel hatten wir die Gelegenheit, gutes Geld zu verdienen. Aber in diesem Bereich habe ich so gut wie nichts gesehen."

„Also der Boss lehnt das Auto ab", tönte Sattler nun in die Runde, „und nun fragt ihn mal, was er zu Hause für einen Wagen fährt", und gab in einem Atemzug selber die Antwort, „einen dicken Mercedes fährt er und euch gönnt er nicht einmal einen Kleinbus, damit ihr kostenlos zur Arbeit kommt."

Alle lachten, als Batsukh Sattlers Worte übersetzt hatte. Er wurde zornig und die Gelassenheit und Beherrschung fielen ihm schwer.

Er forderte Batsukh auf, möglichst synchron und wörtlich zu übersetzen, was er nun sagt:

„Hast du meinen Vorschlag nicht verstanden, Sattler?", fragte er mit Nachdruck, „keiner muss die Fahrkosten bezahlen. Batsukh, ich hoffe, du hast das gut übersetzt, denn wichtig ist, dass alle Mitarbeiter das verstanden haben. Auf das Verständnis der anderen verzichte ich. Und noch etwas", fügte er hinzu, „Sattler hat recht, zu Hause fahre ich einen Mercedes der mittleren Klasse. Einen sieben Jahre alten C 180, um ganz genau zu sein. Und ich könnte zu Hause in der Nähe eines Kurparks aus meinem Wohnzimmer schauen, ein schönes Buch lesen, mit meiner Frau Kaffee trinken, danach spazieren gehen und tun, was mir Spaß macht. Zum Beispiel hatte ich eine kleine Segeljacht für den Sommer und eine alpine Skiausrüstung und Ski-Langlauf-Ausrüstung für den Winter, ein Rennrad und andere schöne Dinge, die mir viel Spaß machen. All das könnte ich tun und noch mehr." Er machte eine Pause und schaute in die Runde. „Ich tue das alles aber nicht … Ich sitze hier bei euch, um euch zu helfen … und das hat einen Grund. Den letzten großen Weltkrieg habe ich als kleiner Junge miterlebt. Acht Jahre war ich alt, als am 08. Mai 1945 die Waffen schwiegen. Nach dem Kriege sah es bei uns so aus wie bei euch. Die Menschen hungerten und froren. Den Winter 1947 werde ich nie vergessen. Viele Menschen verloren in der unmittelbaren Nachkriegszeit so ihr Leben. Dann kamen plötzlich Carepakete und es gab eine Schulspeisung und viele gute Dinge, die uns das Überleben möglich machten. Da waren nämlich Menschen in Amerika, die Quäker nannte man sie, die sendeten alle diese schönen Dinge und halfen uns zu überleben. Sonst wären noch viele Menschen mehr von uns gestorben. Ich kann mich nicht bei diesen guten Menschen bedanken, die uns halfen, aus dem Elend herauszukommen. Ich kenne nicht die unzählbaren Namen dieser guten Leute. Aber eines kann ich. Mein Dankeschön an andere, die meine Hilfe brauchen, weitergeben. Das Gute muss man auch nicht denen zurückgeben, die das Gute verbreiten, vielleicht ist das der größte Irrtum. Das Gute kann sich eben nur vermehren, wenn wir das, was wir an Gutem im

Leben erfahren haben, an andere weitergeben, die unsere Hilfe brauchen. So bin ich also hier und fahre keinen Mercedes, schaue nicht in den Park, habe mein Segelboot verkauft, treibe keinen Sport meiner Gesundheit wegen, lasse meine Familie alleine, um mit euch gemeinsam etwas Gutes zu schaffen, und ich sage euch noch einmal, was ich anfangs sagte mit Nachdruck: ‚Ich-brauche-dazu-Eure-Hilfe. Ohne-eure -Hilfe-bin-ich-machtlos'", und zwischen jedem Wort machte er eine kleine Pause. „Und wenn ich sage, wir können uns im Moment kein Auto leisten, dann müsst ihr mir das glauben. Ich habe euch eine gleichwertige Lösung vorgeschlagen. Aber wir können über alles in Ruhe diskutieren. Welche Mängel hat dieser, mein Lösungsvorschlag? Was können wir daran verbessern? Das müssen wir erst wissen, bevor wir entscheiden."

Batsukh hatte fast synchron übersetzt. Er war ein guter Dolmetscher und alle schauten sich an. Keiner sagte ein Wort.

„Wenn es Schwierigkeiten gibt, zur Arbeit zu kommen", wiederholte er, „dann gibt es die Alternative, täglich einen Minibus für die Übergangszeit zu mieten. Was ist daran falsch?"

„Wir brauchen ein Auto, damit wir die Steine vermarkten können", wendete Nergui ein.

„Nun gut", erwiderte er, „auch dafür könnte man einen Transporter mieten oder ab Werk vermarkten. Aber, ganz wichtig ist: Dazu müssen wir erst einmal Steine herstellen. Ich habe keine gesehen und bin traurig über diesen Mangel, den Sie mir bitte später einmal erklären möchten. Die Steinproduktion und Vermarktung funktionieren seit Juli so gut wie gar nicht. Jedenfalls nicht so, wie Sie es prognostiziert haben und wie wir es deshalb alle gedacht haben. Jetzt ist bittere Kälte und eine Produktion nicht mehr möglich. Also sehen wir im Frühjahr, wenn der Frost vergangen ist, weiter. Aber dieses Versäumnis haben Sie zu verantworten, Nergui. Hätten Sie das getan, wie es vereinbart war und hätten die Stein-Produktion aufgenommen, hätten wir das Startkapital wohl auch für ein Auto gehabt!"

Damit beendete er vorerst die Diskussion um das Werkstatt-Auto.

Er ärgerte sich, dass er sich auf die öffentliche Auseinandersetzung eingelassen hatte. Andererseits war es aber nötig, denn seine Vermutung, dass Nergui und Sattler ihn ausbooten wollten, war nicht so abwegig. Den Eindruck hatte Batzorig wohl auch. Batzorig begann mit der Verteidigung, gegen seinen Vater. Das war mutig, denn es war nicht gerade üblich in der Mongolei, dass der Sohn sich gegen den Vater erhebt.

Batzorig sprach über die Form der Zusammenarbeit, wie er sie in Deutschland kennengelernt hatte, freundlich. Einen emotionalen Streit hatte Batzorig in Deutschland nicht erlebt, nur ganz sachliche Auseinandersetzungen … Vorgesetzte waren eher Berater als Kommandeure. Jeder konnte zu seinem Vorgesetzten gehen und fragen, wenn er nicht weiterwusste, und nie kam der Fragesteller ohne Antwort zurück. Auch wenn ein Fehler passiert war, wurde der Vorgesetzte informiert. Dann wurde gemeinsam mit dem Vorgesetzten versucht, den Fehler zu heilen. So hatte er es gelernt.

Batzorig wurde von Nerguis lautem Lachen unterbrochen.

„Nun schaut euch diesen kleinen Grünschnabel an", Nergui zeigte mit dem Finger auf seinen Sohn und fragte ihn, „hast du auch schon etwas zu sagen?"

Batzorig verteidigte sich tapfer: „Ja, ich habe etwas zu sagen. Ich habe etwas anderes kennengelernt als du bei den Kommunisten", sagte Batzorig trotzig, „etwas ganz anderes, und wer es hören will, soll es sagen."

Er mischte sich ein:

„Hört zu", sagte er, „Batzorig spricht davon, wie die Zusammenarbeit bei PNE in Deutschland funktioniert. Das halte ich auch für sehr, sehr wichtig. Lasst uns morgen mal zusammen darüber reden."

„Nein", Amraa stand auf, „du bist der Boss. Du sagst uns, was wir machen sollen. Wir machen das, was du sagst …" Amara setzte sich wieder, schaute Sambuu an. Sambuu, der Werkstattleiter, nickte zur Bestätigung kräftig mit dem Kopf.

Amraa und Sambuu wollten damit deutlich zeigen, an wem sich ihre Mannschaft zukünftig orientieren wollte.

„Danke, Amraa, auch wenn es sehr schwer ist, das zu verstehen. Weil ich nicht in der Lage bin, mit kurzen Worten alles gut und verständlich zu erläutern. Ich möchte euch einen Vorschlag machen und sagen, wie unsere Zusammenarbeit etwas anders funktionieren kann, als du es hier gelernt hast.

Schau, warum sind Diktatoren, Kaiser und Könige, Patriarchen oder welchen Namen diese Alleinherrscher auch haben mögen, zugrunde gegangen? Weil sie sich einbildeten, unfehlbar zu sein. Deshalb gehen heute noch große Firmen zugrunde. Weil solche Alpha Menschen, wie sie sich heute auch noch nennen, in dem Moment, wo sie die Macht hatten, nichts mehr hörten und sich einbildeten, die Größten zu sein. Eben sich für unfehlbar hielten, daher keine Kritik mehr duldeten, ihren Vorschlag für den besten hielten und kein Ohr mehr für die Vorschläge anderer hatten – oder sie haben keine ausreichenden Fachkenntnisse, eine gute von einer schlechten eigennützigen Beratung zu unterscheiden, oder sie versammeln „Ja-Sager", „Zuträger" und „meinungslose Diener" um sich herum."

Er machte eine kleine Pause, um dann den neuen Gedanken vorzutragen:

„Ich möchte dir beispielhaft einen Vorschlag machen: ‚Ich zeichne zum Beispiel eine Kesselkonstruktion. Du stellst nun bei der Fertigung mit deiner Mannschaft fest, dass bei einer Zeichnungsänderung die Fertigung viel besser und schneller wäre. Du kommst dann zu mir und sagst mir deine oder eure Idee!'

Ich prüfe deine Idee und, wenn es möglich ist, übernehme dann deine Idee und ändere die Zeichnung!

Eure Vor-Ort-Kenntnisse, die ich nicht kennen kann, müssen unbedingt mit in die Fertigung einbezogen werden. Das ist außerordentlich wichtig. So arbeiten wir in allen Bereichen zusammen. Das wollte Batzorig sagen, keine Kommandowirtschaft, sondern ein sachliches vertrauensvolles Miteinander. Das erfordert Respekt von jedem für jeden. Auch von mir dir gegenüber und allen anderen Mitarbeitern. Fehler sollen unsere Lehrmeister und Wegweiser sein. Fehler dürfen nie, niemals, die Knüppel sein, mit denen wir andere traktieren und klein machen, um größer zu erscheinen, als wir sind. Gerade über die Fehler, eine Fehlerstrategie zum Beispiel, um Fehler ganz klein halten zu können und vieles mehr möchte ich mit euch reden. Wir unterscheiden also die 3-K-Methode – Kommandieren, Kontrollieren Korrigieren – von der 3-F-Methode – Fördern durch Fordern mit Feedback – und dir, Batzorig", er drehte sich zu Batzorig um, „dir bin ich sehr dankbar, dass du mit diesem Thema angefangen hast … deine Worte sind für unser zukünftiges Handeln ganz, ganz wichtig! Wir werden es nicht nur denen sagen oder zeigen, die es hören wollen, sondern versuchen, auch diejenigen zu überzeugen, die noch in der Vergangenheit leben, am besten mit unseren Taten, ohne viele Worte."

Samstag, 25. Oktober

Er wollte alleine sein, auch war ihm das Bier nicht bekommen. Hinzu kam die Zeitverschiebung und so schlief er bis nachmittags um 14 Uhr. Dann machte er nach dem Essen einen ausgiebigen Spaziergang und ging wieder schlafen.

Sattler ließ er mit seinem Wohnungsangebot im Regen stehen und rief Bolormaa an.

Ihre Schwester wollte in China studieren und Sonntag könnte er die Wohnung ihrer Schwester anschauen, Sonntag um 11 Uhr am großen Kaufhaus wollten sie sich treffen.

Sonntag, 26. Oktober

Es war eine 1-Zimmer-Wohnung, schön eingerichtet, mitten in der Stadt, aber sehr ruhig gelegen. In der Nähe war das große Kaufhaus. Sie vereinbarten die Miete und den Einzugstermin. Der Einzugstermin sollte Dienstag, 18 Uhr, sein.

Dann lud er beide zum Essen beim Italiener ein.

Mit Suren hatte er einen Termin um 15 Uhr vereinbart, um die Gespräche am Montag vorzubereiten.

Daher verabschiedete er sich von den beiden Schwestern und ging mit Suren Kaffee trinken. Sie gingen Punkt für Punkt alle Themen durch, die er mit Nergui und bei anderen Terminen zu besprechen hatte. Alle Unterlagen wollte er sehen, die Zusammenarbeit formulieren und ein paar unangenehme Fragen hatte er an Nergui.

Die Buchhaltung

Am Montag trafen er und Suren sich zunächst wie verabredet im Büro von Nergui.

Nergui hatte ein kleines Büro für ihn eingerichtet. Als Übergangslösung, bis das Büro in Scharhad, in der Werkstatt, fertig war.

Er wollte sich die Konto-Auszüge und die bisherigen Ausgaben und Einnahmen ansehen, denn mit der Firmengründung waren drei Konten (MN Tugrik, US Dollar und Euro) bei der Golomt Bank eingerichtet worden und Nergui hatte eine Vollmacht bis 5.000 Dollar.

De Buhr hatte sein Gesellschafter-Kapital bereits voll überwiesen. Nergui und Shirnen waren vier Raten für die Einzahlung ihres Gesellschafter-Kapitals eingeräumt worden, im Oktober, November und Dezember.

Bei der Gründung war vereinbart worden, dass zunächst die Mosa Co. Ltd Buchhalterin die Aufgaben übernehmen sollte. Nun stellte sich heraus, dass Uyanga, die Frau von Nyamsuren, die Buchhaltung übernommen hatte. Er hatte sie nur einmal flüchtig kennengelernt. Nun saß sie ihm gegenüber. Er war misstrauisch geworden und bat um alle Unterlagen. Unwillig wurden ihm die Unterlagen gereicht. Wortlos studierte er gemeinsam mit Suren die einzelnen Ausgaben und die Kontoauszüge.

Die Buchführung, wenn man sie als solche bezeichnen durfte, war, vorsichtig ausgedrückt, sehr lustlos geführt worden. Zu den Unterlagen hatte er viele Fragen, die ihm genauso lustlos und unwillig beantwortet wurden.

Dann fragte er, was Uyanga bisher für Aufgaben erfüllte.

„Sie ist Geschäftsführerin im eigenen Unternehmen und Buchhalterin im Unternehmen ihres Mannes", übersetzte Suren, „sie hat zwei Heizwerke zu betreuen und selber genug zu tun."

„Was heißt das?", fragte er, „hat sie keine Lust für uns zu arbeiten?"

„Nein", lautete die klare Antwort.

„Warum ist sie denn hier? Warum wird dann nicht die Vereinbarung eingehalten und die Mosa Co. Ltd-Buchhalterin mit diesen Aufgaben betraut?", wollte er wissen.

„Ihr Schwiegervater, Shirnen, hat sie gezwungen, diese Buchhaltung zu übernehmen", war eine deutliche Antwort.

Nyamsuren war der Gesellschafter und Shirnen, sein Vater, der Geschäftsführer. Also bat er Suren, einen Termin mit Nyamsuren zu vereinbaren. Aber Nyamsuren und Shirnen waren in Uvurkhangai, ein Aimak weit draußen in der Steppe und beide wollten erst in ein bis zwei Wochen zurück sein. Nun gut, er musste das mit den beiden direkt klären, also warten.

Mit Nergui war eine solche Klärung nicht möglich. Zwei Tage später war Uyanga verschwunden und die unerledigten Arbeiten häuften sich. Er musste nun diese Arbeit mit erledigen, denn niemand wusste, wo sie war, und keiner konnte sie erreichen. Nach ein paar Tagen erhielt er die Nachricht, dass Uyanga nach China geflogen sei, für etwa drei bis vier Wochen, so genau wusste man das nicht.

Suren hatte eine Studentengruppe in der Uni, die die deutsche Sprache bei ihr lernte.

Er fragte Suren nach einer Buchhalterin, die die deutsche Sprache beherrscht.

„Ja, ich müsste mal Solongo fragen, die möchte sich verändern", sagte Suren, „sie spricht sehr gut Deutsch. In der Buchhaltung? ... Das weiß ich nicht ... Sie arbeitet bei ihrem Bruder, eine Toyota Vertretung. Sie arbeitet dort als Dolmetscherin englisch/deutsch/mongolisch."

„O.k.", sagte er, „frage sie mal. Auch wenn sie noch einiges lernen muss, das kann sogar zum Vorteil sein, weil ich mir die Buchhaltung etwas anders vorstelle als die, die ich gesehen habe."

Er ging abends nach Tulgaa, kurz vor Ladenschluss. Die Wiedersehensfreude war sehr groß und es dauerte eine Weile, bis er auf den Grund seines Besuches kam.

„Tulgaa, ich weiß, dass deine Frau eine sehr gute Buchhalterin ist und sie beherrscht die deutsche Sprache sehr gut ... Ich bin auf der Suche nach einer solchen Buchhalterin und da wollte ich mal fragen, ob deine Frau Zeit und Lust hat, für mich zu arbeiten."

„Lust hätte sie wohl, aber keine Zeit, ohne meine Frau schaffe ich die Arbeit nicht in meinem Geschäft", war die ehrliche Antwort, „aber ich habe eine Cousine …", überlegte Tulgaa, „aber ich müsste erst mit ihr und ihrem Mann reden …" und nach einer kleinen Pause fuhr er fort; „Obwohl ihr Mann meint, dass sie wieder arbeiten sollte … Sie war fast zehn Jahre im Finanz-Ministerium und nach der Geburt ihrer Tochter etwa vier Jahre in einer sehr großen Firma tätig. Dann wurde ihre Tochter sehr schwer krank und starb. Das ist eine sehr traurige Geschichte. Sie trauert nun schon ein Jahr und es wäre sicherlich ganz gut, wenn sie wieder arbeiten würde", überlegte Tulgaa laut, „sie heißt Bayarmaa und ist perfekt in ihrem Beruf. Sie hat in ihrer Zeit im Finanz-Ministerium gute Kontakte, auch zu den Finanzämtern, aber sie kann weder Englisch noch Deutsch."

„Das wäre kein Problem", antwortete er in Gedanken an Solongo.

So könnte Solongo eine gute Buchhalterin werden und Bayarmaa etwas Deutsch bei Solongo lernen, dachte er und sagte dann: „Vielleicht kann ich für Bayarmaa eine Unterstützung bekommen, sie heißt Solongo, spricht ganz gut Deutsch, hat aber nur geringe oder gar keine Erfahrungen in der Buchhaltung."

Dann vereinbarten sie ein gemeinsames Gespräch am Sonntag zum Mittagessen beim Italiener.

Suren kam mit Solongo und auch Tulgaa kam pünktlich gemeinsam mit seiner Frau, Bayarmaa und ihrem Mann.

Tulgaa kannte die Motivation, die ihn trieb.

Aber er erinnerte daran:

„Mit der Werkstatt wollen wir Arbeitsplätze schaffen. Ausbildung realisieren. Gute Kessel für die dezentralen Heizwerke bauen, um einen kleinen Beitrag zu leisten, dass die Luftverschmutzung etwas geringer wird, dass es die Kinder am Stadtrand von UB in den Schulen, Kindergärten und Krankenhäusern warm haben und nicht frieren müssen. Gute Kessel, um das Geld für die Heizkosten zu halbieren. Es wird anfangs, etwa zwei bis drei Jahre, harte Arbeit vor uns liegen, bis wir dann langsam in die Gewinnzone kommen. Danach können wir auch über andere Dinge und Ziele reden. Dazu brauche ich Mitarbeiterinnen und Mitarbeiter, die solchen Zielen aufgeschlossen gegenüberstehen."

Das Treffen wurde ein Erfolg. Am anderen Tag teilte er Nergui mit, dass er zwei andere Mitarbeiterinnen eingestellt hatte, weil Uyanga ihrer Arbeit unentschuldigt so lange fern blieb. Ein schriftlicher Arbeitsvertrag mit Uyanga bestand nicht. Das vereinfachte den Abschied nach ihrer Rückkehr, der ganz in ihrem Sinne war. Trotzdem lud er Nyamsuren nach dessen Rückkehr zum Abendessen ein, um einen endgültigen Schlussstrich unter den Einsatz seiner Frau zu ziehen.

Nyamsuren amüsierte sich köstlich:

„Ja, mein Vater … Sie haben meiner Frau einen großen Gefallen getan. Aber Sie werden meinen Vater noch näher kennenlernen. Ich bin aber damit einverstanden." Seine Reaktion war also mehr als eine Zustimmung.

Shirnen blieb noch länger in Uvurkhangai aimak, da er zwei Heizwerke dort zu betreuen hatte.

Die Werkstatt

Die Arbeit in der Werkstatt ging gut voran. Sonor übernahm die Bauaufsicht. Sattler wurde beauftragt, die Heizung, den Heiz-Kessel nebst Zubehör mit seiner Firma zu übernehmen. Ende November 2003 waren diese Arbeiten beendet. Gleichzeitig wurde nun auch der Vertrag für die Bauaufsicht zum 01. Dezember mit Sattler beendet. Die Zusammenarbeit zwischen Sonor und Sattler entsprach bei Weitem nicht seinen Vorstellungen.

Nach Fertigstellung der Werkstatt begann Sambuu als Meister, Amraa als Vorarbeiter mit seinen Mitarbeitern, zunächst noch unter der Leitung von Sonor, mit der Fertigung des ersten Kessels für das Khands HW.

Die Verträge

Neben der Bauüberwachung in der Werkstatt mussten die Einzel-Verträge auf der Basis der bereits bestehenden Rahmenverträge formuliert und mit den Interessenten endverhandelt und abgeschlossen werden.

Auf der Basis der vorliegenden Messungen und Untersuchungen ermittelte er die eingesparten Brennstoff-Kosten. Für die Übergangszeit bis zum Zertifikathandel ab 2005 sollten die Kessel mit den eingesparten Brennstoffkosten finanziert werden. Die Berechnungen ergaben eine Laufzeit der Verträge von vier bis fünf Jahren. Natürlich wurden diese günstigen Voraussetzungen durch den PNE-Unternehmens-Kredit erreicht.

Die eingesparte Brennstoffmenge sollte hierbei über die abgegebene Wärme und die Wirkungsgrade des neuen und des alten Kessels ermittelt werden. Der Wirkungsgrad der alten Kesseltypen war ausreichend durch den TÜV bestimmt worden und konnte auf dieser Grundlage mit ausreichender Genauigkeit festgeschrieben werden. Eine einfache Methode, die eine Diskussion einer Gewichtsermittlung oder andere Streitfragen überflüssig machten.

Der erste Kessel sollte im Khands HW installiert werden. Bei den Verhandlungen stellte sich heraus, dass eine so langfristige Finanzierung mit gleichbleibenden Ratenzahlungen offensichtlich unbekannt war. So erläuterte er den Finanzierungsplan im Detail; ein Annuitäten-Darlehen mit festem Zinssatz. Die Zunehmende Tilgung mit den abnehmenden Zinsen löste große Verwunderung aus. Eine solche Finanzierung wurde in UB von keiner Bank angeboten.

Auch eine Absicherung der Vorleistungen über eine Bankbürgschaft löste Verwunderung aus. Die Rückfragen bei den mongolischen Banken ergaben für eine Bürgschaft Konditionen wie für ein normales Darlehn, 2,0 % bis 2,5 % Zinsen pro Monat mit Laufzeiten von 1 Jahr. Für den Betreiber absolut unmöglich.

Er wollte diese Auskunft von Frau Khand nicht so akzeptieren, hatte diese Behauptung als Ausrede abgetan und erkundigte sich selber. Dabei hatte er den Eindruck, als würden die Gesprächspartner der mongolischen Bank absolut keine Ahnung haben, was eine Bankbürgschaft ist.

Durch Frau Dejid, die Ingenieurin, hatte er den Rohr-Lieferanten, Sun Trade, kennengelernt. Frau Schuren (Sun Trade) belieferte die größeren Kraftwerke. Er fragte nach den Rohr-Dimensionen und dem Material für die Kraftwerke.

Die Eco- und Verdampfer-Rohre der Kraftwerks-Kessel passten gut in das Konzept des MZ 1.500 Kessel. Allerdings waren ein paar Zeichnungsänderungen erforderlich. Damit bestand aber die Möglichkeit, dass Sun Trade eine größere Menge in Russland bestellen konnte und eine größere Menge bedeutete auch einen höheren Rabatt, den sie bereit war weiterzugeben. So bestellte er für die nächste Kesselserie, 10 Kessel, rund 40 to Rohrmaterialien bei Sun Trade.

Die vorhergehenden Verhandlungen mit russischen und chinesischen Händlern endeten stets mit deutlich höheren Preisen.

Im Anschluss an die Fertigstellung des ersten Kessel musste das Material spätestens Mitte Januar 2004 in der Werkstatt sein.

Dejid kannte sich sehr gut aus. Ihr Organisationstalent wurde unverzichtbar.

Für die Hohlblock-Stein-Fertigung schloss er über die Kies- und Zement-Lieferungen einen Rahmenvertrag mit einer anderen Firma ab. So meinte er, auch für diesen Bereich die Fertigung ab etwa Ende April gut vorbereitet zu haben.

Weihnachten

Er saß wie immer am frühen Morgen mit Suren, Bayarmaa, Solongo und Sambuu im Büro unmittelbar neben der Fabrikation. Es war am Heiligabend aber für ihn ein Tag wie alle anderen. Wie immer war er morgens mit Batzorig durch die Halle gegangen, hatte jeden begrüßt und nach dem Befinden und den Sorgen gefragt. Im Stillen hatte er sich vorgenommen, die Mitarbeiterinnen und Mitarbeiter gemeinsam zum Abendessen einzuladen und die kleine Fabrik mittags zu schließen.

Die Tür ging auf. Amraa, der Vorarbeiter, schaute herein und sagte etwas zu Suren.

„Amraa fragt, ob er stören darf", sagte Suren und fügte hinzu, „ich glaube, die haben eine Überraschung für dich."

Er lachte:

„Suren, wissen Amraa und die anderen nicht, dass die Tür immer für jeden offen ist? ... ohne zu fragen einfach kommen dürfen, wenn ich alleine bin."

Suren winkte Amraa herein und hinter Amraa kamen alle Mitarbeiter ins Büro. Jeder hatte etwas mitgebracht, Brot, Wurst, Fleisch, Gemüse, Cola, Süßigkeiten und auch eine Flasche Schnaps. Sie rückten ohne Worte alle Tische zusammen, deckten den Tisch, holten die noch fehlenden Stühle und setzten sich alle hin. Amraa stand auf und Suren übersetzte seine Worte:

„Wir wissen, dass du ein Christ bist und die Christen feiern heute das Weihnachtsfest. Heute ist Heiligabend, hat Suren gesagt. Sie beschenken einander und wir möchten mit dir reden und fragen, wie ihr das Weihnachtsfest im weit entfernten Deutschland feiert und was das für dich persönlich bedeutet und alles, was du darüber zu sagen hast ..."

Amraa war ein sonst sehr schweigsamer, fleißiger und ein sehr guter Fachmann. Solche langen Reden waren für Amraa sehr ungewöhnlich.

„Und wir alle haben zusammengetan und möchten dich zum Essen und Trinken einladen und dabei musst du uns alle deine Gedanken über das Weihnachtsfest erzählen …", fügte Amraa hinzu.

„Das ist wirklich eine Überraschung", er freute sich sehr, „die ist euch wirklich gelungen, danke. Ich freue mich sehr. Eigentlich wollte ich heute Abend euer Gastgeber sein. Aber bis zum Abend sind wir alle wieder hungrig und vor allem durstig. Ist das richtig, was ich sage?", fragte er.

Jeder nickte mit dem Kopf. „Also nach dieser Feierstunde heute Morgen machen wir Schluss, und bevor wir gehen, sagt ihr mir, wo wir uns heute Abend treffen", forderte er alle auf.

„Würdest du mit uns in eine Disko gehen?", fragte Amraa.

„Mein Wort gilt, ich komme auch mit in eine Disko und tanzen und wir können dann auch in der Karaoke miteinander singen, wie ihr es wollt", lachte er.

„Du sollst nun von Weihnachten reden", wurde er aufgefordert, „wir sind ohne Religion groß geworden und wissen nur etwas von den Mönchen."

„Ja, wo fange ich an …", überlegte er laut, „bis zur Geburt Christi gab es nur zehn Gebote und wir feiern, weil an diesem Tag vor 2003 Jahren die Nächstenliebe, das elfte Gebot, geboren wurde. Aber leider verstehen offensichtlich nur die Kinder dieses Gebot und deshalb ist es ein Fest der Kinder."

Er machte eine Pause. „Ja, ihr habt mich aufgefordert, von Weihnachten zu erzählen und was das Weihnachtsfest für mich bedeutet. Wollt ihr nun meine Gedanken dazu hören oder die Gedanken der Allgemeinheit?"

„Die Meinung der Allgemeinheit, davon haben wir schon gehört, deshalb möchten wir deine Gedanken hören", übersetzte Suren.

„O.k.", sagte er und machte eine Pause, um seine Gedanken zu ordnen. Er freute sich riesig über die schöne Geste, aber schämte sich zugleich. War nun die Gelegenheit gekommen, über seinen Traum zu reden? Er fragte im Stillen sein Schicksal und bekam ein gutes „Bauchgefühl" als Antwort.

„Wenn ich euch nun meine ganz persönlichen Gedanken über das Weihnachtsfest erzähle, dann müsst ihr wissen, dass ich Christus' Geburt und sein Leben als ein wunderbares Geschenk betrachte. Als ein Geschenk, das auf ganz wundersame Weise in die Evolutionsgeschichte des Lebens hineinpasst. Dieses unvorstellbar große Geschenk besteht aus mehreren Teilen.

Es ist erstens die Nachricht, dass es nur einen Gott gibt, davon möchte ich zuerst erzählen, warum das so ist.

Es ist zweitens die Nachricht über den Grund, warum wir Menschen einen Verstand von Gott bekommen haben. Der Verstand als zwingende Notwendigkeit und Voraussetzung, die unvorstellbaren Nachteile der „Gerechtigkeit des Stärkeren" zu erkennen, zu analysieren und der „Gerechtigkeit des Stärkeren" etwas Neues, viel Schöneres entgegenzusetzen.

Im Leben der Gerechtigkeit des Stärkeren lernen die Lebewesen immer über das Leid.

Im Leben der Nächstenliebe lernen die Lebewesen über den Verstand.

Daher sagte Christus, dass der Gott uns einen Verstand gab, damit wir selber das Lernen über das Leid beenden können. Er lässt uns selber entscheiden. Gott ist ohne Schuld.

Beides ist für mich ein Quantensprung in der Evolution, dass ein Lebewesen in die Lage versetzt wurde, zu erkennen, dass der Lernprozess über den oftmals unvorstellbaren Leidensdruck beendet werden kann, wenn der Verstand richtig dafür eingesetzt wird."

Er schaute Suren an und wartete das Ende der fast synchronen Übersetzung ab.

„Ja, für mich sind mit Christus mehrere Erkenntnisse geboren worden und es ist sehr schwer für mich, das zu erläutern. Aber im Buddhismus spricht man auch von dem EINEN und dem VIELEN. Mit Christi Geburt wurde nun endgültig gesagt ‚es gibt nur einen Gott'. Ich denke, Buddha ist auch zu dem gleichen Ergebnis gekommen. Dieses Ergebnis der Überlegungen findet man in jeder Religion, in jeder Philosophie.

Warum?

Wir Menschen haben nur zwei Erkenntnisse, also zwei Dinge wissen wir ganz genau, alles andere ist Vermuten und Meinen.

Die erste Erkenntnis ist die, dass wir keine Erkenntnisse haben, dass wir fehlerhaft sind und unvollkommen.

Die zweite Erkenntnis ist die, dass alles ein Gegenteil hat.

Wenn wir also keine Erkenntnisse haben, dann müssen wir versuchen und probieren genau wie bei der Kesselproduktion. Auch anpassen müssen wir uns, denn die eine einzige Konstruktion reicht nicht aus, alle Heizungsbedürfnisse zu befriedigen.

Genau so macht es auch die Natur und nur deshalb, weil in der materiellen Welt keine Erkenntnis vorhanden ist, gibt es aus Versuch – Irrtum – Erfolg – Anpassung unendlich viele Arten. Die Unkenntnis führt also zu einer unendlichen Vielfalt und je größer diese Vielfalt ist, nähert sich die Unkenntnis der Erkenntnis. Aber nur wenn man die Vielfalt bündelt, als ein Ganzes betrachtet.

Nun wissen wir, dass die Unkenntnis ein Gegenteil hat und das ist die absolute reine Erkenntnis.

In einer Welt des absoluten Wissens und der absoluten Erkenntnis gibt es keinen Versuch, keinen Irrtum, keinen Misserfolg, keine Anpassung. Das alles ist nicht erforderlich, und wenn Versuch, Irrtum, Erfolg und Anpassung nicht erforderlich sind, gibt es keine Vielfalt. Dann gibt es nur das EINE, und wenn man statt dem EINEN Gott oder Allah oder eine andere Bezeichnung sagt, meint man immer nur das EINE.

Deshalb sagte Christus, es gibt nur einen Gott, es gibt keine Götter neben dem EINEN, das wäre nach dieser Philosophie absoluter Blödsinn, so etwas zu sagen."

„Das habe ich so noch nie gehört", sagte Suren, „wir haben Sehnsucht auf solche Worte … Warum …? Die kommunistischen Ideologen in der Stalinzeit haben damals alle Mönche getötet, ihre Tempel zerstört, ihre wissenschaftlichen Bücher vernichtet und wir sind ohne Religion aufgewachsen. Hier, wo wir jetzt sitzen, hier in Scharhad, das heißt ‚gelber Stein', da haben diese Ideologen die Mönche in ihren gelben und roten Kutten umgebracht … Und nun haben die Mönche auch die Freiheit wieder und können so reden und viele Mongolen hören, was die Mönche sagen. Auch wenn du einen Termin machst, im Hintergrund wurde ein Mönch gefragt, ob es ein guter Tag ist oder ein schlechter ..."

„Danke, Suren, hast du das alles gut übersetzt?", fragte er.

„Na ja, ich hoffe, aber das ist schwer", gab sie zu. Aber Suren beherrschte die deutsche Sprache perfekt und so fuhr er ruhig fort.

„Nun wissen wir, warum wir unvollkommen sind und wir daher alle Fehler machen und warum das so ist, da können wir uns noch so sehr bemühen. Deshalb hat jeder einen Fehler frei und kann zu mir kommen, weil ich das weiß, und er kann sagen: mir ist das oder jenes kaputtgegangen oder misslungen, obwohl ich mich doch so sehr bemüht habe ... Aber niemals denselben Fehler zweimal machen, o.k.? Fehler zeigen uns immer den richtigen Weg, und wenn jemand sagt, er macht keine Fehler, der kann den richtigen Weg nicht kennen ... Wer also sagt, er macht keinen Fehler, der macht dann einen großen Fehler, und wer den gleichen Fehler zweimal macht, ist nicht lernfähig." Erleichtert lachten alle als Suren die Übersetzung beendete.

„Aber es stellt sich die Frage, warum wir unvollkommen sind. Es wäre für das EINE problemlos gewesen, es anders zu organisieren. Diese Frage können wir nur beantworten, wenn wir in unsere Überlegung die Tatsache mit einbeziehen, dass jeder von uns andere Talente und Fähigkeiten hat. Dort, wo ich also unfähig bin, hat zum Beispiel Amraa große Fähigkeiten und so fort. Und nun ist die Antwort ganz einfach geworden, wir sind alle unvollkommen, damit wir uns gegenseitig mit unseren unterschiedlichen Fähigkeiten und Talenten helfen! Diese Art Unvollkommenheit hat also den großen Vorteil, dass wir zusammenhalten müssen. Die Unvollkommenheit zwingt uns also zum gemeinsamen Handeln!

Menschen mit ganz großer Intelligenz meinen oft, das sei Blödsinn, und sie bilden sich ein, alle ihre Mitmenschen aufgrund ihrer hohen Intelligenz übertrumpfen zu können.

Diese Überheblichkeit ist aber eine Art Dummheit und deshalb findet man bei den intelligentesten Menschen oft die größten Dummköpfe! Deshalb sage ich immer: ‚Intelligenz hat nichts mit

Klugheit zu tun!' Akzeptieren wir also unsere Unvollkommenheit und handeln so, wie es die Natur wollte, indem wir uns gegenseitig mit unseren unterschiedlichen Talenten helfen, dann sind wir alle zusammen die Klügsten!" Er machte eine kleine Pause ... und setzte seine Rede dann fort:

„Wir feiern also zu Weihnachten das Wissen von dem EINEN, das hat Christus uns gelehrt. Aber seine größte Leistung war etwas ganz Neues. Christus hat uns gelehrt, warum wir einen Verstand erhalten haben, und auf dieser Basis formulierte Christus das elfte Gebot, ‚die Nächstenliebe'!"

Er machte wieder eine kleine Pause und fragte Suren:
„Gehe ich zu weit?"

„Die waren alle in der Technikerschule. Amraa hat sogar eine Ingenieur-Ausbildung. Die können zum Teil besser mit Auto CAD umgehen als du. Warum sollten die das nicht begreifen? Meine Mutter ist die Direktorin der Technischen Hochschule. Sie kennt Amraa ganz gut. Vertraue mal darauf, dass sie fragen, wenn sie nicht verstehen. Alle sind sehr neugierig, mal etwas ganz Neues zu hören. Also, warum habe ich einen Verstand bekommen?", wollte sie wissen.

„Sorry, Suren, ich wollte niemandem zu nahe treten und dachte nur an die Schwierigkeiten, die du haben könntest beim Übersetzen", sagte er. Aber Suren winkte ab. „Los, weiter!", sagte sie.

„Also bevor es die Nächstenliebe gab, und solange es sie nicht gibt, herrschte und herrscht ausschließlich die „Gerechtigkeit des Stärkeren." Diese Überlebensstrategie der Evolution hatte viele Millionen Jahre vor Christus und auch danach bis heute unheimliche Erfolge, daraus sind wir Menschen entstanden. Aber wir haben vorher festgestellt, Versuch, Irrtum, Misserfolg und Erfolg führen zu einem Lernprozess in der Natur, und was hat die Natur gelernt?

Die Gerechtigkeit des Stärkeren führt immer dazu, dass am Ende immer und mit absoluter Sicherheit die stärkste Spezies übrig bleibt und nicht aufhört zu vernichten, weil in dieser Spezies keine Bremse ist, die da sagt: ‚Nun ist es genug'. Man sagt: ‚Wem genug zu wenig ist, dem ist nichts genug!' Die stärkste Spezies vernichtet also ihre eigene Lebensgrundlage, zerstört alles, die ganze Vielfalt geht den vorzeitigen Weg in den Tod. Der endgültige Kollaps ist am Ende absolut sicher, so sicher wie das Amen in der Kirche.

Im Zweiten Weltkrieg hatten wir so einen Verrückten, der die stärkste Rasse züchten wollte. Herrenmenschen, eine arische Rasse wollte dieser Verrückte züchten und dieses tierische Naturprinzip zum obersten Gebot machen, und der Verrückte ließ alles vernichten, was seiner Meinung nach schwach war, unwürdig war zu leben. Kranke und Schwache wurden als unwertes Leben bezeichnet. Manchmal habe ich den Eindruck, dass es bis heute immer noch solche verrückten, leider sehr krankhaften Menschen gibt, die die eigentliche Ursache des Zweiten Weltkrieges im Kern nicht begriffenen haben. Nur, sie beginnen heute, sich als Alpha Menschen zu bezeichnen. Ich sehe keinen Unterschied zum Herrenmenschen.

Nur deshalb, auf der Basis dieser Erkenntnis, sprechen die Propheten einer jeden Religion vom Weltuntergang, weil sie auch dem Menschen mit einem Verstand diese Verhaltensweise zuschreiben, dass die Menschen der Gerechtigkeit des Stärkeren verfallen sind, wie Süchtige, wie Blindwütige, wie Heroinsüchtige, die nicht glauben wollen, dass die großen Erfolge dieses Naturprinzips zu Ende gehen und das fatale grausame Ende genau so groß ist wie der vorhergehende fantastische Erfolg.

Und nun kommt so einer mit Namen Christus daher und sagt: ‚die Natur hat das Elend begriffen und hat euch Menschen einen Verstand verpasst, damit der sonst absolut sichere Kollaps vermieden werden kann. Damit ihr mit dem Verstand lernen könnt und ihr nicht mehr wie bisher über den Leidensdruck lernen müsst. Denn leider gibt es nur diese beiden Elemente des Lernens, der Lernprozess über das Leid oder der Lernprozess mit dem Verstand.'

Aber niemand ist je auf der Erde gewesen, der dem Menschen gesagt hat, warum er einen Verstand bekommen hat. Dass der Mensch nur aus diesem einzigen Grund den Verstand hat, um zu sagen und zu tun: „… liebet eure Feinde, segnet die euch fluchen ...' Christus sprach damit das Gefühl im Menschen an, denn die Natur hatte zumindest im Mutter-Kind-Verhalten den Grundstein gelegt ... für diese andere Gerechtigkeit ... und deshalb nannte Christus die neue Verhaltensweise, die den endgültigen Kollaps vermeiden kann, ‚Nächstenliebe'.

Ein viel zu hoher nicht zu erfüllender Anspruch, so meine ich. Oder könnt ihr euren Feind lieben? Ein Anspruch an uns Menschen, zu dem wir noch nicht reif sind. Ein Anspruch, der aber so fantastisch ist, das unzählbare Menschen ihn oft so fanatisch verfolgten, dass sie diesen Gedanken ad absurdum führten, indem sie diesen Gedanken mit Feuer und Schwert verbreiteten. Das ist eine sehr traurige Geschichte und zeugt davon, dass die Menschen noch sehr weit entfernt sind, die Worte Christi zu begreifen, zu begreifen, warum ihnen ein Verstand geschenkt wurde.

Seht also, was wir Menschen mit unserem Verstand machen ... Wir missbrauchen ihn, um noch stärker zu sein ... Die Menschen haben alle Tiere überwunden und unzählbare Arten bereits ausgerottet, unwiederbringlich, und werden sich nun selber zunehmend zum Feind ...

Platon, ein griechischer Philosoph, sagte vor 2300 Jahren, dass auch die Demokratie sich wandelt, und seine Untersuchungen haben zum Ergebnis, dass sich die Demokratie in eine Tyrannei wandelt, aufgrund der nicht zu bremsenden Gier nach Macht, Geld und Anerkennung ...

Ihr habt mich nach meinen Gedanken zum Weihnachtsfest gefragt und ich sage euch: Nächstenliebe müssen wir nicht unbedingt empfinden, es reicht, wenn wir Gesundheit und Krankheit unterscheiden.

Wenn wir die Gerechtigkeit des Stärkeren als eine Krankheit entlarven, als eine erfolgreiche Methode, die zu Ende geht, die sonst mit Schrecklichkeit endet. Eine Schrecklichkeit, die so groß ist wie der vorhergehende Erfolg.

Und dass wir die entgegengesetzte Gerechtigkeit als Gesundheit begreifen. Wenn wir den Verstand dazu gebrauchen, gesund zu leben, den eigenen Körper und den Gemeinschaftskörper gesund zu erhalten. Alles müssen wir dafür tun, den eigenen Körper und den Gemeinschaftskörper gesund zu erhalten. Dass jeder mit seinem eigenen Talent an dieser Aufgabe arbeitet. Dann, meine ich, müssen wir nicht unbedingt den Nächsten lieben. Dann gehen wir aber in die Richtung zur Nächstenliebe.

Wenn wir begreifen, wie Gesundheit funktioniert, deren Regeln kennenlernen und als Ziel setzen. Diese Regeln zum Maßstab unseres Handelns machen, wenn wir lernen, rechtzeitig die Krankheitserreger in unserem Gemeinschaftskörper zu entdecken, das können zum Beispiel auch Banker sein, und Regeln aufstellen, diese friedlich zu ändern …

Die Tugenden sind nicht dazu da, damit wir in den Himmel kommen. Die Tugenden wie Ehrlichkeit, Hilfsbereitschaft, Offenheit und vieles mehr sind dazu da, dass wir ein Stück des Himmels auf die Erde holen. Es sind die Grundlagen des Erfolges und der Gesundheit.

Ein bisher missachtetes Erfolgsprinzip, eine reine unbegreifliche Dummheit, wenn wir diese Lehren nicht beachten.

Mit den Untugenden wie lügen, betrügen und Hinterhältigkeit halten sich die Menschen ganz klein und machen sich gegenseitig krank, sehr krank.

Wenn ich zwei Wünsche hätte, dann diese:
1. Dass wir alle gemeinsam, in unserer kleinen Gemeinschaft, im tiefsten Herzen wissen, dass wir alle unvollkommen und daher aufeinander angewiesen sind. Nicht jeder ist an der gleichen Stelle gleichstark unvollkommen. Der eine hat die Talente, der andere jene und nur gemeinsam sind wir ein großes Talent und
2. Der zweite Wunsch wäre, dass wir uns immer gemeinsam um die eigene Gesundheit und um die Gesundheit unserer Gemeinschaft bemühen.

Und zum Schluss möchte ich euch auf etwas aufmerksam machen:
Die Natur hat sich mit uns Menschen einen Scherz erlaubt", alle schauten ihn fragend an.

„Einen Scherz?", fragte Suren, „wie sollen wir das verstehen?"

„Ja, einen fürchterlichen Scherz, auf den wir immer und immer wieder hereinfallen. Die Natur hat uns ein Schild vor die Brust gehängt und darauf steht: „Ich bin ganz wichtig!", und er betonte diese Worte, als wollte er sie buchstabieren, „und Gnade für denjenigen, der dieses Schild nicht beachtet, der sogar verächtlich darüber lacht!"

Er schaute in die betroffenen Gesichter. War es richtig, so zu reden, den Stolz infrage zu stellen? Nicht zuletzt berührte er damit den Selbsterhaltungstrieb im Menschen.

„Bitte", sagte er, „auch wenn es sehr, sehr schwerfällt, lasst uns dieses Schild umdrehen, damit keiner diesen blöden und lächerlichen Spruch sieht. Lasst uns vermeiden, dass wir uns über die anderen erheben, seine Fehler als Steigbügelhalter benutzen, um größer zu erscheinen. Sondern lasst uns gegenseitig helfen, die Fehler so klein wie möglich zu halten. Helfen, der Gesundheit zu dienen, der eigenen Gesundheit und der Gesundheit der Gemeinschaft. Lasst uns einfach den Verstand benutzen im Sinne Buddhas und so, wie Christus es gemeint und empfohlen hat."

Er machte eine lange Pause und sah in die nachdenklichen Gesichter. Dann beendete er seine Rede mit seiner tiefsten Überzeugung:

„Ein glückliches Leben kann nur im Umfeld der Gerechtigkeit stattfinden, einer Gerechtigkeit, die man mit der Gesundheit vergleichen kann. Alles andere macht krank oder ist schon krank", und nach einer längeren Pause:

„… Und nun noch eine kleine Begebenheit aus der Weihnachtszeit", begann er wieder, „mein Sohn hat zwei Söhne. Lars, vier Jahre alt, wartete gespannt in der Wohnstube auf den Weihnachtsmann und der Weihnachtsmann kam und hielt eine lange Predigt vom ‚artig sein und ehrlich sein' und so weiter. Dann verteilte der Weihnachtsmann die Geschenke und verabschiedete sich wieder. Als der Weihnachtsmann gegangen war, zupfte Lars seine Großmutter am Rock und sie bückte sich, damit er ihr etwas ins Ohr flüstern konnte, und Lars sagte ganz entrüstet: ‚Hör zu, Oma, der Weihnachtsmann hat Opas Schuhe an, die hat der Weihnachtsmann geklaut und sagt zu mir, ich soll ehrlich sein!' … und dazu möchte ich sagen: Glaubt mir bitte, ich selber bin nicht so ein Weihnachtsmann, der andere ermahnt und es selber nicht tut!"

Alle lachten und erst jetzt begannen alle zuzulangen, um zu essen und zu trinken.

„Amraa möchte wissen, was du gemeint hast mit den Regeln für die Gesundheit", sagte Suren, „wieso machen Lügen, Betrügen, Hinterhältigkeit ... krank? Meinst du wirklich, körperlich krank? Amraa hat beobachtet, dass es denen, die so schlecht sind, sehr viel besser geht als ihm."

„Eine bekannte, aber schwierige Frage stellt Amraa da", begann er, „ich möchte die Frage zunächst sinngemäß mit den Gegenfragen eines Philosophen beantworten, Platon hieß der gute Mann.

Wenn wir in der Werkstatt alle Gerechtigkeit üben und einander helfen, wachsen wir zu einer leistungsfähigen Mannschaft zusammen. Ist das so?" „Selbstverständlich ist das so", war die Antwort.

„Die Gemeinschaft ist leistungsfähig, stark und die zusammengewachsene Gemeinschaft ist daher im Spiel und in der Arbeit sehr erfolgreich?", fragte er weiter.

„Na klar, das ist doch eine Selbstverständlichkeit. Warum fragst du so etwas? Das wissen wir doch alle", lautete die Antwort.

„Wir beantworten nur Amraas Frage", fuhr er fort, „also betrachten wir die Ungerechtigkeit. Ist sie fähig, eine solche starke Gemeinschaft zu bilden?"

„Nein, die Ungerechtigkeit schafft Unfrieden und zerstört jede Gemeinschaft", war die gemeinsame Überzeugung.

„Ist der Einzelne stärker und erfolgreicher als die Gemeinschaft, zum Beispiel hier in der Werkstatt?", er wartete die Antwort nicht ab und fuhr fort, „nein. Wenn die Ungerechtigkeit die Gemeinschaft zerstört, muss jeder für sich kämpfen. Wir haben gesagt, dass die Gemeinschaft, die Gerechtigkeit, leistungsstärker ist. Der Einzelne oder ein Bündnis der Ungerechtigkeit hat keinen gesunden Kern und zerfällt sehr schnell. Das war unsere gemeinsame und überzeugende Antwort. Der Erfolgreiche lebt aber besser als der Erfolglose. Daher kann die Ungerechtigkeit nicht besser sein als die Gerechtigkeit. Die Ungerechtigkeit ist aber ein schleichendes Gift. Zum Beispiel wenn der Gewinn unserer Arbeit nicht leistungsgerecht, also ungerecht, verteilt wird. Wenn die Kunden ungerecht handeln und ihre Raten nicht bezahlen und wir um den Erfolg unserer Arbeit betrogen werden. Es gibt viele solche Ungerechtigkeiten, die unsere Gemeinschaft zerstören wollen …

So weit zu der Frage, ob die Ungerechtigkeit größere Vorteile hat als die Gerechtigkeit. Meine Meinung lautet: Die Ungerechtigkeit hat nur kurzfristige Erfolge, von denen wir uns nicht blenden lassen dürfen.

Und nun zu der Frage, ob die Ungerechtigkeit eine körperliche Krankheit zur Folge haben kann.

Hinter jedem Handeln steht eine Rechtfertigung. Ohne eine Rechtfertigung ist eine Handlung fast unmöglich. Wenn wir dem Ungerechten die Rechtfertigung nehmen, bricht er zusammen und er ist traurig. Wenn wir dem Ungerechten seine Rechtfertigung bestätigen, sind wir selber ungerecht und fördern den Weg in die Katastrophe. Danach kommt der große Zusammenbruch. Erkennbar zum Beispiel am Nationalsozialismus. Die Rechtfertigung war die Gerechtigkeit des Stärkeren. Eine Rechtfertigung, die als krankhafte, tierische Verhaltensweise entlarvt wurde und absolut nichts mit dem Menschen, der Menschlichkeit, zu tun hat.

Wenn wir dem Gerechten seine Rechtfertigung bestätigen und helfen, dann sind wir selber gerecht und fördern den Weg zum Frieden und zum Glückhaften.

Der Ungerechte hat also eine negative, schmutzige geistige Hygiene. Der Gerechte hat eine positive, saubere geistige Hygiene.

Unser Geist steuert aber die Funktionen in unserem Körper.

Nur die positive, saubere geistige Hygiene führt zu einem gesunden Körper. Christus sagte: „Selig sind die reinen Herzens sind …" und ich bin davon überzeugt, Christus meinte den sauberen Geist in uns. Christus war ein großer Lehrmeister der allumfassenden Gesundheit, die ich meine.

Ich las vor Kurzem ein Buch und darin stand, dass im Menschen, ich glaube, 38.000 Funktionen gespeichert sind. Funktionen, die die Gesundheit und die Krankheit fördern. Diese Funktionen schlummern vor sich hin. Bei dem einen Menschen wird aus irgendeinem Grund eine Krankheitsfunktion ausgelöste, bei einem anderen schläft diese Funktion ein ganzes Leben lang.

Welches nun aber der Auslöser dieser oder jener Funktion ist, das ist bisher weiterhin ein großes Rätsel. Und daher kann auch ich nur spekulieren. Irgendwann werden die Biologen entdecken, dass man mit Gedanken die Zellen beeinflussen kann. Gute, gerechte Gedanken zur Gesundheit, böse Gedanken zur Krankheit.

Mein Bild darüber ist folgendes: Ich stelle mir vor, dass im Unvollkommenen ein Funke des Vollkommenen und im Vollkommenen ein Funke des Unvollkommenen lebt.

Dieser Funke des Vollkommenen im Menschen hat das Bedürfnis, alle deine Wünsche, deine Gedanken zu erfüllen. Es kennt aber kein Gut und Böse. Daher werden auch deine bösen Wünsche erfüllt. Nicht nur dem Anderen, dem du etwas Böses gewünscht hast, auch dir persönlich wird dieser Wunsch erfüllt. Darauf kannst du dich 100%ig verlassen. Nicht sofort, aber mit absoluter Sicherheit irgendwann. Deine Gedanken sind also die Auslöser einer bestimmten Funktion und daher betrachte ich Gedankenhygiene als den wichtigsten und unerlässlichen Bestandteil der Gesundheitspflege.

Es ist nicht nur die Biene, die den Stachel verliert, wenn sie sticht und darum selber stirbt. Ich glaube dieses Grundprinzip herrscht in der gesamten Natur. Nur bei der Biene erkennen wir das sofort, weil keine lange Zeit zwischen dem aggressiven Handeln und dem Tod besteht.

Wenn du es aber erreichst, dass die Menschen um dich herum alle wünschen, dass du lange lebst, dir nur von ganzem Herzen Gutes wünschen, dann wird es so sein. Daher ist eine Hilfe des Nächsten, die du aus vollem Herzen gibst, eine Art Gesundheitspflege für dich.

Ich wiederhole meine Überzeugung: Deine Gabe, deine Hilfe für die Hilfsbedürftigen, die dem guten Wunsch der anderen Nahrung gibt, ist eine Gesundheitspflege für Dich. Daher sprach ich auch von den Regeln der Gesundheitspflege, die wir erforschen müssen.

Wenn wir einmal so weit sind, diese christliche Botschaft zu begreifen, dann sind wir auf dem Weg zum Frieden und dem glücklichen Leben einen großen Schritt weitergekommen. Dann sind wir nicht mehr weit davon entfernt, an den Glauben zu glauben, mit dem Wissen, das der Glaube immer eine Krücke braucht, so wie ich dieses Bild soeben benutzte.

Amraa kennt den Unterschied der weißen und schwarzen Schamanen und ihre Macht? Wenn du den Schamanen fragst, ob deine Krankheit heilbar ist, wird er dich fragen, ob du einen Feind hast. Wenn du deinen Feind definieren kannst, wird er dich mit deinem Feind zusammenbringen und versuchen, dass dein Feind nach dem Gespräch sich als dein Freund wieder verabschiedet.

Sage Amraa also meine Antwort und füge hinzu, ich denke Amraas Beobachtung ist zeitlich zu kurz gegriffen. Das Glück des Betrügers ist nur von kurzer Dauer. Es gibt keinen Grund, die Betrüger und Gauner zu bewundern, es sind bedauernswerte Menschen. Ähnlich den Parasiten und Schmarotzern, die die Gesundheit des Gemeinschaftskörpers schädigen.

Lasst es uns so machen wie der krebskranke Mensch, der Zwiesprache mit seinem Leiden, dem Krebsgeschwür, führte und dieses Krebsgeschwür davon überzeugen konnte, dass dessen ungebremstes Wachstum am Ende nur den Tod für beide bedeuten kann. Der Tod des Krebskranken ist gleichzeitig der Tod des Geschwürs und ich hörte im Fernsehbericht diesen Menschen sagen, dass er sein Geschwür von diesem Unsinn überzeugen konnte."

Suren übersetzte seine Worte und er las in Amraas Gesicht die Zustimmung.

„Und weil ich so lange geredet habe, möchte ich Amraa nun bitten, eine Rede zu halten", bat er Suren.

Amraa weigerte sich, aber alle wollten nun, dass Amraa redete.

Amraa stand auf, schaute sich etwas unbehaglich um und begann zu reden:

„Ich bin kein großer Redner, ich möchte nur sagen, drei Dinge sollen unsere Ziele sein, und zwar 1. das, was soeben gesagt wurde, 2. wir sollen gute Kessel bauen und 3. dabei so gut werden wie Jacob!" Dann setzte er sich wieder hin und alle nickten zustimmend mit dem Kopf und klatschten begeistert Beifall.

„Das war die beste Rede, die ich je gehört habe", sagte er zu Suren und war erleichtert.

Jacob war zur Inbetriebsetzung der Werk-Maschinen aus Deutschland gekommen und hatte gezeigt, wie die Werk-Maschinen funktionierten und zu bedienen waren. Dabei war Jacob zu einem großen Vorbild geworden, weil Jacob sein Handwerk außerordentlich gut beherrschte. Alle hatten eine ganz große Achtung vor Jacob und deshalb war das Ziel, so gut wie Jacob zu werden, ein sehr hohes und schwer zu erreichendes Ziel, das wusste jeder.

Allein schon die Gebläse-Herstellung an der Brennschneidmaschine, an der die Bleche maßgenau ausgebrannt wurden. Auf der einen Fläche legte man die Zeichnung im Maßstab 1:1 hin und stellte den Foto-Kopf auf diese Linien ein. Auf der anderen Seite lag das Blech und man stellte den Schneidbrenner darauf ein und dann führte der Fotokopf automatisch den Brenner über das Blech und so entstanden halb automatisch die Gehäusebleche für die Gebläse.

Auch die Rohrbiegemaschine war etwas ganz Besonderes und anfangs wurden Wetten abgeschlossen, wer die geringste Rohr-Ovalität im Bogen erzielte.

Oder der vollautomatische Bodenfertiger für die Hohlblocksteine. Das hatte noch niemand erlebt, dass nur zwei Mitarbeiter in acht Stunden so viele Steine fertigen konnten, wie für ein Einfamilienhaus erforderlich war.

Ja, Jacob war der handwerkliche König für alle und ein ganz großes Vorbild geworden.

Am späten Abend trafen sie sich wie vereinbart vor der Disko und tanzten bis tief in die Nacht. Glücklich fiel er weit nach Mitternacht in sein Bett.

Sollte es wirklich gelingen, die Gerechtigkeit im Sinne der Gesundheit zum Wohle aller zu beleben? Noch hatte er große Zweifel und er dämpfte seinen Optimismus.

Trotzdem, der Anfang war getan.

Werkhalle

Hohlbolckstein-Produktion

Der erste Kessel

Mitte Januar 2004 konnte der erste Kessel für das Khands HW ausgeliefert werden.

Auslieferung des ersten Kessel

Der Einbau und die Kalterprobung der Elektrischen Installation funktionierten einwandfrei. Der Kessel wurde am Wochenende in das hydraulische System eingebunden. Es musste sehr schnell gehen, damit das ganze Heizungs-System nicht einfror.

Zwei Schulen mit insgesamt über 3.000 Kindern, ein Kindergarten, die Sanitär-Station für die Hütten und Ger-Bewohner am Stadtrand hätten bis zum Frühjahr nicht mehr beheizt werden können, wenn etwas schiefging. Das wäre eine Katastrophe gewesen und hätte das „Aus" für ein gutes Image bereits zu Beginn der Produktion bedeuten können.

Daher wurde in zwei Schichten Tag und Nacht gearbeitet und angstvoll die stetig sinkende Temperatur im Versorgungsnetz beobachtet. Es war bitterkalt. Über minus 25 °C war für die Mongolei um diese Zeit eigentlich normal und eher eine milde Temperatur.

Am Sonntagnachmittag war der kritische Punkt überschritten und der vorhandene Kessel konnte angefahren werden.

Wenig später wurde auch der neue Kessel angefahren und die Temperatur im Versorgungsnetz stieg langsam wieder.

Er hatte das Gefühl, dass es eine Ewigkeit dauerte, denn bis zum Montagmorgen zum Schulbeginn musste alles wieder warm sein. Deshalb blieb er bis Mitternacht und verließ sich erst dann auf die mongolischen Facharbeiter.

Am Montagnachmittag trafen sie sich wieder im Khands HW. Nergui hatte den Generalmanager der Stadtverwaltung, Namsrai, mitgebracht. Namsrai hatte einen Liefervertrag über 16 Kessel unterschrieben.

Namsrai war beindruckt. Keine schwarze Rauchfahne.

Mit einem geeichten Messgerät, wie die Schornsteinfeger es in Deutschland gebrauchten, stellte er den Kesselwirkungsgrad und die Schadgasemissionen fest. Er konnte wirklich sehr zufrieden sein. Die Schadgasemissionen entsprachen den deutschen Vorschriften, der TA Luft, für solche Kessel mit dieser maximalen Feuerungswärmeleistung. Die Abgastemperatur von 125 °C wurde um 10 bis 15 °C Grad gegenüber der Auslegung unterschritten. Allerdings, die Kesselheizflächen waren noch sehr sauber. Trotzdem war vorhersehbar, dass auch langfristig eine niedrige Abgastemperatur zu erzielen war, weil die Heizflächen-Reinigung, eine einfache handbedienbare Rüttelvorrichtung, ganz gut funktionierte und die Asche bei laufendem Betrieb gut ausgeräumt werden konnte.

Eine niedrige Abgastemperatur und der gute Ausbrand der Kohle waren die Grundvoraussetzungen für einen langfristigen guten Kessel-Wirkungsgrad. Die Flugasche war hell und die Rost-Schlacke angeschmolzen, ein sehr gutes Zeichen, dass auch diese Voraussetzungen sich erfüllten.

So versammelten sich alle nach den Feststellungen vor Ort im Büro von Frau Khand, um den Erfolg zu diskutieren und ein wenig zu feiern.

„Suren, frage Namsrai nun einmal, ob er auch zufrieden ist", wollte er wissen.

„Ja, Herr Namsrai hat schon gegenüber Nergui seine Bewunderung zum Ausdruck gebracht und ist voll des Lobes", bestätigte Suren.

„Danke", sagte er, „dann ergänze bitte einmal meine Frage, wann wir die sechzehn Kessel, die wir vertraglich vereinbarten, liefern können."

Ein lautes schallendes Lachen von Namsrai war die Antwort und an Namsrais Gesicht und dem Tonfall seiner Worte konnte er schon die Antwort erahnen, bevor Suren diese Worte übersetzte.

Sehr ängstlich schaute Suren ihn an, als sie zögerlich übersetzte: „Namsrai sagt, dass die Deutschen die Verträge genauso ernst nehmen wie ihre Arbeit. Die Verträge waren seinerseits nicht so ernst gemeint."

Erschrocken fragte er nach: „Gilt das Wort und der Vertrag eines Mongolen nichts?"

„Das kann ich nicht übersetzen", sagte Suren.

„Dann übersetze dieses: Ich möchte wissen, was ein Vertrag für Namsrai bedeutet. Ich habe meine Zusagen eingehalten und wir haben gemeinsam hier einen guten Kessel geliefert. Namsrai kann mit den ersparten Brennstoffkosten, wie im Vertrag festgelegt, den Kessel bezahlen. Unsere Firmenkreditzusage ist besser als alle Konditionen hier in der gesamten Mongolei. Namsrai braucht uns nur das Geld der eingesparten Kohle für eine überschaubare Zeit zu geben, um die Kessel damit zu bezahlen. Er bekommt so die Kessel umsonst. Wir bauen die Kessel hier in der Mongolei, schaffen Arbeitsplätze, bilden junge Mitarbeiter im Ausbildungszentrum der GtZ nach deutschem Standard aus, sichern die Wärmeversorgung am Stadtrand in den Armutsvierteln, sparen Kohle ein und senken die Emissionen, indem wir die spezifischen Emissionen und auch die Rauchgasmengen durch den geringeren Kohleverbrauch senken. Soeben habe ich das nachgewiesen. Wir zahlen unsere Steuern. Die Stadt muss doch daran interessiert sein, weniger Arbeitslose, weniger Luftverschmutzung zu haben usw., usw. und noch etwas … Herr de Buhr hat sich vertraglich gebunden, einen bedeutenden Gewinn-Anteil aus dem Zertifikathandel, der ab 2005 beginnt, an eine mongolische NGO abzuführen. Diese NGO, die wir nun bald gründen wollen, soll für junge Leute den Weg in die Selbstständigkeit ebnen. Dazu sind die Einnahmen aus dem Zertifikathandel gedacht, damit sich ein Mittelstand hier bilden kann. Die mongolische Wirtschaft leidet an dem fehlenden handwerklichen Mittelstand. Mit den Kreditkonditionen der mongolischen Banken, 2 % bis 2,5 % Zinsen im Monat, mit Laufzeiten bis zu einem Jahr, das ist eine Katastrophe und verhindert doch geradezu den Weg in die Selbstständigkeit …"

Er musste sich etwas bremsen und auf das Thema zurückkommen, auf den Vertrag mit der Stadtverwaltung und er machte ein Angebot: „Wir können auch die Technische Universität mit der Kontrolle beauftragen, da habe ich keine Bange. Also frage ihn, wenn die TU die Ergebnisse bestätigt, ob er bereit ist, den Vertrag zu erfüllen."

„Namsrai braucht die TU nicht, er glaubt dir auch so", war die Antwort.

„Trotzdem werde ich die TU einschalten, sage Namsrai das."
Allmählich stieg sein Zorn:
„Ich habe gehört, dass die TU von einer Arbeits-Kommission der Regierung beauftragt wurde, alle Kesselsysteme zu untersuchen, um festzustellen, welche Firma das beste Konzept hat. Ich werde verlangen, auch wenn wir nur einen Kessel auslieferten, dass auch unser System und Konzept untersucht wird."

Suren übersetzte und er hatte den Eindruck, am Gesicht von Namsrai zu erkennen, dass er ins Schwarze getroffen hatte.

„Namsrai sagt, drei Kessel könntest du liefern. Die anderen Kessel sind tschechische Kessel, die über eine mongolische Firma bestellt wurden", übersetzte Suren.

Ja, von den tschechischen Kesseln hatte er gehört. Der stellvertretende Bürgermeister von UB, so hatte er gehört, hatte eine führende Position bei dieser mongolischen Firma. Das war natürlich lukrativer, unabhängig von allen anderen Punkten.

Das weckte seinen sportlichen Ehrgeiz und gleich am nächsten Tag nahm er Kontakt mit Prof. Oidov von der Technisch Wissenschaftlichen Universität von UB auf. Der Professor baute mit seinen Studenten hin und wieder selber Kessel.

Professor Oidov war ein aufrechter, ehrlicher Mann und untersuchte den Kessel in Khands HW. Nach der Untersuchung gab der Professor ihm den Abschlussbericht als Kopie. Der Abschlussbericht der Untersuchungen beinhaltete alle Untersuchungsergebnisse mit einem übersichtlichen Vergleich mit allen anderen untersuchten Kesseln.

Der Kessel in Khands HW wurde von der TU als beste Konstruktion festgestellt, hatte die geringsten Emissionen und den besten Kesselwirkungsgrad. Die Daten waren eindeutig besser als alle anderen Systeme, weit und breit.

Die aus Tschechien gelieferten Kessel sollten ebenfalls von der TU untersucht werden. Der stellvertretende Bürgermeister und Namsrai verweigerten dem Professor nebst seiner Mannschaft jedoch den Zutritt zu dem entsprechenden Heizwerk und es kam zu einem Eklat.

„Nun gut", hatte der Professor gesagt, „ich schreibe das in den Bericht an die Regierungs-Kommission", und war gegangen.

Das war an einem Mittwoch.

Am Donnerstag erhielt Suren einen Anruf.

„Der Geschäftsführer von der mongolischen Firma ist dran", sagte sie, „er will einen Wagen schicken und dich abholen lassen, um mit dir zu reden."

„Sage ihm, ich habe keine Zeit so kurzfristig", antwortete er.

Suren übersetzte und legte den Hörer auf. „Das ist nicht klug von dir", meinte sie.

„Suren, deine Obrigkeitshörigkeit wirst du früher oder später einmal korrigieren. Das ist mir als Jugendlicher auch so gegangen", antwortete er, „ich habe tatsächlich keine Zeit im Moment."

Am Freitag wiederholte sich das Spiel. „Sage ihm, dass ich keine Zeit habe", sagte er zu Suren. Sie übersetzte und als sie die Antwort am Telefon hörte, wurde sie blass und legte auf. Sie schluckte zweimal als hätte sie eine Kröte gegessen.

„Er hat gesagt, ‚nun weiß er gut Bescheid …‘ Ich denke, er ist beleidigt … und wenn einer wie er beleidigt ist, musst du ganz vorsichtig sein und auf dein Leben aufpassen", sagte sie besorgt.

„Wie bitte? Suren? Das glaube ich nicht", wunderte er sich und lachte.

„Es geht um seine Firma, sein System, Geld zu machen. Du störst gewaltig. Namsrai steckt da mit drin, glaube mir bitte." Sie sah ihn ängstlich und beinahe flehentlich an und sagte mit Nachdruck:

„Du bist ein sturer Kopf und hast die Hinweise in Richtung Korruption einfach überhört. Du könntest ein ‚Riesengeschäft' machen. Du hörst auf diesem Ohr überhaupt nichts. Du bist ein philosophischer Träumer. Wache bitte endlich einmal auf."

War er ein philosophischer Träumer? Es tat weh, so etwas zu hören. Ja, als er sein Schicksal um die Chance bat, ein solches Experiment zu wagen, hatte er sich selber so genannt: ein verrückter Träumer zu sein. Abseits, neben der „Normalität" zu leben.

Aber die über tausend Jahre alten Regeln hatte er seit frühester Jugend für ganz realistisch gehalten und immer daran geglaubt. Die Reaktionen vieler Menschen, die ihn eindeutig für einen Träumer oder „etwas weltfremd" einstuften, hatte er ignoriert. Er hatte die Erfahrung gemacht, spätestens wenn diese Menschen die anfängliche Toleranz zum Guten, die er jedem entgegenbrachte, aufgezehrt hatten und diese Toleranz negativ wurde und seine Überzeugung daher wuchs, dass ein „Lernprozess", so wie er es nannte, fällig war, spätestens bei diesem „Lernprozess" korrigierten diese Menschen ihre Meinung, das hatte er zur Genüge erlebt.

Er leistete sich die defensive Lebensweise, die Freundlichkeit, die Toleranz zum Guten, weil er Zeit seines Lebens gelernt und trainiert hatte, und daher überzeugt war, letztendlich doch der Stärkere zu sein? Die ersten Schläge, die er aufgrund der defensiven Lebensweise einstecken musste, hatten ihn hart und stark gemacht.

Er hatte früh gelernt: „Auch Erwachsene sind in diesem Punkt wie die Kinder, sie möchten die Grenzen austesten."

Mit der Korruption wollte er nichts zu tun haben. Dann wäre alles sinnlos gewesen und er fragte sich: „Hat nun der Kampf gegen die ‚Gerechtigkeit des Stärkeren' begonnen?"

Am frühen Samstagmorgen war er aufgestanden und wollte in die kleine Fabrik fahren, um zu arbeiten. Wie immer waren die Autoscheiben zugefroren und er kratzte das Eis von den Scheiben. Dann startete er den Wagen und fuhr los. Aber kaum hatte er eine mittlere Geschwindigkeit erreicht, rumpelte es fürchterlich und der Wagen sackte nach rechts hinten ab. Er stieg aus. Das rechte Hinterrad hatte er verloren. Nun ging er zurück. Dort, wo sein Auto gestanden hatte, abseits neben dem Standort der Räder, lagen die Schrauben der Vorderräder und die der Hinterräder.

Entwicklung eines Wanderbodenrostes für mongolische Braunkohle bei der Firma Lühr in Stadthagen

AuToräder klauen ist nichts Ungewöhnliches in UB. Das wusste er, aber Radschrauben lösen, ohne die Räder zu klauen, das hatte eine andere Bedeutung.

Er rief Batzorig an und der kam mit einem Taxi. Gemeinsam machten sie das Auto wieder flott.

Dann rief er Suren an: „Ich glaube dir nun, und Entschuldigung bitte … Ich habe dir gestern nicht geglaubt und dir unrecht getan", sagte er und fragte: „Was ist dein Rat?"

„Sei froh", sagte Suren, „so, wie ich das einschätze, wird es bei dieser ersten Warnung erst einmal bleiben. Aber du hast wirklich Glück gehabt, dass sie dich nur gewarnt haben. Ich hatte mit Schlimmerem gerechnet. Sei also zukünftig vorsichtiger!"

Die erste Kündigung

Shirnen war damals sehr zornig geworden, weil seine Schwiegertochter als Buchhalterin entlassen wurde und Shirnen wollte eine Aussprache. Das war schon Anfang Dezember des Vorjahres gewesen. Shirnen wollte das Einverständnis und die stille Zustimmung von Uyanga und ihrem Mann, Nyamsuren, nicht anerkennen.

Bei dieser Diskussion verstieg Shirnen sich zu der Drohung, die Vergangenheit von Bayarmaa und Solongo auseinanderzunehmen, um zu beweisen, welchen „Dreck die beiden am Stecken haben", so seine Worte.

Solche Stasi-Methoden hatten ihn sehr zornig gemacht. Nicht zuletzt wurde dadurch nicht nur bei den Betroffenen, sondern auch bei allen anderen Mitarbeitern die Angst geschürt und der Betriebsfrieden wurde sehr gestört. Angst tötet jede Motivation, tötet die Freude an der Arbeit und fördert das Empfinden, ein Sklave zu sein.

Das konnte er unmöglich zulassen und es kam zu einer ersten sehr harten Auseinandersetzung.

Die Mannschaft, so hatte er den Eindruck, stand voll auf seiner Seite. Die Mitarbeiter wussten: Nicht Shirnen oder Nergui, sondern er war laut Gesellschafter Vertrag als Geschäftsführer der Mehrheitsgesellschaft auch der Vorsitzende der Geschäftsführung.

Shirnen konnte gemäß Gesellschafter Vertrag ohne seine Zustimmung nichts unternehmen.

Nach dem Eklat mit Shirnen kündigten Bayarmaa und Solongo nun plötzlich, ohne einen Grund zu nennen. Er bedauerte das sehr, denn sie hatten eine sehr gute Arbeit geleistet, waren sehr fleißig, ehrlich und aufrichtig. Auch hatten sie sich Respekt bei den anderen Mitarbeitern verschafft und ließen keine Mogeleien bei der Gehaltsabrechnung zu. Es wurde auch viel gelacht und die Fröhlichkeit steckte jeden an.

Gab es also einen zeitlichen Zusammenhang oder war der zeitliche Zusammenhang ein Zufall? Er wusste es nicht, wurde aber sehr misstrauisch.

Auch eine Aussprache mit den beiden half nicht weiter.

„Wenn private Gründe vorliegen, geht mich der Grund nichts an", hatte er zum Abschied gesagt. „Aber es könnte ja sein, dass Mobbing aus dem eigenen Kreis oder einem fremden Kreis der Grund sein könnte oder ein anderer Druck ausgeübt wurde. Vielleicht sogar von einem Geschäftsführer-Kollegen. Wenn solche Dinge eine Rolle spielen, die meine Schutz-Pflicht, die ich gegenüber allen Mitarbeitern habe, betrifft, dann ist es aber eure Pflicht, darüber zu reden. Dann würde es auch die anderen Mitarbeiter betreffen, denn ich kann die Schutz-Pflicht nur erfüllen, wenn ich korrekt informiert werde", sagte er und schloss mit der eindringlichen Bitte: „Also sagt mir die Wahrheit bitte."

Beide weinten bitterlich und schüttelten mit dem Kopf: „Es sind private Gründe", war die eindeutige Antwort.

„Nun gut", sagte er und stand auf, „ich wünsche euch für eure Zukunft alles Gute. Achtet auf eure Gesundheit, es ist das höchste Gut, und danke, ihr habt eine hervorragende Leistung vollbracht", und mit diesen Worten überreichte er die Zeugnisse, „und wenn ihr nun dort durch diese Tür geht, dann sollt ihr immer wissen: Diese Tür steht für euch zu jeder Zeit offen, auch wenn ihr nicht mehr für unsere Ziele arbeiten wollt, aber private Sorgen euch bedrücken und ihr meint, ich könnte etwas helfen."

Es war ein trauriger Abschied und er blieb mit großen Zweifeln zurück.

Itgels Mutter war Buchhalterin, aber Itgel zögerte nach der Entlassung von Uyanga etwas, als er Itgel das Angebot machte, ihre Mutter einzustellen.

„Meine Mutter arbeitet jeden Freitag als Buchhalterin für meinen Onkel, in der EDV-Branche", war damals die Antwort. Die große Bedeutung dieser Worte sollte er erst sehr viel später erfahren.

Er hatte diese Unterhaltung schon lange vergessen und hatte nicht daran gedacht, die Frage zu wiederholen. Daher sah er sich nach anderen Möglichkeiten um. Er wusste, ein so gutes Team wie Bayarmaa und Solongo würde er nicht wiederfinden.

War es wieder ein Zufall, dass sich Itgels Mutter plötzlich meldete? Er war arglos und stellte sie unvoreingenommen ein.

Itgels Onkel sprach sehr gut Deutsch und erzählte davon, dass er einen Verwandten habe, der in der Baubranche tätig war.

Was das bedeutete und welche Folgen daraus resultierten, wurde ihm erst sehr viel später deutlich.

Kesselproduktion

Nach der Auslieferung des ersten Kessels an Khands HW im Januar 2004 konnte nun die Serienfertigung beginnen.

Im Dezember 2003 hatte er bereits mit Sun Trade über Rohrlieferungen verhandelt.

Sicherlich waren die Kraftwerksrohre für die Heizungskessel überdimensioniert, aber mit dem Mengenrabatt, den Sun Trade bei einer gemeinsamen Bestellung gewährte, war die gemeinsame Bestellung preiswerter. Daher hatte er die Konstruktion angepasst.

Der gesamte Rohr-Materialbedarf lag bei etwa 4,8 to pro Kessel und der Preis wurde mit 800 USD pro Tonne vereinbart. Er hatte im Dezember Rohrmaterial für 10 Kessel bestellt. Das andere Material, wie Bleche, Mauerwerk Schweißmaterial usw., war in UB erhältlich.

Für den Feuerfestbeton erhielt er über die deutsche Firma die Adresse der Zweigstelle in China. Dort bestellte er den qualitativ hochwertigen Feuerfestbeton für die Roststäbe und für die Seitenwände im Feuerraum.

Ende Januar sollten die Rohre ausgeliefert werden. Damit war der Anschluss der Produktion gewährleistet.

Aber es kam anders.

China plante sehr viele große Kraftwerke und der Stahlpreis war plötzlich Anfang Januar 2004 um das Doppelte auf rd. 1.500 bis 1.600 USD pro Tonne gestiegen.

Sun Trade wollte die Rohre nicht herausgeben, obwohl 50 % des Kaufpreises bereits als Anzahlung geleistet überwiesen war. Sun Trade bot sogar an, die Anzahlung zurückzugeben, weil die Kraftwerke bereit waren, den höheren Preis zu bezahlen.

Sein Telefon stand nicht still. Aber überall in den anderen Ländern, wo er sich erkundigte, waren die Rohrpreise und Stahlpreise explodiert.

Er rief einen ihm bekannten Geschäftsführer bei Babcock in Deutschland an und bat um seinen Rat.

„Welchen Preis verlangt man denn von Ihnen?", war die erste Frage.

„1.500 USD pro Tonne", war seine ehrliche Antwort.

„Wie viel?", klang es erstaunt zurück, „1.500 USD pro Tonne? Unglaublich! Sie Glückspilz, greifen Sie sofort zu, sonst bezahlen Sie in der nächsten Woche noch viel mehr."

So musste er also erneut mit Sun Trade verhandeln. Er pochte auf die Vertragstreue, die in diesen asiatischen Ländern ohnehin eine Illusion war, aber der Hinweis auf eine mögliche zukünftige langfristige Zusammenarbeit und andere Argumente führten letztendlich zu einem Preis in Höhe von 1.250 USD pro Tonne.

Obwohl er die Mitarbeiter von Fa. Mosa, die im Kesselbau tätig waren, übernommen hatte und gewisse Schweißfähigkeiten vorhanden waren, sprach er mit Herrn Helwig vom GtZ Ausbildungszentrum am Kraftwerk Nr. 4.

Sechs Mitarbeiter hatten dann eine Schweißer-Ausbildung nach deutschem Standard absolviert und die Prüfung bestanden.

So konnte die Kessel-Produktion noch rechtzeitig beginnen.

Trotz aller Befürchtungen, dass Namsrai an eine Vertragserfüllung überhaupt nicht dachte, bestellte die Stadtverwaltung nach sehr langen Verhandlungen drei Kessel für zwei Heizwerke in den Vororten von Ulaanbaatar.

Der Ort K 14, Biokombinat, sollte einen Kessel und der Ort K 24, Shuvuun- Fabrik (dtsch. Hähnchenzucht Fabrik), sollte zwei Kessel erhalten.

Die Hähnchenzucht und Hühnerfarm war nach der Wende stillgelegt worden und auch im K 14 erschien die Arbeitslosigkeit sehr hoch zu sein. Etwa je 3.000 bzw. 6.000 Einwohner lebten in diesen Ortschaften und die Bezahlung der gelieferten Wärme war sicherlich nicht gewährleistet.

Er verhandelte mit Enkhtaivan, dem Leiter sämtlicher Heizwerke der Stadt Ulaanbaatar.

Die Kohle-Einsparungen sollten über die Wirkungsgrad-Differenz ermittelt werden. Die vorhandenen Wirkungsgrade waren vom TÜV gemessen worden. Die Wirkungsgrad-Ermittlung der neuen Kessel war problemlos mit dem nach deutschem Recht geeichten Messgerät.

Eine Bankbürgschaft für die Vorfinanzierung wurde von Namsrai strikt abgelehnt. Man tat einfach so, als würde man das nicht verstehen. Es konnte aber auch sein, dass solche Vereinbarungen wirklich nicht verstanden wurden.

Die Auskunft bei den Banken ergab unbezahlbare Gebühren für eine Bankbürgschaft.

Er musste sich also darauf verlassen, dass das Geld aus den Kohleeinsparungen als Ratenzahlung an PMM GmbH weitergeleitet wurde, bis der Kessel bezahlt war.

Nun stellte sich auch bei den anderen Vorverträgen heraus, dass die LOIs, die vorher abgeschlossen waren, nur halbherzig erfüllt wurden, obwohl die Zusagen bezüglich der Kohleeinsparung nachweisbar erfüllt wurden.

Ein weiterer Kessel wurde von der Kaserne – K I – bestellt. K I gehörte zur Logistikabteilung des Militärs und der General war sehr offen und ehrlich.

Ebenso der Oberst von der Kaserne – K II – mit etwa 100 Soldaten der Grenztruppen.

Mit dem Oberst und dem General lernte er zwei sehr aufrechte Männer kennen, die ganz offen und unverblümt die Probleme ansprachen.

Der Oberst sorgte in ungewöhnlicher Art und Weise für seine Soldaten. Der Orden, den der Oberst für sein hervorragendes Management erhalten hatte, war mehr als verdient. Der große Respekt, den seine Soldaten ihm zollten, kam aus ehrlichem Herzen, das war in wundersamer Weise deutlich zu spüren.

Die Soldaten waren Selbstversorger. Sie backten selber Brot und züchteten Schafe, Kühe, Pferde, so wie alle anderen Kasernen oder Unternehmen, zusätzlich aber auch Hühner und Gänse. Das war sehr ungewöhnlich. Seine Mannschaft versorgte sich nicht nur selber, sondern vermutlich auch gleichzeitig ihre Familien. Auch gingen sie mit der zur Verfügung stehenden Kohlemenge, welche sie für das Heizwerk bekamen, außerordentlich sparsam um, sodass ein eingesparter Anteil den Familien zur Verfügung gestellt werden konnte. So das Ergebnis seiner stillen Beobachtung. Der Oberst hatte auf diese Art eine ganz große Familie, für die er sorgte und für die er alles tat und organisierte.

Der Oberst bestellte neben dem Kessel auch einen Schornstein. Der alte Schornstein war umgefallen, verrostet und zerstört.

Die Kamin-Fundament-Berechnungen bekam er kostenlos von Udo Mönkemeier bzw. seinem Team mit Herrn Vogt an der Spitze.

Bei einem bestimmten Schlankheitsgrad, also wenn die Schornstein-Höhe etwa um 25 mal Durchmesser und größer beträgt, dann neigen solche Stahl-Schornsteine zu Schwingungen, schon bei ganz geringen Windgeschwindigkeiten, weil die Wirbelbildung auf der Leeseite instabil werden kann.

Aus diesem Grunde wendete er sich an Herrn Hovestädt von der Fa. Fette – Schornsteinbau.

Herr Hovestädt war ein außergewöhnlich erfahrener Ingenieur. Vor allen Dingen konnte Hovestädt sich in die Situation wie in der Mongolei schnell hineindenken, sodass sehr preiswerte Lösungen entstanden.

Er musste sich immer wieder über die große Hilfsbereitschaft des Mittelstandes wundern, die er in dieser Form immer wieder erleben durfte. Seine Dankbarkeit spornte ihn an, sein Bestes zu geben.

So konnte er seinen ersten Schornstein mit einer Höhe von rund 32 Meter mit dieser Unterstützung konstruieren und in der Werkstatt fertigen lassen. Es war ein doppelwandiger Kamin mit innerem isoliertem Rohr und der dazugehörenden Technik für die Belüftung und Standsicherheit.

Für die jungen Soldaten hatte der Oberst Musikinstrumente organisiert und für eine gute musikalische Ausbildung gesorgt. Sie bildeten mit ihrem wunderbaren Konzert den musikalischen Rahmen der Einweihungsfeier.

Nach dem offiziellen Teil der Einweihung gingen sie gemeinsam zur Kantine.

Der Oberst hatte extra ein Schaf schlachten lassen.

Es war Mitte August und der erste Frost war schon eingetreten. Als sie an der Hühnerfarm vorbeikamen, sagte der Oberst zu ihm: „Da sind große Gänse und du isst in Deutschland zu Weihnachten immer einen Gänsebraten, das weiß ich, weil das alle Deutschen machen. Also, du darfst dir eine Gans aussuchen und selber schlachten."

„Bei mir sterben die Tiere alle an Altersschwäche", antwortete er lachend und der Oberst amüsierte sich, weil er das nicht glauben konnte.

Das Essen war einfach, aber hervorragend. Die Kartoffeln schmeckten besonders gut. Er musste an den gescheiterten Versuch denken, am Stadtrand, außerhalb von UB, Kartoffeln zu pflanzen.

Bolormaa hatte eines Tages im Frühjahr gesagt: „Ich möchte Kartoffeln pflanzen."

„Du willst Kartoffeln pflanzen?", hatte er erstaunt gefragt.

„Ja, der Direktor der privaten Hochschule von dem Freundschaftskreis hat vier Hektar gekauft und ich möchte einen Hektar haben, um Kartoffeln zu pflanzen", sagte sie sehr selbstsicher.

„Ein Hektar Kartoffeln? Was willst du mit so vielen Kartoffeln?", hatte er sich gewundert.

„Alles für meine Familie, Freunde und Verwandte", war die Antwort, die so selbstverständlich schien, dass er sich schämte, danach gefragt zu haben.

So hatte er ein ein Hektar großes Grundstück gekauft, neben dem Grundstück des Schuldirektors, der wohl eine ähnliche Motivation hatte, so viele Kartoffeln zu pflanzen.

Das war im Frühjahr gewesen.

Mit dem Pflanzen der Kartoffeln hatten Bolormaa und er einen Gartenbaubetrieb beauftragt und zur Bewachung des Grundstückes bezahlten sie einen Nomaden, der mit seiner Familie auf dem Grundstück in einem Ger wohnte.

Aber der Frost war schon Anfang August gekommen, nachts und abends hatte es zuvor geregnet. Das Kraut der Kartoffeln war schwarz und die Ernte verloren.

„Woher stammen die leckeren Kartoffeln?", fragte er den Oberst nun in Gedanken an den gescheiterten Versuch.

„Wir haben draußen in der Steppe ein großes Grundstück, das von den Soldaten bewirtschaftet wird", antwortete der Oberst stolz, „wir versorgen uns selber und die Familien der Soldaten dazu." Der Oberst erläuterte seine Strategie, wie man die außergewöhnlich kurze Vegetationsperiode in der Mongolei am besten landwirtschaftlich nutzen konnte.

Er war begeistert und erzählte von dem gescheiterten Versuch, Kartoffeln zu pflanzen und natürlich auch zu ernten.

Er sagte:

„… und dabei habe ich noch im Frühjahr beim Pflanzen der Kartoffeln gefragt, wo wir diese vielen Kartoffeln lagern können, wenn der Frost im Herbst kommt, und alle, die das hörten, die haben mich ausgelacht und gesagt: ‚die Deutschen machen sich Gedanken über etwas, was noch gar nicht da ist.' Alle haben sich kaputtgelacht und seit dieser Zeit werde ich ausgelacht, wenn ich langfristig etwas plane", beendete er seinen Erfahrungsbericht. Wie er später erfuhr, wären die Kartoffeln durch die Verteilung bei den beschenkten Familien, Verwandten, Freunden und Bekannten gelagert worden. So brauchte man keinen großen Lagerraum.

Der Oberst lachte:

„Im nächsten Jahr pflanzen meine Soldaten die Kartoffeln auf eurem Grundstück, dann könnt ihr das alles lernen, auch das Bewirtschaften während der Vegetationsperiode, das rechtzeitige Ernten und natürlich das Lagern."

Dann wurde der Oberst sehr ernst:

„Ja, die langfristigen Planungen, das Zeitmanagement, die Zeit in die Planung mit einzubeziehen, das ist für uns Mongolen oft ein großes Problem, aber außerordentlich wichtig. In diesem Punkt können wir noch etwas von den Deutschen lernen …"

Und der Oberst berichtete nun von seiner wichtigen Aufgabe, Management-Lehrgänge abzuhalten.

Der Oberst war einer der wenigen Mongolen, die die Zeichen der Zeit für die Mongolei verstanden hatten. Nicht umsonst war er von seinem General und dem Minister geehrt worden.

Ein Vorgesetzter, also auch ein Oberst einer Kaserne, weiß normalerweise nie, ob die Freundlichkeit, die ihm seine Untergebenen entgegenbringen, zweckgebunden oder wirklich ehrlich ist. Diese, oft ungeklärte Frage macht normalerweise die Einsamkeit eines Vorgesetzten aus. Er kam auf der Basis seiner Beobachtungen aber zu dem überzeugenden Ergebnis: Dieser Oberst war nicht einsam und brauchte sich keine solche Frage stellen.

Ein geschlossenes Team von 100 Soldaten stand hinter dem Oberst, voll Bewunderung und Dankbarkeit, das konnte er ganz deutlich spüren. Der Oberst sorgte für seine Soldaten und deren Familien wie ein Übervater, verlangte aber auch eine ordentliche Arbeit und Disziplin und urteilte sehr gerecht mit vorsichtigem Lob und hilfreichem, belehrendem Tadel. Seine Soldaten machten nicht den Eindruck der Unterwürfigkeit, sondern der Stolz schaute aus ihren Augen und sie sprachen untereinander in Augenhöhe, auch mit ihrem Oberst.

Er war von dem Oberst sehr beeindruckt und begeistert.

Mongolische Hilfsbereitschaft

Bolormaa hatte ihn eines Tages angerufen und gefragt:
„Kannst du mich am Wochenende mal an den Stadtrand fahren, ich muss mal etwas zu meiner Freundin bringen."
„O.k.", sagte er, „wann soll ich kommen?"
„Am Samstag um 09:00 Uhr – danke", antworte sie.
Also holte er Bolormaa am vereinbarten Tag ab. Die Kinder luden einige Säcke in den Kofferraum.
Es ist nicht gut, so neugierig zu sein, und so wartete er, dass Bolormaa von selber die Erklärung gab.
„Ich schäme mich ein wenig", fing sie unterwegs das Gespräch an.
„Warum musst du dich schämen?", fragte er.
„Ja", begann sie zögerlich, „in den Säcken sind alte Kleider von mir und von den Kindern", und dann ganz schnell und besonders betont, „aber alles ganz, ganz sauber, nicht kaputt, alles heil …"
Sie sah ihn verschämt an.
„Altkleidersammlungen gibt es bei uns auch", sagte er roh und ungehobelt, „deshalb brauchst du dich doch nicht zu schämen."
„Doch, für mich ist das ganz peinlich, weil … weil … für meine Freundin ist das ganz schämlich, obwohl sie viele Kinder hat und ärmlich ist. Sie arbeitet als Lehrerin in einer Grundschule in Ulaanbaatar und ist gerade von einem Aimak nach UB gezogen."
In dieser Zeit bekamen die Lehrkräfte nur ein sehr geringes Gehalt. Es hatte sogar einen Streik der Ärzte und Lehrer gegeben.
Und nach einer kleinen Pause:
„Weil es so schämlich ist für sie, werde ich sie bitten, die alten Kleider für mich zu verbrennen. Ich kann das nicht mitten in der Stadt verbrennen, weil ich im Appartement wohne. Da ist keine Gelegenheit. Aber sie hat ganz gute Gelegenheit dazu, weil sie am Stadtrand im Ger wohnt … und deshalb werde ich sie sehr darum bitten, mir diesen großen Gefallen zu tun …"

Verblüfft schaute er Bolormaa an. Eine solche Rücksichtnahme, die Ehre des Nächsten nicht zu verletzen …? In dieser Welt, wo es um das nackte Überleben geht? … In der Stadt, in der die Gerechtigkeit des Stärkeren angesagt war …? … Denen, die ohne materiellen Reichtum sind, so viel Ehre zu erweisen …?

Ihm wurde schlagartig bewusst, dass die Ehre hier nicht vom materiellen Reichtum abhängig ist, sondern vom Menschen selber.

Hatte er die Kultur gefunden, wonach er die ganzen Jahre suchte?

Wie roh und ungehobelt war er als Europäer?

Und er fragte sich:

„Wie oft habe ich bereits den Stolz der Mongolen verletzt, ohne es zu wissen?" … Und plötzlich schämte er sich selber und hätte sich am liebsten irgendwo verkrochen.

Er schaute verlegen zur Seite und sah in ihre leuchtenden Augen, aus denen eine unheimliche Ruhe und Zufriedenheit strahlte, und er hatte das Gefühl, am Ziel zu sein.

Aber er wusste auch, dass Himmel und Hölle hier nur durch eine Tapetentür getrennt waren.

Er sollte die Hölle noch kennenlernen.

Als sie angekommen waren, sagte er:

„Deine Freundin hat sicherlich sehr viel Mühe, alles ordentlich zu verbrennen. Darf ich sie für diese Mühe belohnen?"

Er wollte ihr etwas Geld reichen.

Sie zögerte:

„Das ist sicherlich gut gemeint, aber heute ist kein richtiger Tag dafür. Nächste Woche ist ein Frauentag. Wir sollten diesen Feiertag nutzen, damit sie das annehmen kann. Nur einfach Geld von jemand nehmen, ist so eine Art Beleidigung für meine Freundin, so denke ich. Bist du damit einverstanden, wenn ich ihr das an dem erlaubten Tag gebe?"

„Ja selbstverständlich", sagte er.

Dann kamen die Kinder ihrer Freundin und luden den Kofferraum aus. Er begrüßte alle, blieb aber draußen vor dem Bretterzaun und wartete geduldig auf die Rückkehr von Bolormaa und ihrer Kinder.

Die Auftragslage

Noch vor der Winterperiode bekam er den Auftrag, für zwei Vororte insgesamt drei Kessel zu liefern, zwei Kessel für den Ort K 24 und ein Kessel für den Ort K 14.

Rechtzeitig vor Beginn der eisigen Kälte konnten die Kessel ausgeliefert, eingebaut und in Betrieb genommen werden.

Frau Khand war nicht sehr kooperativ. Sie machte eine Negativreklame, redete den Kessel also schlecht, obwohl die eigenen als auch die TU-Messungen eindeutig die Kohleeinsparungen bestätigten. Sie versprach sich sicherlich zwei Vorteile davon: Erstens hatte sie wohl sehr große Mühe gegenüber der Stadtverwaltung, die bisherigen Kostenerstattungen der größeren Kohlemengen zu bekommen, und zweitens hatte sie wohl die Hoffnung, die Raten nicht bezahlen zu müssen.

Er wartete ab, aber er war verunsichert. Er hatte alles Mögliche für Khand getan, um die Versorgung der Schulen, des Kindergartens, der Sanitärstation und der anderen Gebäude zu sichern. Nun stellte sie sich gegen ihn? Warum? Er wusste es nicht, schrieb ihr aber eine Mahnung und ließ vorsorglich dieses Heizwerk aus dem CO_2-Zertifizierungsverfahren heraus.

Im Jahr 2004 waren nur sechs Kessel ausgeliefert worden. Aber nicht nur Khand, sondern auch Enkhtaivan, der Chef der Heizwerke der Stadt UB, bezahlten die Raten nicht. Einzig und allein hielt nur das Militär die Vereinbarungen ein.

Suche nach einer Unterstützung

Mit zunehmendem Kesselbestand wurde es immer schwieriger, die Betriebskontrollen durchgängig durchzuführen. Zwischen den mit neuen Kesseln ausgerüsteten Heizwerken und der Werkstatt lagen weite Entfernungen und sehr schlechte Straßen. Die Verkehrsdichte wurde ständig größer und der Zeitbedarf für diese Teilaufgabe wurde immer größer.

Hinzu kam, dass PNE zwischenzeitlich für ein großes EVU, Vattenfall, einen GU-Auftrag zum Bau eines Biomasse-Kraftwerkes nach dem PNE-Konzept angenommen hatte.

Das PNE-Biomasse-Kraftwerks-Konzept wurde ein durchschlagender Erfolg und er war nebenbei mit dem Genehmigungsverfahren der Folgeaufträge in Deutschland befasst. Neben dem GU-Auftrag für Vattenfall sollte ein weiteres PNE-eigenes Biomasse-Kraftwerk mit gleichem Konzept für die Versorgung einer Stärkemittelfabrik gebaut werden. Auch diese Teilaufgabe wurde zunehmend größer.

So dachte er wieder an einen CIM-Experten und telefonierte mit Herrn Dr. Köcke. An den Bedingungen hatte sich nichts geändert. Wenn PNE 50 % der Kosten übernahm, dann würde CIM die anderen 50 % der Kosten übernehmen. Vertragsdauer waren zwei Jahre und eine Verlängerung um weitere zwei Jahre wurde in Aussicht gestellt. Nach mehreren Gesprächen mit de Buhr und Herrn Dr. Köcke (CIM) in Frankfurt wurde dann zwischen PNE und der CIM ein entsprechender Vertrag abgeschlossen.

Gerd hatte lange nichts von sich hören lassen. Er musste häufig an Gerd denken. Ob Gerd bereit war, diese Aufgabe zu übernehmen? Er rief Herrn Melchers, Mongolian Star Melchers Co. Ltd. ‚Mercedes Benz Service Center' in UB, an. Aber Melchers sagte, Gerd sei von gleich auf jetzt gegangen, wohin? Das wusste niemand, nur so viel, dass Gerd sich mit seiner Familie sehr wahrscheinlich in Berlin aufhalten würde. Eine sehr unsichere Auskunft, keiner wusste, wo Gerd genau war. Alle Nachfragen blieben erfolglos, weder Kurt Bartel noch bei der Adenauerstiftung und beim SES, keiner wusste, wo Gerd geblieben war.

Dann eines Tages meldete sich Gerd plötzlich selber und fragte, wie es geht und was das CDM-Projekt macht.

Er erzählte von dem bisher Erreichten und fragte, ob Gerd Lust hätte, zunächst als CIM-Experte einzusteigen. So vereinbarten sie ein Treffen auf dem Flughafen Tegel und legten den ersten Grundstein für weitere Verhandlungen und Gespräche.

Letztendlich schloss Gerd einen Vertrag mit der CIM ab und die letzten notwendigen Vertragsergänzungen zwischen PNE und CIM waren nur noch Formsache.

Das Grundgehalt nach deutschem Standard bekam Gerd aus dem CIM-Budget. Aus formalen Gründen für die erforderlichen Aufenthaltsgenehmigungen und den mongolischen arbeitsrechtlichen Voraussetzungen in der Mongolei entsprechend arbeiten zu dürfen, wurde ein weiterer Vertrag mit PMM GmbH abgeschlossen, als notwendige Ergänzung zum CIM-Vertrag. Der letztgenannte Vertrag war nur in Verbindung mit dem CIM-Vertrag gültig.

Er freute sich, dass er nun bald eine tatkräftige Unterstützung bekommen würde. Aber es sollte ganz anders kommen.

Zunächst bestand die CIM darauf, dass Gerd einen Lehrgang bei der CIM zu absolvieren hatte.

Warum?

Weil Gerd lernen sollte, wie er sich in der Mongolei zu verhalten hat?

Gerd, der in Ulaanbaatar viele Jahre heimisch war, perfekt die mongolische Sprache beherrschte, so perfekt, dass die Mongolen sich wunderten. Gerd, der für die Adenauerstiftung, den SES und andere Institutionen Entwicklungshilfe-Projekte in der Mongolei bearbeitet und mit einem Bielefelder Verlag Bücher mit Reisebeschreibungen in der Mongolei veröffentlich hatte, der mit einer Mongolin verheiratet war ...

Er konnte es nicht glauben, nun noch weitere zwei Monate warten zu müssen. Im September 2004 sollte es aber dann so weit sein. Aber es kam anders. Gerd bekam kein Visum. Das war nicht zu glauben. Was war der Grund?

Gerd war aus freier Wahl damals aus der Mongolei nach Berlin gezogen, es hatte nichts gegen ihn vorgelegen.

Er flog von Ulaanbaatar nach Berlin, um dort in der mongolischen Botschaft vorzusprechen. Er bekam sofort einen Termin. Er nannte aber am Telefon nur das CDM-Projekt in UB und die damit zusammenhängenden Fragen.

In der mongolischen Botschaft wurde er sehr freundlich empfangen. Ja, von seiner Arbeit hatte man schon gehört und war neugierig, über den neuesten Stand dieses Projektes zu hören.

„Wir möchten das Projekt mit einem zusätzlichen Ausbildungsprogramm erweitern. Die Ausbildung in dem Herstellerwerk erfolgt in Zusammenarbeit mit dem Ausbildungszentrum der GtZ am Kraftwerk Nr. 4 in Ulaanbaatar. Bisher konnten bereits sechs Schweißer nach deutschem Standard ausgebildet werden und die mongolischen Fachkräfte liefern bereits deutsche Qualitätsarbeit", berichtete er voller Freude und weckte so die Begeisterung des Botschafters, „und nun möchten wir die Ausbildung um einen weiteren Bereich erweitern. Jeder Beteiligte an dem Projekt muss daran interessiert sein, dass die neuen Kessel gut gewartet und richtig betrieben werden. Fehlbedienungen wirken sich bis auf die zu versorgenden Schulen, Kindergärten und andere öffentliche Gebäude so aus, dass diese Gebäude nicht richtig beheizt werden. Auch die Luftverschmutzung nebst CO_2-Reduktion kann nur durch eine sachgerechte Feuerführung erreicht werden."

Er redete sich selber in die Begeisterung hinein:

„Und nun haben wir deshalb einen Vertrag mit der CIM in Frankfurt abgeschlossen und Geld frei gemacht, damit die Ausbildung stattfinden kann. Ist das nicht eine tolle Sache? 200.000 Euro für die Ausbildung der mongolischen Jugend in den Heizwerken!", beendete er zunächst seinen Bericht.

„Das ist eine sehr erfreuliche Entwicklung und löst natürlich auch in unserer Botschaft eine Begeisterung aus", antwortete der Botschafter, „aber wo liegt das Problem? Sie sind doch nicht gekommen, nur hiervon zu berichten?"

„Doch, in erster Linie bin ich gekommen, um zu erläutern, dass ich mich immer noch als SES-Experte begreife, ein SES-Experte, der ohne Gewinn arbeitet, um Hilfe zur Selbsthilfe zu leisten, damit die mongolische Jugend eine bessere Zukunft haben kann."

Das Schicksal hatte ihm ein zweites Leben geschenkt und er dachte dabei an das Platon Experiment.

Und darum berichtete er darüber, wie wenig Startkapital die mongolische Jugend benötigt, damit sie in die Selbstständigkeit gefördert werden kann und andere Beispiele.

„Natürlich gibt es auch Probleme, aber es wäre ja traurig, wenn es keine Probleme gäbe, dann wär' ich überflüssig, Sie und alle anderen auch", lachte er und zwinkerte mit den Augen.

„Ja dann sagen Sie mal konkret, wie ich helfen kann. Ich möchte gerne helfen. Das Projekt ist wirklich passend für die Mongolei und sehr nachhaltig zugleich", neugierig beugte sich der Botschafter nach vorne um endlich zu hören, um was es eigentlich ging.

„Es ist eigentlich für Sie ein ganz kleines Problem, dass Sie sehr gut lösen können", setzte er seine Rede fort, „es geht um ein Visum für den CIM-Experten, der die Ausbildung in den dezentralen Heizwerken übernehmen soll. Es ist in der Mongolei und hier in Deutschland alles vorbereitet und alle Voraussetzungen sind erfüllt, dass der CIM-Experte in der Mongolei mit seiner Arbeit beginnen kann."

„Und mit so einem Problem kommen Sie zu mir? Dafür haben wir die entsprechenden Abteilungen hier im Haus. Wer ist denn eigentlich der CIM-Experte?", fragte der Botschafter.

Er nannte den Namen nun kurz und trocken.

Der Botschafter legte sich zurück, als wollte er einen großen Abstand halten: „Da kann ich nicht helfen. Keiner kann hier in der Botschaft helfen."

Trotz dieser schroffen Worte lag ein gewisses Bedauern in den Gesichtszügen des Botschafters und als wollte er um Verständnis werben, wiederholte er sich: „Ich kann in diesem Fall wirklich nicht helfen."

Er sagte:

„Ich weiß, dass eine Ablehnung eines Visumantrages nicht begründet werden muss, trotzdem, darf ich nach den Gründen fragen?"

„Ich bedaure, ich kann wirklich nicht helfen, auch wenn ich wollte." Sein Bedauern war echt, nicht gespielt, das war deutlich zu erkennen.

Er hatte den Eindruck, der Botschafter hatte eine Order aus Ulaanbaatar zu befolgen. Da war es zwecklos, noch weiter nachzufragen und zu drängen.

„Bitte, geben Sie mir einen Rat, was ich tun kann, damit wir dieses Ausbildungsprogramm realisieren können, einen besseren CIM-Experten werde ich nicht finden", bat er.

„Wenden Sie sich an das Außenministerium in Ulaanbaatar", war die Antwort, „mehr kann ich nicht sagen."

Er drängte weiter:

„Können Sie mir die dort zuständige Abteilung oder die zuständige Person benennen? … und vielleicht sogar dessen Telefonnummer?"

„Nein", war die kurze Antwort. Der Botschafter stand auf, um das Gespräch zu beenden.

Er stand ebenfalls auf.

„Herr Botschafter, Sie kennen sich nicht im Außenministerium der Mongolei in Ulaanbaatar aus … dessen Botschafter Sie sind?", fragte er erstaunt, „Herr Boschafter, es tut mir sehr leid, wenn Sie mir auch in diesem Punkt nicht helfen können. Für Ihre Zeit, die Sie mir schenkten, und für Ihre Geduld und Ihr Interesse möchte ich Ihnen danken. Ich bin Ihnen wirklich sehr dankbar, aber auch traurig, wenn ich an die vertane Chance für die mongolische Jugend denke."

Mit den letzten Worten reichte er dem Botschafter die Hand und schaute in sein Gesicht. Traurigkeit und etwas Hilflosigkeit meinte er darin erkennen zu können. Irgendwie tat der Botschafter im leid.

Draußen berichtete er Gerd die Misere.

„Ich werde sofort wieder nach UB fliegen und Kontakt mit dem Außenministerium aufnehmen", sagte er. Gerd kannte sich auch hier gut aus und nannte Namen und Adresse, an wen er sich zu wenden hatte.

◆

Im Außenministerium in Ulaanbaatar hatte er wenig oder so gut wie keinen Erfolg. Mehrmals war er dort gewesen und immer wieder vertröstet worden. Man würde sich darum kümmern.

So kam er nicht weiter.

Er saß im Café Sacher und wartete auf Suren.

Sollte er aufgeben? Einen anderen CIM-Experten anfordern? Er ging alle möglichen Varianten durch und verwarf sie dann wieder. Warum bekam Gerd kein Visum? Das war die eigentliche Kernfrage. Irgendetwas war daran faul. Lag es daran, dass Gerd die mongolische Sprache perfekt beherrschte? Dass Gerd in der Lage war, alle Ungereimtheiten der Vergangenheit aufzudecken, weil Gerd die mongolischen Unterlagen kannte und sie verstehen konnte?

Hatte Suren alles richtig übersetzt und ihn immer richtig informiert? Und warum hatten Bayarmaa und Solongo gekündigt und warum war plötzlich Badam aufgetaucht und bot sich als Buchhalterin an? Je mehr er darüber nachdachte, umso mehr wuchs sein Misstrauen.

Suren betrat das Café und setzte sich und plötzlich hatte er ein schlechtes Gewissen, weil er sie verdächtigte.

„Ich habe eine gute Nachricht", sagte Suren, „Murun will dich sprechen. Murun bekleidet eine hohe Position und ist Abgeordneter im Parlament. Sein Wahlbezirk ist Huvsgul. Er möchte mit dir die Sanierung der Heizwerke in Huvsgul Aimak besprechen."

Alle misstrauischen Gedanken waren plötzlich verflogen.

„Wann hat Murun einen Termin frei?", fragte er gespannt.

„Wenn du Zeit hast, gleich morgen früh um 10:00 Uhr in seinem Büro im Regierungsgebäude am Sukhbaatar Platz", sagte Suren.

Wollte das Schicksal auf diese Art und Weise wieder helfen? Eine bessere Lösung gab es nicht.

„Das wollen wir mit einem Stück Kuchen feiern", lud er Suren ein, „das freut mich sehr, Suren", und das war ehrlich gemeint.

Am nächsten Morgen trafen Sie sich im Büro bei Murun.

Huvsgul lag etwa 800 km von UB entfernt im Norden an der russischen Grenze. Die Entfernungen wurden zunehmend zu einem Problem. Eine gute Ausbildung der Heizer, Schlosser und Elektriker vor Ort war daher unerlässlich. Daher schilderte er dieses Problem und nannte die Lösung gleich dazu.

„Gerd?", fragte Murun, „wir kennen uns ganz gut. Gerd hat ein Problem. Gerd sagt alles ganz unverblümt, genau so, wie er denkt, und das mögen manche oder viele Mongolen nicht. Ich selber habe in Deutschland studiert und daher kein Problem damit, im Gegenteil, mir ist die offene Art sehr sympathisch geworden. Und dann hat Gerd noch ein Problem. Gerd hat für die Konrad Adenauer Stiftung (KAS) in UB gearbeitet und das war den Kommunisten nicht gerade recht, um es einmal ganz milde auszudrücken. Die anderen demokratischen Parteien schreiben sich diese Taten auf die Fahnen und die Kommunisten sehen nicht gerade gut aus dabei. Nun sind die Kommunisten wieder in der Mehrheit."

„Kann das ein Problem sein für die Ablehnung des Visumantrages", fragte er vorsichtig.

„Gerd bekommt kein Visum?" Murun lachte, „machen Sie sich keine Sorgen, das regele ich. In einer Woche hat Gerd sein Visum."

Mit großer Hoffnung und dem Versprechen, dass Murun innerhalb der nächsten Woche anrufen würde, verließ er das Regierungsgebäude.

Er rief Gerd an und berichtete von dem Gespräch. Gerd freute sich, dass Murun helfen wollte.

Gerd sagte:

„Ich habe aber schon mit Herrn Dr. Lutz Werner vom Ministerium für Arbeit und Wirtschaft hier in Berlin Kontakt aufgenommen. Dr. Lutz Werner ist auch für Entwicklungshilfe zuständig und kennt sich in Ulaanbaatar bei den zuständigen Stellen sehr gut aus."

Und nach einer kurzen Pause fragte Gerd:

„Kann es sein, dass einer deiner mongolischen Partner mein Visum verhindert?"

Hatte er doch richtige Vermutungen angestellt? Diese Frage hatte ihn schon selber oft beschäftigt.

Er fragte:

„Wie kommst du darauf, Gerd?"

„Dr. Werner äußerte diese Vermutung", war die Antwort.

„Weiß Dr. Werner etwas Genaueres? Wer von den beiden mongolischen Partnern sich da querstellt?", wollte er wissen.

„Nein", war die Antwort, „versuche das mal selber herauszufinden."

Nerguis Schwager, Sonor, war früher, vor der Wende, beim Geheimdienst gewesen und die beiden hatten sicherlich noch guten Kontakt bis in die höchsten Stellen der Regierung. Aus diesem Grund dachte er an Nergui.

Da Murun sich nach zehn Tagen immer noch nicht meldete rief er Murun an.

„Es ist doch schwieriger, als ich dachte", sagte Murun, „aber ich versuche es weiter und bitte um etwas Geduld."

„Welche Gründe liegen vor, haben Sie wenigstens die Gründe der Ablehnung erfahren können?", wollte er wissen.

„Nein", war die kurze Antwort.

„Würden Sie mir mal verraten, mit wem Sie gesprochen haben", fragte er.

„Nun, ich könnte es Ihnen ruhig sagen, aber sie kennen die Herren ja doch nicht", kam die ausweichende Antwort.

„O.k.", sagte er, „dann sage ich Ihnen, mit wem Gerd zwischenzeitlich Kontakt aufgenommen hat", und nach einer Pause, „Herr Dr. Lutz Werner vom Ministerium für Arbeit und Wirtschaft in Berlin kümmert sich um die Angelegenheit. Dr. Lutz Werner hat kein Verständnis dafür, dass diese von der CIM finanzierte Entwicklungshilfe von der mongolischen Regierung nicht erwünscht ist."

„Herr Dr. Lutz Werner?", die Stimme klang erschrocken, „so weit darf es nicht kommen, ich kümmere mich sofort darum."

Am Nachmittag rief Murun wieder an: „Können wir uns in einer Stunde im Khan Bräu treffen oder wo Sie wollen, ich muss mit Ihnen reden."

„O.k., also in einer Stunde im Khan Bräu", sagte er und hatte den Eindruck, dass nun etwas Bewegung hineinkam.

Sie setzten sich in eine stille Ecke im Khan Bräu und Murun berichtete.

„Der Geheimdienst blockiert die Erteilung des Visums, will aber nicht sagen, warum. Ich habe damit gedroht, dass ich die Angelegenheit vor den Parlamentarischen Geheimdienstausschuss vortragen werde. Wir Parlamentarier müssen wissen, aus welchen Gründen sich die Beziehungen zu der deutschen Regierung möglicherweise verschlechtern. Wenn es so weit kommen sollte und wenn Dr. Lutz Werner das in die Hand genommen hat, dann müssen wir damit rechnen. Dr. Lutz Werner hat bereits Kontakt zu unserem Botschafter in Berlin aufgenommen. Entweder der Geheimdienst sagt uns die Gründe oder ich zitiere ihn vor den Ausschuss. Dann bleibt ihm nichts anderes übrig, als uns diesen Affront gegenüber den Deutschen zu begründen. Nach einer Stunde hat dann der Geheimdienst eingewilligt, für Gerd ein Visum zunächst für 90 Tage auszustellen, mit der Aussicht, dieses Visum zu wandeln bzw. eine Fristverlängerung zu genehmigen."

Er war enttäuscht:

„Nur 90 Tage? Also 3 Monate? Damit können wir uns nicht zufrieden geben."

„Sie werden die Gründe nicht erfahren, jeder ist zur absoluten Verschwiegenheit verpflichtet", sagte Murun.

„Soll ich schweigen und nicht mehr für Gerds Visum kämpfen? Alles einfach so hinnehmen? Das können Sie nicht von mir verlangen, Herr Murun. Erstens hat diese Angelegenheit schon Wellen geschlagen, zweitens ist die eingeleitete Entwicklung in dieser Angelegenheit nicht mehr von mir alleine abhängig und nicht zuletzt muss der deutsche Steuerzahler wissen, was mit den Entwicklungshilfe-Geldern im Ausland geschieht. Es ist nämlich das Geld der Steuerzahler, das die Mongolei bekommt. Und wenn diese Hilfe nicht erwünscht ist, den Eindruck habe ich, wird die CIM es so oder so erfahren und die CIM wird sicherlich ihr Handeln zukünftig danach ausrichten. Was ich hier erlebe, erzähle ich eins zu eins auch möglichen deutschen und anderen Investoren. Und was ich bisher in diesem Punkt zu berichten habe, ist keineswegs förderlich für die ausländische Investitionsbereitschaft. Ich erzähle Ihnen nur ein einziges Beispiel", setzte er seine Rede fort, „ich habe mich bei der FIFTA beraten lassen, bevor ich die Firma PMM hier in Ulaanbaatar gründete. Ich wurde auf den Beschluss Nr. 140 vom 27. 06. 2001 der Regierung hingewiesen. Dieser Beschluss besagt, dass für Teile, die vom Ausland für die Sanierung der Heizwerke bezogen werden, keine Zollgebühren erhoben werden. Wir haben unter anderem auch auf der Basis (den Businessplan usw.) dieses Beschlusses Nr. 140/2001 diese Firma hier gegründet. Kurzum, ich wollte es nicht glauben. Obwohl alle Hinweise der FIFTA und der GtZ bei der Firmengründung beachtet wurden, musste ich letztendlich 21 % Zollgebühren bezahlen. Das waren allein für die ersten Kesselteile-Lieferungen rd. 60.000 Euro, die ich aufgrund der FIFTA-Beratung nicht einkalkuliert habe. Als ich dann hörte, dass ein japanisches Unternehmen eine Disko ohne Zollgebühren nur mit dem Argument einführen konnte, weil die Disko angeblich für eine Schule gedacht war, wurde ich misstrauisch. Ich habe also Kontakt zu Insidern aufgenommen, ob sie mir helfen können. Die fragten mich, ob ich den schmutzigen Weg oder den sauberen Weg bevorzuge. Ich habe ausweichend gefragt, was der schmutzige Weg kostet. 10 % war die Antwort, für alle weiteren Güter ebenso. Dann hätte ich zukünftig auch keine solchen Probleme mehr. Ich habe gesagt, bitte versuchen Sie den sauberen Weg, und wenn das nicht geht, rufen Sie mich wieder an. Nach ein paar Tagen kam die Antwort: Für mich käme weder ein sauberer noch ein schmutziger Weg infrage. Ich muss zahlen. Ich habe alles versucht, bin bis zum zuständigen mongolischen Ministerium gegangen, hatte bereits die schriftliche Zusage vom Vizeminister. Dann war der Vizeminister plötzlich im Urlaub und der Minister hat anders entschieden. Das Schreiben des Vizeministers war das Papier nicht wert. Dann habe ich einen mongolischen Rechtsanwalt beauftragt. Ich sage keinen Namen, aber er saß mal mit Ihnen im Parlament. Der hätte den 10 %-Weg bereiten können, aber ich bin darauf nicht eingegangen und habe mit einer Verspätung von drei Monaten die Ware beim

Zoll mit 21 % Zollgebühren eingelöst. Auch das war zum großen Teil das Geld der deutschen Steuerzahler. Herr Murun, auch das werde ich in Deutschland den Steuerzahlern berichten."

‚Tue recht und fürchte niemand', ob die Worte, die der Vater schon sehr früh in seinem Herzen verankerte, immer richtig waren? Wäre Diplomatie nicht doch erfolgreicher gewesen? Er hatte das Gefühl, einen Fehler zu machen.

Er nahm einen Schluck Wasser aus seinem Glas.

Der Zoll, es war nicht möglich in der kurzen Zeit alle Vorkommnisse zu schildern. Die vergeblichen Bemühungen mit Baatar, dem Chef vom Zoll, ins Gespräch zu kommen.

Niemand sagte zunächst: „Nein, es geht nicht, der Beschluss 140/2001 ist nicht anwendbar." Das hätte auch der schriftlichen FIFTA-Beratung bei der Firmengründung widersprochen. Es wurden Hürden über Hürden aufgebaut. Hinterhältige Taktiken ohne Ende. Von der FIFTA wurden diese Forderungen immer bestätigt. Zunächst musste er Bescheinigungen einholen. Natürlich bestätigte die DEG, dass die erforderlichen Voraussetzungen des Regierungsbeschlusses Nr. 140/2001 erfüllt waren. Diese Bescheinigung sollte der deutsche Zoll auch schriftlich bestätigen. Aber der deutsche Zoll verstand überhaupt nicht, warum er so etwas machen sollte. Dann musste das Finanzamt einige Fragen schriftlich bestätigen. Dann verlangte die FIFTA eine Kapitalerhöhung der Gesellschaft, die er überhaupt nicht verstand. Nun gut, hatte er gedacht, dann bleibt die Lieferung das Eigentum von PNE und wird als Sachwert in das Stammkapital übernommen. Die Stimmrechte von PNE erhöhen sich auf 80 %. Shirnen wurde schriftlich zu der außerordentlichen Gesellschafterversammlung eingeladen und über das Thema informiert. Shirnen blieb der Versammlung fern. Fa. Mosa und PNE hatten zusammen 80 % der Stimmen und das reichte.

Nergui war damit einverstanden und unterschrieb. Aber auch danach wurden weitere Hürden aufgebaut und die Zeit verging wie im Fluge. Es war unfassbar. Er hatte sich an die GtZ gewendet. Keine Hilfe. Von den mongolischen Politikern war nur der Vorsitzende der „Grünen Partei" bereit. Aber wohl nur, um negative Argumente gegenüber den anderen Parteien zu sammeln. Die Produktion stand nach der ersten Auslieferung des Kessels still, bevor sie eigentlich erst richtig angefangen hatte. Um eine schnelle Abwicklung des ersten Kessels zu erreichen, hatte er die Zollgebühren bezahlt.

Zusätzlich musste ein entsprechender Betrag für die Werkstatteinrichtungen beim Zoll hinterlegt werden. Dieser Betrag sollte später wieder an PNE zurückbezahlt werden, wenn die Maschinen die Mongolei wieder verließen, oder der Betrag wurde vom Zoll einbehalten, sofern die Eigentumsübertragung an PMM erfolgte. Solange blieb dieses Kapital nicht verfügbar. Die Kosten des ersten Kessel wurden also auf den Mietkaufpreis, den PMM an PNE zu bezahlen hatte, addiert. Mit dieser schnellen Lösung hatte er also kein Problem. Nun kamen aber die in Deutschland gefertigten Kesselkomponenten für die ersten zehn Kessel, die Gebläse, Rostteile und Antriebe usw., usw. Mit den Zollgebühren erhöhte sich natürlich auch der Kesselpreis um 21 % und verteuerte die Hilfsmaßnahmen enorm. Die Rahmenverträge stimmten also in einigen wesentlichen Punkten nicht mehr, was zur Folge hatte, dass die Kunden sich zu Recht weigerten, andere Konditionen anzuerkennen. Die ganze Aktion war plötzlich zum Scheitern verurteilt und es stellte sich heraus, dass die Zusammenarbeitsvereinbarungen mit dem Umweltministerium und dem Infrastruktur-Ministerium nicht das Papier wert waren. Auch die bestätigende Unterschrift des Vizeministers des Finanzministeriums am Ende des Vorgangs wurde von Baatar, dem Chef des Zolls, ganz einfach ignoriert. Er musste zur Kenntnis nehmen, dass die Unterschrift eines mongolischen Vizeministers nichts taugt.

„Ich kann Ihren Zorn ganz gut verstehen", sagte Murun, „ich muss Ihnen aber sagen, dass Sie hier nichts erreichen werden, wenn Sie mit dem Kopf durch die Wand wollen. Meine Bitte ist darauf ausgerichtet, in diesen Verhältnissen, in denen wir nun einmal hier leben, das Optimale zu erreichen. Glauben Sie mir bitte, die Entwicklung, für die ich einstehe, ist positiv. Ich kämpfe für den positiven Wandel und werde dafür von vielen Seiten angegriffen. Aber der nötige positive Wandel geht eben nicht von heute auf morgen.

Sehen Sie, Baatar, der Chef des Zolls, ist bereits eingesperrt worden und steht demnächst wegen Korruption vor Gericht. Das war nicht einfach, so etwas auszulösen in dieser Welt, in der wir hier leben. Mag sein, dass ich nicht deutlich sagte, was ich meinte, aber es ist so. Sie helfen uns, wenn Sie mit mir und meinen Geistesfreunden Geduld haben, sehr viel Geduld. So möchte ich das ausdrücken."

Er war etwas beschämt.

„O.k.", sagte er, „ich verstehe Sie gut. Aber bedenken Sie auch meine Situation und die Situation der Wärmeversorgung in den Armutsvierteln Ihrer Heimat. Erstens bin ich Geschäftsführer von PMM und PNE ist der deutsche Mehrheits-Gesellschafter. Selbst wenn ich wollte, ich kann den Ruf dieses jungen Unternehmens in Deutschland nicht durch unlautere korrumpierende Handlungen aufs Spiel setzen, das ist unmöglich. Zweitens, der PNE-Eigentümer war unter dem Eindruck der erbarmungslosen Armut hier bereit zu helfen und ich habe ihn überredet. Obwohl er mir prophezeit hat, dass ich hier scheitern werde. PNE hat sehr viel, aber natürlich nur eine begrenzte Summe investiert. Mit dieser begrenzten Summe muss ich wirtschaften. Wenn dann plötzlich 60.000 Euro fehlen und das Projekt droht zu scheitern, dann könnte ich sagen: ‚nun gut, die Mongolen sind selber schuldig, wenn sie in ihrer Dummheit sich gegenseitig klein halten'. Drittens braucht so ein Projekt eine Anlaufzeit und damit eine Anschub-Finanzierung von mindestens zwei Jahren …

Ich kann auch nicht glauben, dass sich im Stillen der Wandel, von dem Sie sprachen, vollziehen wird. Eher kann man einen Drogensüchtigen ganz einfach davon überzeugen, keine Drogen mehr zu nehmen. Es haben sich Wirtschaftsfunktionen und Kreisläufe entwickelt, die Sie niemals mit Geduld heilen können. Ein gesellschaftlicher Wandel zum Beispiel vom Kommunismus zur Demokratie funktioniert nur sehr selten von ‚Oben nach Unten'. Obwohl es sehr wünschenswert ist, weil ein solcher Wandel ohne Blutvergießen erfolgt. Es wird ein Wandel mit Gewalt stattfinden von ‚Unten nach Oben', mit Blutvergießen, ob Sie es wollen oder nicht.

Ein Beispiel: Mir klagte jemand, der ein Haus bauen wollte, sein Problem. Als Bauherr bekam er keine Baugenehmigung. Er hätte sofort die Baugenehmigung bekommen, wenn er dem zuständigen Beamten, der die Genehmigung erteilt, ein Zimmer abgegeben und es für ihn „vermietet" hätte. Er hat das nicht gemacht und bekommt also keine Baugenehmigung. Nehmen wir einmal an, ein anderer macht das und geht auf diesen Vorschlag ein. Laut Vertrag gehört dem Beamten ein Zimmer, weil er sich laut Vertrag ‚finanziell an dem Bau beteiligt hat' und somit nicht angreifbar ist. Wie wollen Sie das ändern? Oder ich hörte andere Beispiele, kann aber nicht beurteilen, ob sie alle der Wahrheit entsprechen.

Offiziell läuft alles nach Vorschrift und gesetzlicher Ordnung. Aber einmal ganz allgemein:

Ich glaube nicht daran, dass von Oben nach Unten ein Wandel möglich ist. Erst wenn das Volk böse wird, dann findet der echte Wandel statt, vorher leider nicht. Der Lernprozess findet immer über einen manchmal unvorstellbaren Leidensdruck statt, selten oder fast nie über den Verstand. Zumindest habe ich das in der Vergangenheit noch nicht beobachtet … Und ich denke, je früher der Wandel von Unten nach Oben stattfindet, umso geringer werden das Leid und der Schaden", und er fügte hinzu, „und deshalb, denke ich, sind Dickköpfe und Geduldige gleichermaßen wichtig."

„Es wäre schlimm, wenn Sie recht haben", antwortete Murun und starrte in sein Glas.

Dann kam er auf das Thema zurück:

„Wie geht es mit dem Visum für Gerd weiter?"

„Ja, Sie können morgen zum Ausländeramt gehen und dort Gerds Visum beantragen und alle Formalitäten erledigen. Das ist nur noch eine Formsache."

„Kann ich auch die Dolmetscherin bitten, die Formalitäten zu erledigen?", fragte er.

„Ja, selbstverständlich", antwortete Murun.

Danach verabschiedeten sie sich.

Am anderen Tag blieb er vor dem Ausländeramt im Auto sitzen und wartete ab, was Suren im Ausländeramt erreichte.

Es dauerte sehr lange.

Deshalb rief er Suren an und fragte, ob es Probleme gibt.

„Ja, die glauben mir nichts", war die Antwort.

Er rief Murun an:

„Ihre Prognose war falsch, ich werde nun endgültig Herrn Dr. Lutz Werner informieren und um seine Hilfe bitten."

„Warten Sie bitte einen Augenblick damit, ich rufe gleich zurück", sagte Murun und legte auf.

Er ließ sich etwa fünfzehn Minuten Zeit und rief dann Suren an und fragte, ob sich etwas getan hat.

„Ja, plötzlich sind alle sehr freundlich zu mir", sagte sie fröhlich, „innerhalb der nächsten Viertelstunde ist alles erledigt. Was hast du gemacht?"

„Später, Suren, später sage ich es dir."

Dann rief er Murun an, bedankte sich und bestätigte, dass das 90-Tagevisum nun ausgestellt wird.

Gerd kam im Dezember 2014 und arbeitete sich sehr schnell in die Probleme ein.

Im Januar 2015 kaufte er Material für weitere zehn Kessel ein. So war in der Werkstatt mindestens für die Zeit seiner geplanten Abwesenheit genug zu tun.

Er plante eine Heimreise, weil mehrere Arbeiten für PNE zu erledigen waren.

Die Aufgaben in der Heimat hatten sich gehäuft:
1. Besprechungen mit der HWWA in Hamburg bezüglich des CDM-Zertifizierungs-Verfahrens.
2. Die zwischenzeitlich vom TÜV Nord durchgeführten Untersuchungen als Basis des Zertifizierungsverfahrens waren ebenfalls sehr wichtige Punkte der geplanten Besprechungen.
3. Die Arbeitsgruppe für die Planung einer Fern-Wärmeversorgung hatte gebeten, an den Planungsbesprechungen teilzunehmen.
4. PNE hatte, wie bereits erwähnt, den GU-Auftrag von Vattenfall für ein Biomasse-Kraftwerk in Hamburg unterschrieben, sodass seine Unterstützung bei der Projekt- und Genehmigungsplanung erforderlich wurde.
5. Eine ähnliche Arbeit wartete auf ihn für das neue PNE-Biomasse-Kraftwerk-Projekt.

6. Vorgespräche für eine Dampfzentrale für ein Papierwerk, ein Ersatzbrennstoff-Kraftwerk, mussten geführt werden.
7. Und nicht zuletzt war eine Bewertung eines Kraftwerkes für einen Investor durchzuführen.

In der Heimat ging die Arbeit gut voran und die Berichte aus der Mongolei über den Fortgang der Arbeiten waren sehr positiv.

Ende März 2005 lief das Visum von Gerd ab und die angeblich problemlose Verlängerung wurde nicht durchgeführt, einfach abgelehnt. Gerd musste nach Hause fliegen. Für Gerd war es ein großes Problem, weil er bereits alles für einen Umzug nach Ulaanbaatar eingeleitet hatte.

Er selber setzte alles in Bewegung, um ein Visum für Gerd zu bekommen, aber alles war vergeblich. Er konnte auch die Arbeiten für PNE nicht von gleich auf jetzt fallenlassen und beenden, um in Ulaanbaatar persönlich vor Ort um Gerds Visum zu kämpfen.

Bemühungen im Wirtschaftsministerium in Berlin, im Außenministerium der Mogolei. Alles war vergeblich.

Dr. Lutz Werner hatte den mongolischen Botschafter einberufen. Er flog nach Berlin und so wurde ein gemeinsames Gespräch geführt, damit das CIM-geförderte Ausbildungsprogramm nicht beendet werden musste. Der Botschafter sagte seine Unterstützung natürlich zu, aber seine Bemühungen, sofern es welche gab, blieben ohne Ergebnis.

Murun – … alles waren vergebliche Bemühungen.

Er benötigte noch etwa zwei bis drei Wochen, um bei PNE seine Arbeiten zu beenden. So musste er sich vorübergehend auf die Berichte von Batzorig verlassen. Obwohl die Berichte unverdächtig und positiv lauteten, musste er immer an die Worte von Ammon denken, die Warnung, das Projekt nicht alleine zu lassen.

Mit einem unguten Gefühl flog er am Sonntag, dem 24. April 2005, zurück nach Ulaanbaatar.

Der Affront

Zoloo, die Sekretärin, überreichte ihm gleich nach seiner Ankunft, Montag früh, einen Besprechungs-Bericht. Die beiden mongolischen Geschäftsführer-Kollegen nebst Batzorig hatten sich beraten und waren zum Beschluss gekommen, ihn zu entlassen und höchstens noch als Berater zu dulden.

Er verlangte sofort die Einberufung einer Geschäftsführer-Besprechung am folgenden Tag, Dienstag um 16:00 Uhr, um über diesen Vorgang gemeinsam zu diskutieren.

Zwischenzeitlich telefonierte er mit Bolormaa und ihrem Rat folgend, trafen sie sich gemeinsam mit ihrer ehemaligen Kollegin aus der Studentenzeit, einer ehemaligen Staatsanwältin einer Distriktstaatsanwaltschaft. Oyunzul hieß sie. Oyunzul war bereit, als stellvertretende Geschäftsführerin ihn zukünftig während seiner Abwesenheit zu vertreten. Daraufhin suchten sie ein Rechtsanwaltbüro auf für ein beratendes Gespräch in dieser Angelegenheit.

Es war hierbei auch ein großer Vorteil, dass Bolormaa in der Generalstaatsanwaltschaft der Mongolei arbeitete und dort mit den Kollegen eng befreundet war.

In der GF-Besprechung machte er dann eindeutig klar, dass eine solche Vorgehensweise, ihn mit einem GF-Beschluss vor die Tür zu setzen, gegen den Gesellschafter-Vertrag verstößt und vor Gericht keinen Bestand haben wird.

Nachdem er seine mongolischen Kollegen davon überzeugt hatte, teilte er mit, dass dieser Vertrauensbruch kurzfristig die Folge hat, dass er eine ehemalige Staatsanwältin schon am folgenden Tag als seine stellvertretende Geschäftsführerin einstellen wird.

Oyunzul wird beauftragt, einen unabhängigen neutralen Gutachter (Externer Auditor) zu beauftragen, die gesamte Firma zu untersuchen. Nach Vorlage des Auditoren-Berichtes soll dann eine Gesellschafterversammlung einberufen werden.

Nach der Besprechung bat Nergui ihn um ein persönliches Gespräch im Haus der Kommunisten Partei. Beim gemeinsamen Abendessen versuchte Nergui, die Wogen zu glätten. Nergui hatte aber keine Chance und merkte wohl, dass die Ankündigungen bitterernst gemeint waren.

Er hatte bei diesem Gespräch zunehmend den Eindruck, dass insbesondere Nergui Unregelmäßigkeiten zu verbergen hatte.

Was danach geschah, geht aus dem folgenden Überfall-Bericht an die Kriminalpolizei hervor:

Der Überfall

Tatort:
Ulaanbaatar/Mongolei
Chingeltei Distrikt
Khoroo …
Appartement …
Auf dem Flur vor der gemieteten Wohnung …

Tatzeit
Dienstag, d. 26. April 2005, gegen 22:30 Uhr

Tatverlauf
Am Dienstag, d. 26. April, betrat ich gegen 22:30 den Flur (das Treppenhaus) des o.g. Wohnblockes. Bis zu diesem Zeitpunkt war mir niemand gefolgt. Der Flur ist immer unbeleuchtet und dunkel. Die Sichtverhältnisse sind außerordentlich schlecht und nur durch das Licht, das durch die Fenster im Treppenhaus hineinfällt, gegeben.
Als ich den Treppenumlauf zwischen dem 1. und 2. Stock erreichte, kamen drei junge Männer, die ich vorbeiließ. Nachdem ich den 2. Stock erreichte, wurde ich wieder von drei jungen Männern überholt. Ich bin die Treppen weiter hochgestiegen, bis zum Treppenumlauf zu meiner Wohnungstür. Halb auf der letzten Treppe und unmittelbar vor meiner Wohnungstür standen die sechs jungen Männer. Ich blieb stehen und hatte die Absicht, wieder nach unten zu gehen, weil ich Böses ahnte. Da kamen hinter mir

wieder zwei oder drei junge Männer. Diese Anzahl kann ich nicht genau sagen, denn in dem Moment sprang einer von oben auf mich. Ich versuchte, ihn abzuwehren, aber es gelang mir nicht. Von hinten legte einer seinen Arm um meinen Hals und drückte mir die Kehle zu. Von oben kamen andere und hielten meine Arme und Beine fest. Weil ich absolut keine Luft bekam, konnte ich weder um Hilfe rufen noch mich wehren. Deshalb stellte ich mich bewusstlos. Trotzdem drückte man mir weiter die Kehle so lange zu, bis ich ein großes Kribbeln im Kopf verspürte und ich endgültig das Bewusstsein verlor. Vor meinen Augen sah ich noch, als wäre es eine Fata Morgana, ein übergroßes Kristallglas zerspringen als würde es zu Ende gehen.

Als ich aufwachte, lag ich vor dem Fenster des Treppenumlaufs vor meiner Wohnungstreppe. Wie lange ich dort so bewusstlos gelegen habe, kann ich nicht sagen, nur nach dem Gefühl schätzen. Vielleicht etwa 30 Minuten. Ich war sehr schwach und hatte ein Gefühl, als hätte ich ein starkes Fieber. Es dauerte eine sehr lange Zeit, bis ich mich an alles erinnern konnte. Weil ich nicht wusste, ob die Männer noch anwesend waren, blieb ich dann noch eine Weile regungslos liegen und beobachtete in der liegenden Haltung so gut ich konnte meine Umgebung. Ich konnte aber nur nach unten schauen. Auf der Treppe stand eine ältere Frau mit einer kleinen Taschen-Lampe und beobachtete mich. Sonst sah ich niemanden. Als ich mich bewegte, ging sie fort.

Dann versuchte ich aufzustehen, um in meine Wohnung zu gehen. Ich war derart geschwächt, dass ich nur mit Mühe meine Wohnung mehr kriechend als gehend erreichte. Dort legte ich mich auf die Couch. Nach einer längeren Erholungspause habe ich dann untersucht, was mir fehlte. Zunächst bemerkte ich erst zu diesem Zeitpunkt, dass meine Brille fehlte. Deshalb bin ich wieder in den Flur gegangen und habe im Dunkeln meine Brille gesucht. Sie lag neben dem Ort, wo mein Kopf gelegen hatte. Dann bin ich wieder in die Wohnung gegangen und habe meine Sachen durchsucht.

Das rechte Brillenglas war beschädigt.

Auf der linken Seite war meine Hose zerrissen. Lediglich meine Armbanduhr, ein Mobilcom-Handy und Checkkartentasche (Checkkarte der Krankenkasse, Bahncard, Kreditkarten der Bank, mein Ausweis und mein Kraftfahrzeugschein – waren gestohlen. Alles, was ich in der linken

Hosentasche hatte. Alle anderen Taschen waren unberührt. Ich hatte eine Anzugjacke an und eine Lederjacke darüber. In der linken Gesäßtasche hatte ich 200.000 Tugrik. In den anderen Taschen hatte ich mein internationales Handy, Brieftasche, Flugtickets, Pass, Firmenausweis und etwa 2.000 Euro.
Alles war unberührt.
Ausgenommen meine Armbanduhr war der „fragwürdige Erfolg" der Täter, wenn ich das beurteilen sollte, denn die Checkkarten konnte ich sofort alle sperren lassen und den Verlust der Papiere in der Heimat über Internet melden.
Den Wohnungsschlüssel hatte ich in der rechten Jackentasche. Ich habe mich sehr gewundert. Es wäre für die Täter sehr leicht gewesen, den Wohnungsschlüssel zu nehmen, mich in dem bewusstlosen Zustand in die Wohnung zu tragen und alles auszurauben, denn ganz offensichtlich wussten sie, in welcher Wohnung ich wohnte.
Deshalb bewertete ich die Tat nicht als Raub, sondern als einen Mordversuch und stellte meine kommende Verhaltensweise darauf ein.
Mein erstes Ziel galt meiner Gesundheit.
Mein erster Gedanke war deshalb, so schnell wie möglich nach Deutschland in eine ärztliche Behandlung zu gehen. Das Atmen fiel mir sehr schwer. Ich spuckte Blut und hatte den Eindruck, dass eine Schwellung im Hals mir zunehmend die Luft wegnahm.
Mit dem internationalen Handy schrieb ich, weil ich nicht sprechen konnte, ein SMS an eine mir bekannte Juristin, dass ich überfallen wurde. Dann habe ich meinen Koffer gepackt und gewartet. Ich konnte wegen der Schmerzen im Hals und der Atembeschwerden nicht schlafen und hoffte auf eine Nachricht der Bekannten. Später stellte sich heraus, dass sie mein SMS nicht erhalten hatte.
Am frühen Morgen habe ich dann gegen 07:00 ein Taxi genommen und bin zu dem Ort gefahren, wo ich das Auto in der Nacht parke.
Ich habe Batzorig gebeten, den vereinbarten Termin mit Herrn Enkhtaivan (Leiter der städtischen Heizwerke) und dem Bürgermeister in Bagakhangai abzusagen. Mit dem Auto habe ich meine Sachen aus der Wohnung geholt und bin gegen 09:00 Uhr nach dem MIAT-Büro gefahren.
Das Sprechen ist mir sehr schwer gefallen. Dann habe ich bei MIAT einen Flug für Donnerstag, d. 28. April, gebucht. Danach habe ich ein

Hotelzimmer im Hotel Continental gemietet. Mein Auto habe ich vorher einer Bekannten überlassen. An der Hotel-Rezeption habe ich darum gebeten, meine Anwesenheit zu leugnen, sofern jemand nach mir fragt. Es hätte sein können, dass mich einer dieser Täter mit einem Taxi zum Flughafen abholen könnte.
Dann habe ich den ganzen Tag im Bett gelegen und versucht, mich zu erholen.
Alle Anrufe habe ich ignoriert und niemanden gesprochen.
Am Donnerstag bin ich dann früh am Morgen mit dem Taxi zum Flughafen gefahren. Nachdem ich bereits im Innenbereich der Abfertigung war, kamen Frau Zoloo, die Sekretärin, und Batzorig und baten mich per Telefon um ein Gespräch. Deshalb bin ich durch die Sperren zu ihnen gegangen und habe sie kurz gesprochen.
Am Freitag, d. 29. April, war ich dann in Deutschland bei meinem Hausarzt und per Überweisung bei einem Hals-Nasen-Ohrenarzt. Dort wurde per Endoskopie ein blutiger Rachenbereich festgestellt, im Bildschirm gut erkennbar. Die Schwellungen waren zurückgegangen. Mir wurde geraten, mir mindestens vierzehn Tage Ruhe zu gönnen. Der HNO-Arzt meinte, ich habe sehr viel Glück im Unglück gehabt. Wenn die Schwellung nicht zurückgegangen wäre, hätte ich keine Chance gehabt weiterzuleben. Die ärztlichen Untersuchungsergebnisse können beim Hausarzt (Anschrift) kurzfristig angefordert werden.

Ulaanbaatar, d…

Am 28. April flog er zurück in die Heimat, ließ sich ärztlich behandeln, und als er sich einigermaßen erholt hatte, flog er am Sonntag, dem 07. Mai, also nach acht Tagen wieder zurück nach Ulaanbaatar.

Die Auseinandersetzung

Die Warnungen und Aufforderungen, zu Hause zu bleiben, schlug er „in den Wind".

Sollte er so kurz vor dem Ziel sein Experiment aufgeben? Jetzt, wo der Kampf gegen das „Gesetz des Stärkeren" begann? Niemals!

Die mongolische Jugend in der Werkstatt und die Studenten hatten ihn verstanden, davon war er überzeugt.

Die „alten Kommunistenköpfe" waren das Problem!

Irgendwann würde die Jugend aufstehen und es würde Blut fließen und der Lernprozess über das Leid erneut stattfinden; wie immer, der doof-sinnige Unsinn ohne Gleichen würde wieder passieren, nur weil niemand wusste, warum die Natur ihnen einen Verstand gab. (Später, im Jahre 2008, war es dann auch zu einem blutigen Aufstand der Jugend mit fünf Toten gekommen.)

Oyunzul hatte ein Haus, etwa 20 km außerhalb vor der Stadt. Sie schlug vor, dass er da wohnen soll. Der Vorteil war, dass auch nach Feierabend mehr Zeit für Entscheidungen, Pläne, Verträge usw. zur Verfügung stand, der zweite Grund war die größere Sicherheit. Der weite Weg mit dem Auto durch die Steppe war eine gute Voraussetzung, Verfolger rechtzeitig zu erkennen. Ihren Vorschlag akzeptierte er und wohnte dort für kurze Zeit in einem kleinen Zimmer.

Die Mitarbeiter stellten die Arbeit auf Anweisung von Nergui und Shirnen ein.

Der Zutritt zu seinem Büro in der Werkstatt wurde ihm verweigert, aber er brauchte dringend seine Unterlagen.

Darum erteilte er einem Sicherheitsdienst einen Auftrag zum Personenschutz. Etwa vier Mann wollte er haben. Als er den beiden Chefs sagte, dass es mit Nergui und Shirnen eine Auseinandersetzung geben wird, schauten sich die beiden an, und ohne ein Wort zu wechseln, sagte der Eine: „Wir kennen die beiden. Wir beide kommen mit, ihr braucht aber nur die vier Mann zu bezahlen!"

Sie fuhren nach Sharhad zur Werksatt. Der Pförtner hatte keine Chance, den Zutritt zu verweigern. So konnte er in seinem Büro die wichtigsten Unterlagen, Verträge mit den HW-Betreibern, Dokumente und vieles mehr, sichern und einpacken.

Bevor sie gemeinsam das Büro verlassen konnten, kamen Shirnen und Nergui. Der Pförtner hatte sie wohl angerufen.

Nergui wollte mit dem Sicherheitsdienst ein Gespräch beginnen. Sie schoben ihn aber wortlos beiseite. Nergui hatte keine Chance. Danach verließen alle gemeinsam das Büro.

Mit ausgezeichneter Unterstützung von Bolormaa und Oyunzul wurde nun aufgeräumt.

Sie erteilten einem externen Auditor den besprochenen Auftrag.

In der deutschen Botschaft beantragte er eine Amtshilfe. Er wollte eine friedliche Lösung, und die war nur mit einer solchen Amtshilfe möglich. Er war freudig überrascht und sehr dankbar, dass die Botschaft diese Amtshilfe sofort zusagte. Der zuständige Wirtschaftsreferent, Herr Schuhmacher, kannte die Entwicklung des CDM-Projektes sehr gut.

Herr Schuhmacher organisierte einen Termin mit dem Generalstaatsanwalt der Mongolei und sie berichteten über die Schwierigkeiten und die vorhersehbare Konfrontation, denn sie wollten eine andere Werkstatt organisieren und mit den Maschinen neu einrichten. Es war zu befürchten, dass die Maschinen nicht freigegeben werden. Aus diesem Grund erwarteten sie eine harte Konfrontation. Um diese harte Auseinandersetzung zu vermeiden, wollten sie mit dem Generalstaatsanwalt mögliche präventive Maßnahmen besprechen.

Obwohl eindeutig nachgewiesen werden konnte, dass die Maschinen nur gemietet und das Eigentum von PNE waren, konnte der Generalstaatsanwalt keinen vorbeugenden Schutz bieten.

„Wenn es zu der Konfrontation kommt, wird die Polizei eingreifen", war die Antwort, „einen vorbeugenden Schutz kann ich nicht anordnen. Es ist aber gut, dass ich davon weiß. Benachrichtigt mich, wenn sich die Angelegenheit zuspitzt."

Der Bericht des Auditors war niederschmetternd.

Sambuu, der Werkstattleiter, wurde in Untersuchungshaft genommen, er hatte eine Schweißmaschine gestohlen.

Badam, die Buchhalterin, hatte die Hohlblocksteine angeblich „kostenlos" verteilt. Der Nachweis, dass sie in die eigene Tasche gewirtschaftet hatte, war sehr schwierig.

Auch Badam wurde von der Polizei verhört und in Untersuchungshaft genommen.

Badam hatte zusätzlich über einen Verwandten Kontakt zur Konkurrenz.

Es stellte sich heraus, dass Nergui sich über sehr gute Beziehungen eine Einzelermächtigung der Firma PMM im Handelsregister eintragen ließ.

Zusätzlich hatte er seine Vollmacht über 5.000 USD dazu benutzt, 5.000 USD vom Gesellschafterkapital, das PNE eingezahlt hatte, abzuheben und am gleichen Tag als seinen Gesellschafter-Kapital-Anteil wieder einzuzahlen. Das machte er in einem gewissen Zeitabstand zwei Mal und hatte so 10.000 USD als sein Gesellschafter-Kapitalanteil eingezahlt.

Unvorstellbare Machenschaften deckte der Auditor auf.

Kein Wunder, dass Gerd keine dauerhafte Aufenthaltsgenehmigung bekam. Gerd hätte aufgrund seiner mongolischen Sprachkenntnisse in Wort und Schrift zeitnah alles aufdecken können.

Ob Sonor, der Schwager von Nergui, der früher beim Geheimdienst war, seine Finger mit im Spiel hatte, konnte er nur vermuten. Auf jeden Fall war die Frage aus dem Wirtschafts-Ministerium in Berlin, ob ein mongolischer Gesellschafter des Unternehmens im Hintergrund die Fäden zog, durchaus berechtigt und erschien nun in einem ganz anderen Licht. Murun hatte ja gesagt, dass der Geheimdienst alles dafür tat, die Aufenthaltsgenehmigung für Gerd zu blockieren.

Dieser Bericht des externen Auditors war Anlass genug. eine Gesellschafter-Versammlung einzuberufen. Er hatte die Absicht, beide mongolischen Partner zu entlassen, und bereitete einen Entwurf einer Ausgleichsbilanz vor.

Die Gesellschafter-Versammlung

Zu Beginn der Sitzung ließ er über den Antrag einer Film-Aufzeichnung der Gesellschafter-Versammlung abstimmen. Die Gesellschafter-Versammlung wurde also aufgezeichnet.
Als Bevollmächtigter der Mehrheitsgesellschaft PNE war es dann kein Problem, zunächst festzustellen, dass Fa. Mosa aufgrund der Manipulationen bei der Einzahlung des Gesellschafterkapitals kein Gesellschafter ist. Nergui wurde entlassen. Ähnliche Gründe gegen Fa. Modul führten ebenfalls dazu, die Gesellschafteranteile einzuziehen.
Aus einem Schreiben an die FIFTA gehen im Wesentlichen die wichtigsten Gründe hervor:

Germany, d. 09. 06. 2005
An die FIFTA – Ulaanbaatar

Sehr geehrte Damen und Herren,

die Firma PMM mit Sitz in Ulaanbaatar besitzt ein Gesellschaftskapital von ... USD und hat 3 Gesellschafter mit folgenden Anteilen:
PNE GmbH, Deutschland Gesellschafteranteile 80 %
Mosa Co. Ltd. – Ulaanbaatar – Mongolei Gesellschafteranteile 10 %
Modul Co. Ltd. – Ulaanbaatar – Mongolei Gesellschafteranteile 10 %

Die Firma wurde am 28. 07. 2003 gegründet.

Gemäß §6 (1) Gesellschaftervertrag ist der Geschäftsführer der Mehrheitsgesellschafter der Vorsitzende der Geschäftsführung. Als Geschäftsführer der Mehrheitsgesellschaft wurde gemäß §6 (4) Herr ... bestellt.

Verstoß gegen § 6 (1) des Gesellschaftervertrages durch Herrn Nergui.
In der ersten Gesellschafterversammlung unmittelbar nach der Firmen-

gründung wurde eine Vereinbarung getroffen, dass die Buchhalterin der Firma Mosa solange die Buchhaltung übernimmt, bis PMM GmbH eine eigene Buchhalterin eingestellt hat.
In dem Protokoll in mongolischer Sprache wird dieser Beschluss so interpretiert, dass Herr Nergui die Geschäftsführung übernimmt. Diese Formulierung wird nun dahin gehend noch umfassender interpretiert, dass Nergui eine Einzelermächtigung für die Firma PMM besitzt.
Diese Interpretationskette möchten wir auf das Schärfste zurückweisen. Herr Nergui hat nie in einer Gesellschafterversammlung eine Einzelvertretungsvollmacht von den Gesellschaftern erhalten. Wir bitten um entsprechende Korrekturen in den Firmenzertifikaten.

Verstoß gegen die gesetzlichen Bestimmungen bei der Erstellung des Firmenzertifikates durch die Herren Shirnen und Nergui.
Nach der Abreise des Mehrheitsgesellschafters am 06. August 2003 haben die beiden Minderheitsgesellschafter am 08. August 2003 in betrügerischer Absicht das Firmenzertifikat bei der staatlichen Registrierungsbehörde so ändern lassen, dass nur die Namen der beiden Minderheitsgesellschafter auf dem Zertifikat stehen. Damit wird der Eindruck erweckt, dass nur den beiden Minderheitsgesellschaftern die Firma PMM gehört.

Darüber hinaus wurde festgestellt, dass sowohl die Satzungen, als auch der Gesellschaftervertrag, aus denen die Betrugsabsichten hervorgehen und nachgewiesen werden können, nicht bei der staatlichen Registrierungsbehörde vorliegen. Da ohne diese Unterlagen keine Firma gegründet werden kann, muss davon ausgegangen werden, dass die staatliche Registrierungsbehörde diesen betrügerischen Absichten Vorschub leistete.

Wir erheben schärfsten Protest gegen diese Manipulationen und bitten Sie, die Firmenzertifikate entsprechend zu korrigieren.

Verstoß gegen § 5 (1) des Gesellschaftervertrages durch Herrn Nergui.
Im Gesellschafter Vertrag ist unter § 5 (1) den Gesellschaftern untersagt, mit der eigenen Firma in einen Wettbewerb mit der Firma PMM zu treten. Herr Nergui hat im Namen seiner Firma Mosa Co. Ltd. einen Antrag im Umweltministerium der Mongolei mit dem gleichen Firmenkonzept

„Sanierung der dezentralen Heizwerke in der Mongolei eingereicht". Dieses wurde uns von der CDM-Behörde im Umweltministerium bestätigt.
Damit hat Herr Nergui mit seiner Firma Mosa in grober Weise gegen § 5 (1) verstoßen und versucht, die Firma PMM zu schädigen.
Bitte um Unterstützung bei der strafrechtlichen Verfolgung

Diese Vertrauensbrüche veranlassen uns, Herrn Nergui das Vertrauen zu entziehen, unverzüglich seine Bankenvollmacht über die PMM-Konten bei der Golomt Bank zu sperren und gemäß §11 des Gesellschaftervertrages seine Gesellschafteranteile einzuziehen.
Wir werden Herrn Nergui anzeigen und die Betrügereien und Betrugsabsichten strafrechtlich verfolgen.
Wir bitten Sie um Ihre Unterstützung bei der Durchsetzung dieser Vorgänge. Gleichzeitig bitten wir darum, Ihren Einfluss bei der staatlichen Registrierungsbehörde geltend zu machen, damit die Firmenzertifikate unverzüglich ordnungsgemäß, dem geltenden Recht und der Verträge entsprechend, neu ausgestellt werden.

Mit freundlichen Grüßen
…

Nach der Gesellschafterversammlung verließen sie das Brauhaus, und als er in den Wagen steigen wollte, merkte er, dass die seitlichen Scheiben verdunkelt waren. Nur der Blick in den Rückspiegel war frei geblieben.

„Du fährst nun kein Auto mehr und sitzt hinten", sagte Oyunzul zu ihm.

„Warum? Und warum sind die Scheiben verdunkelt?", fragte er verwundert.

„Damit man nicht erkennen kann, ob du im Wagen bist. Du bist nun in größter Gefahr, mehr noch als je zuvor."

Er lachte und setzte sich an das Steuer.

Als er losfuhr löste sich ein schwarzer Nissan Patrol aus der parkenden Autoreihe und fuhr hinter ihm her.

„Habe ich dir das nicht gesagt?", sagte Oyunzul, „da sitzen Shirnens Leute drin. Shirnen und Nyamsuren haben viele starke Ringer in ihrer Truppe. Wir sind absolut machtlos!"

Er fuhr eine Zeitlang geradeaus. Kurz vor einem Kreisel hielt er am Straßenrand an. Der Patrol hielt wenige Meter hinter ihm. Er stieg aus, Bolormaa auch, sie gingen auf den Patrol zu und bedeuteten, dass man das Fenster herunterließ. Dann sagte er in ruhigem Ton, dass der Generalstaatsanwalt der Mongolei und die deutsche Botschaft den Vorgang bis im Einzelnen kennen und laufend informiert werden, über jeden verdächtigen Vorgang. Wenn ihm etwas passiert, ständen sie alle in der vordersten Reihe der Verdächtigen.

Ohne Erwiderung fuhren Shirnens Leute mit dem Patrol davon.

Er fuhr auch weiter, nahm aber vorsorglich eine andere Ausfahrt am Kreisel.

Rettung der Werkmaschinen

Nun mussten die Maschinen in die zwischenzeitlich organisierte und neu eingerichtete Werkhalle umgeräumt werden.

Er mietete etwa zwanzig Bodyguards vom Sicherheitsdienst und kam sich vor wie im wilden Westen. Mit gemieteten zwei Kranwagen und drei LKWs fuhren sie nach Sharhad und wollten mit der neu zusammengestellten Werkstatt-Mannschaft die Maschinen holen. Vorsorglich hatte er alle Papiere zum Eigentumsnachweis mitgenommen.

Als sie auf dem Werkgelände waren, kam kurze Zeit später Nyamsuren mit einer gleich starken Mannschaft und blockierte das Tor zum Werksgelände.

Es kam zunächst zu einer verbalen Auseinandersetzung. Als diese Auseinandersetzung zu eskalieren drohte, ließ er über Bolormaa fragen, ob Nyamsuren zu einem „Vier-Augen-Gespräch" in Anwesenheit nur der Dolmetscherin bereit wäre.

Nyamsuren wollte wohl auch eine Eskalation der Auseinandersetzung vermeiden und stimmte zu.

Sie setzten sich in das Büro:

„Das Vertrauensverhältnis zu Ihrem Vater ist zerstört", begann er mit seiner Überzeugungsarbeit, „eine gemeinsame Fortsetzung des Projektes ist nun nicht mehr möglich. Die Werkmaschinen sind Eigentum von PNE und nur von Fa. PMM gemietet und noch nicht bezahlt. Selbst wenn wir heute ohne Maschinen den Platz räumen, wird Fa. Modul die Maschinen nicht behalten. Wir haben die Amtshilfe der deutschen Botschaft zugesichert bekommen. Der Generalstaatsanwalt der Mongolei ist und wird bis im Einzelnen über diese Vorgänge informiert. Die Informationen gehen bis in das deutsche Wirtschaftsministerium in Berlin. Das deutsche Ministerium gibt der Mongolei Entwicklungshilfe und wundert sich, dass zum Beispiel ein CIM-Experte für die Entwicklungshilfe kein Visum bekommt, dass nur Lügen und Betrügereien hier an der Tagesordnung sind und alles sehr abschreckende Ereignisse stattfinden, die für ausländische Investoren wirklich keinen Anreiz bieten, hier zu investieren. In bestimmten Abständen treffen sich die Investoren in der deutschen Botschaft zum Erfahrungsaustausch. Nächsten Mittwoch ist es wieder so weit. Der mongolische Wirtschaftsminister ist auch anwesend, denn die mongolische Regierung ist an weiteren Investoren interessiert. Ich bin vom Wirtschaft-Referenten der deutschen Botschaft, der unsere Auseinandersetzung kennt, aufgefordert worden, über meine Erfahrungen zu berichten. Ich weiß, dass Ihr Vater gute Beziehungen zum Finanzminister pflegt und ich versuche immer, offen und ehrlich zu berichten. Glauben Sie mir, Ihr Vater und Nergui verhalten sich so, dass sie die Wahrheit fürchten müssen. Wollen Sie sich dazugesellen?", fragte er.

„Ich mache das alles nur im Auftrag meines Vaters", war die Antwort.

„Ich weiß", sagte er, „wir beide haben nie Probleme gehabt. Wollen wir gemeinsam eine Lösung suchen?"

„Ja selbstverständlich", kam die ehrliche Antwort, „mein Vater würde gerne die Hohlblockstein-Fertiger, den Voll- und Halb-Automaten und den Gabelstapler haben."

Er antwortete:

„Wir haben auf Kosten der PNE die Werkhalle sehr gut hergerichtet. Ich habe erfahren, dass die Russen damals beim Abzug alles zerstörten, darum sah die Werkhalle so katastrophal aus, als wir hier begannen. Wir werden uns nicht so verhalten wie damals die Russen. Sie bekommen eine gute Werkstatt, allerdings ohne Maschinen", er meinte die Zustimmung in den Augen von Nyamsuren zu sehen.

„Ja, ich hätte hier gerne eine Autowerkstatt eingerichtet", kam die Antwort.

„Die Renovierungskosten lagen bei rund 55.000 USD einschließlich Dacherneuerung, Heizungsanlage, Stromversorgung, Sanitäranlagen, Büro usw. Also ein Vielfaches der von Ihrem Vater beklagten Außenstände für die Miete, die Fa. PMM nicht mehr bezahlen konnte, weil nicht alle Raten für die Kessel von den Kunden bezahlt wurden", gab er offen zu, „damit wären alle Ansprüche Ihres Vaters abgegolten?", fügte er fragend hinzu.

„Ja, o.k., davon kann ich meinen Vater wohl überzeugen", stimmte Nyamsuren zu, „aber was ist mit den Hohlblocksteinmaschinen?"

„Sie wissen, wie die Fläche vorher aussah", begann er, „halb vergrabene Behälter und Schrott, kleine bis große alte Fundamente ... Also insgesamt ebenfalls eine Katastrophe. Und nun schauen Sie aus dem Fenster, alles ordentlich mit einer Betonplatte, die ebenfalls mit dem Geld von PNE bezahlt wurde. Vorbehaltlich der Zustimmung von PNE werden wir Ihnen auch diese Betonplatte kostenlos überlassen. Nur über den Preis der Hohlblockstein-Maschinen mit allen anderen dazugehörenden maschinellen Einrichtungen, darüber müssen wir verhandeln", und er nannte die Bedingung gleich dazu, „Voraussetzung ist aber, dass wir kurzfristig die Werkmaschinen hier in der Werkhalle unbehindert demontieren und abtransportieren können."

„O.k.", stimmte Nyamsuren zu, „ich rede mit meinem Vater und Sie mit Herrn de Buhr, dann telefonieren wir morgen früh."

Beide waren erleichtert und zogen ihre Mannschaften ab.

Am anderen Morgen waren sie sich einig geworden. Die Demontage der Werkmaschinen und der Abtransport wurden durchgeführt und die Verhandlungen über die Hohlblockstein-Maschinenanlage begannen.

Die neue Werkstatt wurde eingerichtet und die Produktion der Kessel konnte fortgesetzt werden. Nun aber ohne die beiden mongolischen Partner.

Tatsächlich wurde ihm in der deutschen Botschaft in Anwesenheit des Botschafters und des mongolischen Wirtschaftsministers Gelegenheit zu einem Statement gegeben. Sein Bericht war so schonungslos wie die Realität und passte überhaupt nicht zu diesem Ort, an dem die diplomatische Sprache gepflegt wurde.

◆

Die Hohlblockstein-Maschinen

Natürlich holte er auch weitere Angebote über die Hohlblockstein-Maschinen-Anlage ein.

Unter anderem war ein Vertreter eines tschechischen Investors mit einem mongolischen Partner sehr interessiert. Kurz vor Abschluss des Vertrages rief der Vertreter an und sie trafen sich zu einem gemeinsamen Abendessen. Der tschechische Interessent wirkte sehr niedergeschlagen und berichtete, dass sein mongolischer Partner mit etwa 30.000 USD durchgebrannt war.

Solche Geschichten hatte er nun öfter gehört.

Herr Frydenberg von der Weltbank berichtete, dass nach der Wandlung kommunistisch geprägter Staaten zu Demokratien solche Vorgänge an der Tagesordnung waren. Man ließ die Investoren nur so lange in Ruhe, bis ein lukratives Geschäft in greifbarer Nähe lag, dann wurde brutal zugeschlagen und der Investor vertrieben.

Auch in Ulaanbaatar gab es solche Beispiele. Bei dem Desaster eines koreanischen Investors spielte sogar ein Minister mit seinem Sohn eine Rolle. Viel zu spät hatte er erfahren, dass er selber ein Notstromaggregat aus dem „Nachlass" des koreanischen Investors kaufte, der wohl fluchtartig die Mongolei verlassen hatte.

Er verlangte 45.000 USD und Shirnen wollte keinen Cent für die Hohlblockstein-Produktions-Anlage bezahlen, eine unüberwindbare Hürde.

Nachdem die Werkmaschinen alle demontiert und abtransportiert waren, wurde daher das „orientalische Feilschen" beendet.

„Ich habe ein konkretes Angebot", sagte er und nannte den Preis.

Shirnen lächelte selbstsicher: „Wie wollen Sie die Maschinen denn demontieren, wenn ich nicht zustimme?"

Nach langem Hin und Her gab er sich scheinbar geschlagen und unterbrach die Verhandlung.

Shirnen wiegte sich in Sicherheit und fühlte sich als Sieger. Doch er bereitete einen grenzwertigen Coup als letzten Ausweg vor.

Nach etwa vier Wochen war es so weit.

Vorher war das Werkgelände unauffällig außerhalb der Umzäunung fotografiert worden. Ein Schloss und ein Seitenschneider wurden gekauft. Mit dem Sicherheitsbüro und der neuen Werkstatt-Mannschaft wurde ein Plan ausgearbeitet. Drei Kranwagen und vier LKWs wurden gemietet.

Den Zeitpunkt legte der Chef des Sicherheitsdienstes fest. Er meinte, die Mongolen haben um etwa 03:00 Uhr in der Nacht von Samstag auf Sonntag den tiefsten Schlaf, wohl weil sie beginnen, ihren Alkohol-Rausch auszuschlafen.

Drei Bodyguards besetzten pünktlich zum geplanten Zeitpunkt das Pförtnergebäude. Die Kette, die das Tor zum Werksgelände verriegelte, wurde mit dem Seitenschneider aufgetrennt. In Offenstellung wurde dann das Tor mit der Kette und dem neuen Schloss verriegelt und das Tor von weiteren zwei Bodyguards bewacht, damit niemand das Tor schließen konnte.

Dann fuhren die LKWs und Kranwagen auf das Gelände. Alles musste schnell gehen und war perfekt vorbereitet. Die Demontage und Verladung der Maschinenanlage begann. Um 04:00 konnte die Frau vom Pförtner kurz aus dem Fenster um Hilfe rufen. Obwohl die Eigentumsverhältnisse allen Beteiligten vorher nachgewiesen wurden, verlor ein Kranfahrzeugfahrer die Nerven und verschwand mit seinem Fahrzeug. Durch die kleine Verzögerung war die gesamte Anlage um etwa 08:00 Uhr demontiert, verladen und auf dem Weg zur neuen Werkstatt.

Um 08:15 verließen die letzten beiden Bodyguards das Pförtnerhaus und der Pförtner konnte Shirnen benachrichtigen. Außer den Beteiligten, die sich zur Verschwiegenheit verpflichteten, kannte niemand den neuen Standort der neuen Werkstatt.

So waren auch die letzten Maschinen in Sicherheit.

◈

Sabotage

Kurz vor Beginn der Heizperiode hatte Enkhtaivan angerufen.

In den beiden Heizwerken im Außenbezirk der Stadt wurde eine Sabotage festgestellt. Sie fuhren dort hin und stellten fest, dass die Kabel zum Schaltschrank durchgeschnitten waren.

Der Abgaskanal führte vom Kessel durch die Gebäudewand und dann im Freien zum Kamin. Ein großes Blechteil war aus dem Abgaskanal herausgeschnitten worden. Innen im Gebäude war ebenfalls ein Blech herausgetrennt. Für relativ kleine Menschen war so ein Zugang über den Abgaskanal in den Heizungsraum geschaffen worden.

Munkh wurde gebeten, den Schaden zu reparieren, denn der nächste Winter stand vor der Tür.

Eine ähnliche Meldung kam vom HW K II.

Ehemalige PMM-Mitarbeiter hatten sich mit dem Vorwand, eine Kontrolle vor der nächsten Heizperiode durchführen zu wollen, Einlass verschafft und einen ähnlichen Schaden verursacht.

Sämtliche Kunden wurden daraufhin sofort informiert. Nur so konnten weitere Sabotagen vermieden werden.

Er hatte niemanden entlassen. Nur ein Mitarbeiter war wiedergekommen und arbeitete fleißig und gewissenhaft wie zuvor.

Der weise Mönch

Er wurde krank und verbrachte die Tage zur Genesung in dem kleinen Zimmer draußen in der Steppe.

Es war merkwürdig. Es bildete sich eine Flechte um sein Bein. Genauso hatte sein Vater eine Flechte gehabt und immer befürchten müssen, dass die Flechte sich um das Bein herum schließen könnte. Vaters Arzt hatte stets davor gewarnt.

Fiebrig war ihm zumute.

In dem anderen Bein sammelte sich das Wasser. Das Bein und der Fuß schwollen stark an. Ein solches Problem hatte seine Mutter gehabt.

„Sollen wir einen weisen Mönch holen?", fragten Oyunzul und Bolormaa besorgt, „nur ein weiser Mönch kann da helfen?"

Und er erinnerte sich.

Die Mutter von Suren, die Schuldirektorin der Technikerschule, war pensioniert worden und sie hatte angeboten, ihrer Nachfolgerin zu helfen. Eines Tages spuckte ihre Mutter Blut und kein Arzt konnte helfen. Da holte Suren einen Schamanen.

Der Schamane fragte Surens Mutter, ob sie Feinde hätte.

„Nein", hatte ihre Mutter gesagt, „im Gegenteil, ich habe sehr viele Freunde."

Was sie so machen würde, wollte der Schamane wissen.

„Nun, sie hilft ihrer Nachfolgerin bei der Einarbeitung", war die Antwort.

Der Schamane fragte weiter:

„Ob die Nachfolgerin damit einverstanden ist oder nur höflich sein möchte und im Stillen böse Gedanken haben könnte, weil sie sich nicht frei entfalten kann?"

„Das habe ich nicht bedacht und auch nie gefragt", war die Antwort ihrer Mutter.

Daraufhin ließ der Schamane ihre Nachfolgerin kommen und bat um ein ganz offenes Gespräch.

Ja, die Nachfolgerin fühlte sich nicht wohl in ihrer Aufgabe und wünschte, dass Surens Mutter gehen soll.

Surens Mutter fiel aus allen Wolken, denn sie hatte es doch sehr gut gemeint. Dass die Nachfolgerin ihr Böses wünschen könnte, das war für sie unmöglich zu glauben, aber nun hörte sie es und der Schamane erklärte es ihr.

Nach diesem Gespräch und einigen Ritualen wurde die Mutter innerhalb einer Woche wieder gesund …

An diese Geschichte musste er denken, als er nun die Frage hörte:
„Glaubst du an die Kraft der Mönche?"
„Ich glaube an den Glauben", sagte er, „und der Glaube braucht eine Krücke.

Ich habe auch in Deutschland so ein Wunder erlebt. Ein Arzt hat zu einem kranken Menschen gesagt: ‚Ich kann ihre Gürtelrose nicht heilen. Gehen Sie in das Dorf zu der alten Frau und bitten Sie um Hilfe. Sie macht das kostenlos, Sie dürfen kein Danke sagen und keine Belohnung geben. Wenn sie sagt: nun ist das gut, gehen sie wieder nach Hause, dann gehen sie einfach.' So war der Bericht des Arztes."

Und die Gürtelrose verschwand im Verlauf einer Woche!"

„Ja, ich glaube an den Glauben", wiederholte er mit Nachdruck. Lasse den weisen Mönch kommen, bitte."

Der Mönch kam und fragte, ob er Gegner habe, die ihm Böses wünschen.

„Ja, ich denke es sind Shirnen und Nergui."
„Shirnen?", der Mönch stutzte, „Shirnen hat einen sehr starken schwarzen Schamanen. Hattest du einen Streit?"
„Ja, einen großen Streit", antwortete er.
„Was ist nach dem Streit geschehen? Hat man dich zum Essen eingeladen?"
„Ja, das stimmt, Nergui hat mich danach zum Essen eingeladen", antwortete er erstaunt.
„Und danach ist ein Unglück passiert?"
„Ja, beinahe ein ganz großes Unglück", war seine Antwort.

Der Mönch schaute ihm lange in seine Augen und fragte dann: „Welches Tier magst du am liebsten?"

„Ein Reh mag ich am liebsten, es ist unschuldig!", sagte er.

Der Mönch wandte sich ab zu Bolormaa, die fast simultan übersetzte und sagte etwas zu ihr.

Bolormaa übersetzte:

„Der Mönch sagt, Shirnen und sein Schamane können dir nichts anhaben, du bist sehr stark im Herzen. Der Mönch wird dir nun alles aufschreiben, was zu tun ist. Du sollst in das Kloster gehen zu den Mönchen. Die sollen bestimmte Verse verlesen und ihre Rituale machen. Die Namen der Verse wird der weise Mönch aufschreiben. Für die Rituale müssen wir Süßigkeiten und eine Flasche Wodka kaufen und dem Mönch im Kloster bringen. Deine Beine werden wieder in Ordnung kommen. Aber du wirst vorübergehend Beschwerden mit dem Magen bekommen, bis alles vorbei ist."

Dann machte der weise Mönch seine Rituale und ging.

Sie kauften Süßigkeiten und Schnaps und gingen am anderen Tag in das große Kloster. Der weise Mönch hatte einen ganz bestimmten Kloster-Mönch benannt. Dort gingen sie hin und Bolormaa erklärte, warum sie gekommen waren und was der weise Mönch gesagt hatte.

Der Kloster-Mönch knetete aus einer Masse Figuren und beträufelte diese mit dem Alkohol. Er musste nach draußen gehen und eine dieser Figuren gen Osten werfen. Danach las der Mönch mit leiser singender Stimme aus den Büchern Texte vor, deren Name der andere weise Mönch vorher bestimmt hatte. Nach der Zeremonie gab der Mönch alles zurück, auch den Wodka, und forderte ihn auf, jeden Morgen ein kleines Stück von den Süßigkeiten zu sich zu nehmen. Niemandem durfte er etwas abgeben, alles sollte er behalten, auch den Schnaps.

Innerhalb einer Woche waren die Flechten am Bein verschwunden. Die Schwellungen im anderen Bein gingen zurück, er war wieder gesund.

◆

Der Anfang vom Ende

De Buhr rief an und bat, dass er in die Heimat zurückkommen soll. Die Planung des EBS-Kraftwerkes für das Papierwerk kam nicht voran, er sollte das Projekt in seine Hände nehmen.

Die neue Werkstatt in UB war wieder in Betrieb und die Auftragslage zufriedenstellend. Nun waren ältere erfahrene Schweißer, die zum Teil aus der stillgelegten Werkstatt des Kraftwerkes Nr. 4 stammten, eingestellt worden. Sie brachten viel Knowhow und Erfahrungen mit. Er hatte das Gefühl, dass er auf alten eingefahrenen Gleisen fuhr.

Das Neue, was ihn reizte, junge Leute für seine Definition der Gerechtigkeit zu begeistern, war durch den Kampf in den Hintergrund gerückt.

War er nicht selber einer geworden, der die Gerechtigkeit des Stärkeren vertrat? War er nach diesem Sieg über die mongolischen Partner nicht unglaubwürdig geworden, wenn er weiterhin sagte, die „Gerechtigkeit des Stärkeren" müsste friedfertig bekämpft werden? Friedfertigkeit in dem Sinne, dass „das Bessere dem Schlechten der größte Feind ist".

War aus diesem Sieg so ein „verlorener Sieg" geworden? Hatte er seine eigene Idee durch den Machtkampf verraten? ... Und er fragte sich, ob eine solche Idee nur durch einen Märtyrer durchgesetzt werden kann. Dann wäre der Tod bei dem Überfall wohl besser gewesen?

Das hatte er auch erwartet, diese Gefahr kannte er von Anfang an, aber das Schicksal hatte es anders gewollt.

Auch war er von Natur aus kein Märtyrertyp.

Weitermachen? Das Experiment aufgeben?

Er sagte zu de Buhr: „Du kennst nun die mongolische Mentalität. Wenn eine mongolische Geschäftsführerin hier alles alleine macht, gehört emotional ihr nach einer bestimmten Zeit das Werk", wagte er einzuwenden und dachte dabei an Oyunzul.

„Wir werden die neue Werkstatt verlieren, wenn ich nicht hier vor Ort bin. Dann können wir das CDM-Projekt nicht weiterführen. Das ganze Projekt ist dann in Gefahr. Das alles muss dir eindeutig klar sein, bevor du eine solche Entscheidung triffst!"

„Hör zu", klang de Buhrs bestimmende Stimme im Telefonhörer, „bei dir geht es um eine Million, hier um sechzig Millionen. Dein Limit hast du überschritten. Ich erwarte, dass du kommst und das Projekt für das Papierwerk übernimmst."

De Buhr hatte entschieden und er trat die Heimreise an.

Das Gesetz des Stärkeren

Er flog im Dezember 2005 zurück. Im Stillen konnte er nicht loslassen und hatte sich überlegt, so alle Vierteljahr vor Ort in UB nach dem Rechten zu sehen. Das war seine Beruhigungspille, damit er sich nicht als Verräter der eigenen Idee fühlte.

Man hatte bereist Öffentlichkeitsarbeit für das Projekt der „Dampfzentrale" geleistet. Das war ganz gut, wenn es nur nicht das Konzept „PNE-Biomasse-Kraftwerk" gewesen wäre. Dieses PNE-Konzept war für ein Ersatzbrennstoff-Kraftwerk unmöglich und de Buhr hatte das wohl intuitiv sicher erkannt.

So fegte er die bereits bestehenden Planungsunterlagen vom Tisch und erntete den Unmut der bisherigen Planer. Er sah das als eine Chance und sagte: „Kein Problem. Führt eure Planung durch, aber lasst mich dann zufrieden. Ich kehre nach UB lieber zurück, um unter Lebensgefahr mein Projekt zu Ende zu führen, als diese nicht genehmigungswürdigen Planungen einzureichen."

De Buhr entschied zielsicher: „Du bleibst hier und machst deine Arbeit!"

So war seine letzte Chance vertan, in UB weiterzumachen.

Das EBS-Kraftwerk sollte die Dampf- und Stromversorgung eines Papierwerkes übernehmen.

Mit hervorragender Unterstützung der Ingenieure des Papierwerkes, die alle erforderlichen Unterlagen zur Verfügung stellten, war es ihm möglich, ein gutes Kraftwerkskonzept innerhalb eines Monats (Januar 2006) zu erarbeiten. Das Konzept hatte absolut keine Ähnlichkeit mehr mit dem PNE-Biomasse-Konzept.

De Buhr gab ihm die Gelegenheit, das Konzept in einer Orts-Rat-Sitzung vorzustellen und alle Fragen zu beantworten.

Es ist von ausschlaggebender Bedeutung, die Meinungen der Bürger ernst zu nehmen und zu berücksichtigen.

Er flog wie geplant etwa alle drei Monate nach UB, um nach dem Rechten zu sehen.

Die Stadtverwaltung in Ulaanbaatar hatte im August den Vorschlag gemacht, dass die PMM GmbH die beiden Heizwerke in zwei kleinen Ortschaften außerhalb der Stadt komplett übernimmt.

Im Oktober wurde während seines Aufenthaltes diese Frage diskutiert und der Vertragsentwurf fertiggestellt. In diesem Vertragsentwurf war die Asbestfrage ein entscheidender Punkt.

Beide Anlagen waren mit Asbest verseucht, die neuen Kessel ausgenommen.

Die Verwendung von Asbest war bereits seit über 15 Jahren in Deutschland absolut verboten. Aus diesem Grund formulierte er in dem Vertragsentwurf, dass nur asbestfreie Heizwerke übernommen werden. Seine eindeutige Bedingung war also, dass die Stadt als Eigentümerin der Heizwerke die Asbestsanierung vor der Übergabe komplett durchführt und sämtliche Kosten übernimmt. Andernfalls würde die PMM GmbH die Heizwerke nicht übernehmen. Mit diesen Vorgaben flog er wieder nach Deutschland.

Etwa zwei Wochen später teilte Oyunzul freudig mit, dass der Vertrag unterschrieben wurde. Allerdings hatten die Verhandlungspartner der UB Stadtverwaltung darauf bestanden, die Forderung nach einer umfassenden Asbestsanierung aus dem Vertrag zu entfernen, und Oyunzul hatte dieser Forderung nachgegeben.

Er war fassungslos ob dieser eigenmächtigen Entscheidung. So kam es zu einer Auseinandersetzung, die eskalierte. Er wollte sofort wieder nach UB fliegen.

Oyunzul drohte:

„Ich habe Nergui damals Unrecht getan, und wenn du kommst, werde ich an seiner Seite gegen dich kämpfen. Du hast keine Chance gegen uns."

„Das ist eine Aufforderung, erst recht zu kommen. Ich werde dich entlassen und setze eine andere Geschäftsführung ein", war seine Antwort und er besprach das Problem mit de Buhr.

„Bist du von allen guten Geistern verlassen?", war seine Reaktion, „bleibe hier und vollende das EBS-Projekt, das ist sehr viel wichtiger als deine Mongoleigeschichte."

RWE hatte bereits im Frühjahr Interesse gezeigt, das CDM-Projekt in der Mongolei zu übernehmen. Fünf Heizwerke mit insgesamt 110.000 t CO2 waren vom UNFCCC bereits in 2005 genehmigt und die Fortsetzung dieses CDM-Projektes mit anderen bereits sanierten Heizwerken nur noch eine Routinefrage. Die Vertragsverhandlungen mit RWE standen kurz vor dem Abschluss.

Er erinnerte an den Stand dieser Verhandlungen mit RWE:

„Wir müssen fairerweise RWE über diese Entwicklung vor Ort informieren und einen Abbruch der Verhandlungen in Kauf nehmen, wenn ich nicht vor Ort wieder für Ordnung sorge."

„O.k., dann informiere RWE über diese unerwartete Entwicklung, auch auf die Gefahr hin, dass RWE das Interesse verliert. Du musst das EBS-Projekt fortsetzen und beenden und hier bleiben", war de Buhrs endgültige Entscheidung.

Das Ende des Platon Experimentes

Damit war das „Platon Experiment" endgültig beendet. Da er seine Unterstützung vor Ort in UB versagen musste, konnte auch die Produktion in UB nicht fortgesetzt werden. Die Mitarbeiter wurden entlassen und die Werkstatt geschlossen. Das Firmenzertifikat wurde nicht verlängert und damit war das endgültige Aus besiegelt.

Was sollte mit den Werkmaschinen geschehen?

Von verschiedenen Seiten in der Mongolei wurde er bedrängt, das CDM-Projekt fortzusetzen. Aber im Hinblick auf seine Aufgaben für das EBS-Projekt hatte er wirklich keine Zeit dafür. So geschah bis zur Inbetriebsetzung des EBS-Kraftwerkes in 2008 mit einer Nachlaufzeit von ein paar Monaten nichts.

Anlässlich der 15. Klimakonferenz in Kopenhagen, im Dezember 2009, hatten Interessenten in der Mongolei für ihn ein Treffen mit dem amtierenden mongolischen Umweltminister in Kopenhagen organisiert. Er nahm die Gelegenheit in Kopenhagen, um dem Herrn Minister das CDM-Projekt-vorzustellen.

Die Probleme in der Mongolei, die ein ausländischer Investor zu erwarten hat, verschwieg er dabei nicht und schilderte diese in schonungsloser Offenheit.

Der Minister war sehr erschrocken über diesen offenen Bericht und fragte:

„Wie kann ich helfen?"

Er hatte über die Möglichkeiten mit de Buhr vorher diskutiert und seine Zustimmung eingeholt. Diesen Vorschlag trug er nun dem Minister vor:

„Die Werkmaschinen müssten noch in der neuen Werkhalle stehen. Ich habe bereits mit dem Eigentümer, Herrn de Buhr gesprochen. Das PPP-Programm ist offiziell bei der DEG beendet. Auch pflege ich noch einen guten Kontakt mit Herrn Professor Doktor Oidov und dem ‚San Pegasus Zentrum' der Technisch-Wissenschaftlichen Universität in Ulaanbaatar/TU. PNE möchte die gesamten Werkstatt-Einrichtungen der TU spenden, die technischen Werkeinrichtungen sind aber noch in den Händen der ehemaligen mongolischen Geschäftsführerin. Wenn der Herr Minister so freundlich sein möchte, uns zu helfen, die Maschinen freizubekommen, damit wir diese der TU spenden und übergeben können, wären wir sehr dankbar", schildert er seine Bitte.

„Selbstverständlich", lautete die Reaktion des mongolischen Umweltministers, „ich werde sofort unsere Juristen daransetzen, damit alles wieder in Ordnung kommt."

Und der Minister fuhr fort:

„Können wir in einem ganz großen Stil das CDM-Programm fortsetzen, zum Beispiel ein 100 Kesselprogramm auflegen?"

Aber der CO_2-Zertifikat-Preis war von 2008 bis 2009 von etwa 20 Euro auf etwas unter 10 Euro gefallen und in Insiderkreisen war man überzeugt, dass dieser Abwärtstrend noch nicht beendet war.

Viele fragwürdige Dinge waren auf dem CDM-Markt geschehen. Die Anzahl der CDM-Zertifikate wuchs schneller, als je anzunehmen war.

„Wenn wir das nur aus reiner finanzieller Sicht betrachten, müsste ich die Wirtschaftlichkeits-Berechnungen auf den neuesten Stand bringen, ob sich das lohnt", antwortete er, „wenn wir es aus umweltpolitischer Sicht betrachten und die Nachhaltigkeitsbetrachtung einbeziehen, wie zum Beispiel Kohleeinsparungen, Budgetbelastung der Städte und Gemeinden durch die Heizkosten usw., wäre das Ergebnis sicherlich positiv, das könnte man heute schon sagen."

So schilderte er die Alternative und fügte dann aber hinzu:

„Wenn ich aber die Rechtsicherheit für ausländische Unternehmer in der Mongolei mit einbeziehe, ich habe darüber ja ausführlich berichtet, dann halte ich das CDM-Projekt in der Mongolei für aussichtslos!"

Die GtZ hatte in der Mongolei sehr gute Arbeit geleistet und es erreicht, dass das deutsche Bürgerliche Gesetzbuch (BGB) von der Mongolei nach der Wende übernommen wurde. Aber er hatte erfahren müssen, dass die mongolische Auslegung des BGB für deutsche Investoren enttäuschend war.

Eine kleine nachdenkliche Pause entstand, bevor er fortfuhr:

„Bitte helfen Sie uns, die Maschinen freizubekommen und den Studenten der Uni in UB zu geben. Die Studenten haben einen Verein gegründet, der nennt sich ‚Sun Pegasus', ich bin gerne bereit, mit dem Professor und den jungen Studenten zusammenzuarbeiten und Hilfe zur Selbsthilfe zu leisten. Mehr kann ich nicht tun", so beendete er seine Antwort.

Sie waren aufgestanden, um sich zu verabschieden.

„O.k., das soll der erste Schritt sein, Sie können sich darauf verlassen, dass die Studenten die Werkmaschinen bekommen", sagte der Minister zum Abschied und der Minister hielt sein Wort.

Nachdem die Werkmaschinen zur TU gebracht waren, flog er nach UB zur offiziellen Übergabe.

Das war seine letzte Reise in die Mongolei.

Zusammenfassung und Endergebnis

Die „Gerechtigkeit des Stärkeren" ist ein bereits seit über 2000 Jahren abgelaufenes Geschäftsmodell.

Spätestens ab dem Zeitpunkt, an dem den Menschen gesagt wurde, warum sich der Verstand in einem Lebewesen, dem Menschen, entwickelt hat, spätestens ab diesem Zeitpunkt vor über 2300 Jahren und mit Nachdruck vor 2000 Jahren, hätten die Menschen dem alten Geschäftsmodell der Tierwelt, „der Gerechtigkeit des Stärkeren", den Rücken kehren und sich dem neuen, von Platon und Christus vorgeschlagenen Geschäftsmodell zuwenden müssen.

Der Menschheit wäre ein unendliches Leid erspart geblieben.

Wenn man über die Mongolei berichtet, gibt es zwei Bilder.

Zwei Drittel der Mongolen leben in kleineren Ortschaften und als Nomaden in der Steppe. Ihre Kultur ist geprägt in einer Art, die Platons Gerechtigkeit sehr nahe kommt.

Ein Drittel der Mongolen lebt in der Hauptstadt Ulaanbaatar. Hier breitet sich zunehmend die Gerechtigkeit des Stärkeren aus.

Das „Platon Experiment" in Ulaanbaatar zeigt in einem kleinen Maßstab wieder einmal die große Dummheit der tierischen „Gerechtigkeit des Stärkeren".

Die zerstörten Vorteile im Überblick:

1. Einsparung des Kohleverbrauches: 375.000 t Kohle pro Jahr – zerstört.

2. Reduzierung der Wärmekosten um 50 %. Bei einem Kohlepreis (2004) von 15 €/t wären also 5.625.000 Euro pro Jahr geringere Kosten angefallen. Die Einsparungen hätten anderen

Vorhaben, für soziale Zwecke usw., die Türen geöffnet. Ein Bürgermeister gibt für die öffentliche Gebäudeheizung etwa 80 % des Budgets für die Wärmeversorgung aus. Nach der Sanierung wären es nur 40 % gewesen – zerstört.

3. In Verbindung mit dem CDM-Projekt wären jährlich 562.500 t CO_2 eingespart worden. Bei einem Zertifikat-Preis von 10 Euro pro t CO_2 und einer CDM-Laufzeit von 10 Jahren wären Einnahmen in Höhe von rd. 56.000.000 Euro generiert worden – die Kosten wären nur ein Bruchteil hiervon gewesen – zerstört.

4. Es wären die dualen Ausbildungen der mongolischen Jugend finanzierbar gewesen. Ein Mittelstand hätte sich bilden können. Armut wäre bekämpft worden ... – zerstört.
Alles wurde durch diese idiotische „Gerechtigkeit des Stärkeren" verhindert.

5. Indem wir den Menschen in den Entwicklungsländern das Leben lebenswert machen, verhindern wir die Kosten und das Elend und die Not des Exodus in den europäischen Ländern. Das ist nur eine andere Formulierung und einer der vielen Beweise für die richtige Empfehlung Platons.

An diesem Miniatur-Beispiel ist wiederum deutlich erkennbar:
Armut und Leid ist nicht nötig, wenn alle Menschen endlich begreifen, warum sich im Verlauf der Evolution der Verstand in einem Lebewesen, dem Menschen, entwickelte.

Die „Erlösung", die wir erhoffen, ist unsere eigene Aufgabe. Das Werkzeug dazu ist das Geschenk der Evolution, unser Verstand.

Die große Katastrophe des Zweiten Weltkrieges hat sehr viele Menschen nachdenklich werden lassen. Daher gibt es insbesondere in Deutschland und anderen europäischen Ländern eine große Hilfsbereitschaft der Menschen. Menschen, die Platon und Christus verstanden haben: „Indem wir das Wohl anderer erstreben, fördern wir unser eigenes!" … vergleichbar mit der Familienkultur und der Gastfreundschaft der Nomaden in der weiten Steppe der Mongolei. Das ist das Positive dieser unsagbar großen Katastrophe des Krieges. Die große Katastrophe des Zweiten Weltkrieges begründet den langen Frieden danach. Frieden aber können wir viel einfacher haben. Begreifen wir also endlich unsere große Dummheit.

Leider müssen wir die Menschen, die sich heute wieder wie „Alpha-Menschen" benehmen, noch ertragen. Wie lange noch?

Diese Menschen müssen endlich ihre tierische Verhaltensweise in den Griff bekommen, sonst stirbt die Menschheit eines Tages an der eigenen Dummheit aus.

Begreifen wir endlich, dass Platon und Christus uns ein Geschäftsmodell vorgeschlagen haben, und beseitigen wir einmal den verschleiernden Heiligenschein, damit wir dieses Geschäftsmodell besser erkennen können. Ein Geschäftsmodell, welches den globalen Gemeinschaftskörper pflegt und gesund erhält, damit die kurze Zeit des Lebens lebenswert und nicht vergeudet wird.

Zum „Geschäftsmodell der Nächstenliebe" sind wir noch unfähig, weil in uns Menschen noch zu sehr die Droge der tierischen Verhaltensweise wohnt, die es ständig zu zähmen gilt.

Nutzen wir darum also das Bild der Gesundheit, das Platon uns vorgeschlagen hat. Gerechtigkeit herrscht nur dann, wenn wir in freiheitlicher Selbstdisziplin für die Gesundheit forschen und fleißig arbeiten, für die Gesundheit im eigenen Körper und für die Gesundheit in dem großen globalen Gemeinschaftskörper.

Um den „Himmel nach dem Tode" brauchen wir uns keine Sorgen zu machen. Konzentrieren wir uns also auf die Arbeit, den „Himmel auf Erden" zu gestalten.

Wir Menschen sind dann auf dem Weg zur Nächstenliebe, dem besten Geschäftsmodell, das dem Menschen die eigentliche Würde gibt, wirklich Mensch zu sein.

Fangen wir einfach damit an – jeder tue das Seine.

ENDE

Begriffsbestimmungen/Kürzel

PPP-Programm	public-private partnership-Program
WT-Berechnungen	WT/Wärme-Technische Berechnungen
FF	Feuerfest
EVU	Energie-Versorgungs-Unternehmens
BMFT	Bundesministerium Forschung und Technik
MW	Megawatt
13. BImSchV.	13. Bundes Immissionsschutz Verordnung
TA-Luft	Technische Anleitung zur Reinhaltung der Luft
Club of Rome	Vereinigung von Persönlichkeiten aus Wissenschaft, Kultur, Wirtschaft und Politik aus allen Regionen unserer Erde
UBA	Umwelt Bundes Amt
EDV	Elektronische Datenverarbeitung
CO_2	Kohlendioxid
TÜV Nord	Technischer Überwachungs Verein Norddeutschland
SES	Senior Experten Service
VGB	Verband der Gross-Kraftwerks-Betreiber
GE	Gesellschaft für Entwicklungshilfe
UB	Ulaanbaatar – Hauptstadt der Mongolei
HW	Heizwerk
HKW	Heizkraftwerk
Aimak	Die **Aimags** (mongolisch Аймаг) bilden die oberste Ebene der regionalen Verwaltungsgliederung der Mongolei. Ein *Aimag* ist in mehrere Sum untergliedert.
Sum	Ein **Sum** (mongolisch сум) ist eine Verwaltungseinheit der zweiten Ebene in der **Mongolei**.
Sain baina uu	Guten Tag

Tiimee, coffee	Ja, Kaffee bitte
Bayarlalaa	Danke schön!
Ger/Jurte	Die Mongolen nennen ihre Rundzelte Ger, Jurte ist der russische Ausdruck dafür.
BOT-Verträge	Build-Operating-Transfer/ein Geschäftsmodel
CDM	**Clean Development Mechanism**/Mechanismus für umweltverträgliche Entwicklung
Vh/a	Vollastbenutzungsstunden pro Jahr
ERP	European recovery program/marshall plan
GU	Generalunternehmer
17. BImSchV	17. Bundes Immissionsschutz Verordnung
zuun tiish (mong.)	Links
baruun tiish (mong.)	rechts
Chigeeree (mong.)	gerade aus
EEG	Erneuerbares Energie Gesetzes
u.v.a.m.	und vieles andere mehr
DEG	Deutsche Entwicklungs Gesellschaft
GtZ/GiZ	Deutsche Gesellschaft für Internationale Zusammenarbeit (**GIZ**)
Kyoto Protokoll	Das Protokoll von Kyoto zum Rahmenübereinkommen der Vereinten Nationen über Klimaänderungen
RRA	Rauchgas-Reinigungs-Anlagen
PDD	Project Design Document
PID	Project Idee Document
ARGE	Arbeitsgemeinschaft
LOI	Letter of intend (Absichtserklärungen)
UNFCCC	United Nations Framework Convention on Climate Change
EA – M	Energie – Agentur des Infrastruktur – Ministeriums
BMHKW	Biomasse Heizkraftwerk
BImSchG	Bundes-Immissionsschutz Gesetz

PCF	Prototype Carbon Fund
TU	Technische Wissenschaftliche Universität
MIAT	Mongolian Airlines
FIFTA	Foreign Investment and Foreign Trade Agency
Test DaF Prüfung	Prüfung Deutsch als Fremdsprache
VHS	Volkshochschule
HWWA	Hamburgisches-Welt-Wirtschafts-Archiv
CIM	Centrum für internationale Migration und Entwicklung
KAS	Konrad Adenauer Stiftung
BGB	Das Bürgerliche Gesetzbuch

novum VERLAG FÜR NEUAUTOREN

Der Verlag

*Wer aufhört
besser zu werden,
hat aufgehört
gut zu sein!*

Basierend auf diesem Motto ist es dem novum Verlag ein Anliegen neue Manuskripte aufzuspüren, zu veröffentlichen und deren Autoren langfristig zu fördern. Mittlerweile gilt der 1997 gegründete und mehrfach prämierte Verlag als Spezialist für Neuautoren in Deutschland, Österreich und der Schweiz.

Für jedes neue Manuskript wird innerhalb weniger Wochen eine kostenfreie, unverbindliche Lektorats-Prüfung erstellt.

Weitere Informationen zum Verlag und seinen Büchern finden Sie im Internet unter:

w w w . n o v u m v e r l a g . c o m

Lütte Peng

Peng-Gedichte

ISBN 978-3-99048-296-4
102 Seiten

Peng-Gedichte enden mit einem Peng (Knall), der uns aus unseren Träumen reißt. Sie möchten wachrütteln, manchmal auch mit philosophischen Zwischentönen oder besinnliche Gedanken, die jeder Mensch in stillen Stunden hin und wieder einmal hat.